江西省社会科学研究规划项目"意识形态安全对国家安全治理的影响与作用研究"（18KS11）

东华理工大学江西省生态文明制度研究中心开放基金项目"区域生态禀赋下绿色文化发展公众参与实践研究"（18KS02）

东华理工大学科技创新团队建设项目"马克思主义生态理论与生态文明建设制度研究"

文明

行动理性与文化效应

蔡东伟　汪晓莺　著

Wenming
Xingdong Lixing Yu Wenhua Xiaoying

中国社会科学出版社

图书在版编目（CIP）数据

文明：行动理性与文化效应 / 蔡东伟，汪晓莺著 . —北京：中国社会科学出版社，2020.9
ISBN 978 – 7 – 5203 – 6734 – 9

Ⅰ.①文… Ⅱ.①蔡…②汪… Ⅲ.①文化发展—研究—中国—现代 Ⅳ.①G12

中国版本图书馆 CIP 数据核字（2020）第 113431 号

出 版 人	赵剑英
责任编辑	田　文
责任校对	张爱华
责任印制	王　超

出　　版	中国社会科学出版社
社　　址	北京鼓楼西大街甲 158 号
邮　　编	100720
网　　址	http://www.csspw.cn
发 行 部	010 – 84083685
门 市 部	010 – 84029450
经　　销	新华书店及其他书店

印　　刷	北京君升印刷有限公司
装　　订	廊坊市广阳区广增装订厂
版　　次	2020 年 9 月第 1 版
印　　次	2020 年 9 月第 1 次印刷

开　　本	710×1000　1/16
印　　张	15.25
插　　页	2
字　　数	224 千字
定　　价	89.00 元

凡购买中国社会科学出版社图书，如有质量问题请与本社营销中心联系调换
电话：010 – 84083683
版权所有　侵权必究

目 录

导 论 ……………………………………………………………… (1)
 一 引言：汇聚新时代行动、文化与文明的磅礴力量 ……… (1)
  （一） ……………………………………………………… (1)
  （二） ……………………………………………………… (4)
 二 本书的学术价值和应用价值 ………………………………… (6)
 三 本书的总体框架、重点难点 ………………………………… (7)
  （一）总体框架 …………………………………………… (7)
  （二）重点难点 …………………………………………… (9)
 四 本书的基本思路、主要研究方法 …………………………… (10)
  （一）基本思路 …………………………………………… (10)
  （二）研究方法 …………………………………………… (10)

上篇　文明的行动与文化哲学研究框架构建

第一章　行动理性的相关哲学阐释 ……………………………… (15)
 一 行动范畴及行动理念 ………………………………………… (15)
  （一）作为哲学范畴研究的行动 ………………………… (15)
  （二）什么是行动理念？ ………………………………… (17)
  （三）行动理念的实践表述 ……………………………… (20)
 二 行动的关系动力 ……………………………………………… (21)

  （一）行动关系 …………………………………………（21）
  （二）行动关系动力的内涵 ……………………………（23）
  （三）行动关系动力的逻辑 ……………………………（25）
 三 行动关系网络演进概述 ……………………………………（27）
  （一）行动关系网络的分化与竞争 ……………………（27）
  （二）行动关系网络的有序发展 ………………………（30）
  （三）行动关系网络的新时代生成 ……………………（33）

第二章 文化效应的行动文化动力 ……………………………（36）
 一 文化效应与文化能力 ………………………………………（36）
  （一）文化及其类别 ……………………………………（36）
  （二）文化效应：文化能力 ……………………………（37）
  （三）中华文化的能力效应 ……………………………（39）
 二 行动文化与文化自信 ………………………………………（41）
  （一）文化效应：行动文化 ……………………………（41）
  （二）行动文化共识 ……………………………………（45）
  （三）文化自信的意义 …………………………………（48）
  （四）近代中华文化自信的失去 ………………………（50）
 三 文化与行动的效应动力结构 ………………………………（52）

第三章 文明发展：新时代行动理性与行动文化 ……………（57）
 一 文明的范畴与文明自信 ……………………………………（57）
  （一）文明范畴的动力学阐释 …………………………（57）
  （二）技术文明定义的当代理解 ………………………（60）
  （三）文明自信的行动理性 ……………………………（62）
  （四）文明自信：文化效应与动力根源 ………………（64）
 二 跨越时空的新时代文明发展的内涵与意义 ……………（66）
  （一）跨越时空的新时代文明发展的内涵 ……………（66）
  （二）新时代开启人类行动新文明 ……………………（69）

三 新时代文明发展的行动理性意蕴与行动
　　文化选择 …………………………………………（72）
　　（一）"五位一体"：新时代文明发展的行动理性
　　　　　意蕴 ……………………………………（72）
　　（二）新时代文明发展的行动文化选择 …………（75）
四 新时代文明发展的"三元一致"关系动力逻辑 ……（78）

第四章 新时代治国理政的文明动力逻辑与行动文化 ………（83）
一 新时代治国理政的文明动力逻辑 …………………（83）
　　（一）新时代治国理政的文明动力逻辑内涵的发掘 ……（83）
　　（二）文明动力的总体性逻辑探析 ………………（85）
　　（三）文明动力的治国理政辩证逻辑探析 ………（86）
二 新时代治国理政行动文化逻辑研究构想 …………（88）
三 新时代治国理政的文化效应 ………………………（90）
　　（一）"知信行合一"的创造性转化 ………………（91）
　　（二）"行动至上"是第一位的执政文化能力 ……（92）
　　（三）行动的人民性至上 …………………………（94）
　　（四）行动文化的方法论 …………………………（94）
四 党领导一切的治国理政行动逻辑与路径 …………（97）
　　（一）坚持党对一切工作领导的行动逻辑条件 …………（97）
　　（二）坚持党对一切工作领导的统一关系动力 …………（99）
　　（三）坚持党对一切工作领导的治国理政动力路径 ……（102）

下篇　新时代文明发展动力因素的实践专题研究

第五章 可持续发展的文明、行动与文化动力因素 ………（109）
一 可持续发展的文明 …………………………………（109）
　　（一）可持续发展中的文明因素意蕴 ……………（109）
　　（二）"2030年可持续发展议程"开启全球文明发展
　　　　　新事业 …………………………………（111）

二 可持续发展的行动理性与文化效应意蕴 (113)
（一）可持续发展的行动理性 (113)
（二）可持续发展的文化效应意蕴 (115)
三 生态信仰文化与可持续发展 (119)
（一）可持续发展：生态、行动与信仰文化 (119)
（二）可持续发展的生态信仰文化必然性 (124)
四 生态文明与生态文化汇聚力 (126)
（一）生态文化价值汇聚力提升与生态文明 (126)
（二）以生态价值理念导向构建生态文化体系 (127)
（三）以生态文化建设实现生态价值 (128)
五 绿色生活方式与绿色行动文化 (132)
（一）绿色生活方式与绿色行动文化协同构建的客观必然性 (132)
（二）绿色生活方式与绿色行动文化的关系动力 (135)
（三）绿色生活方式与绿色行动文化行动视域 (137)

第六章 新时代网络空间治理的行动、文明与文化选择 (143)
一 新时代网络空间文明治理行动与问题 (143)
（一）网络空间文明治理的新时代行动 (143)
（二）新时代网络空间文明发展的问题 (147)
二 新时代网络主权的治理理念与行动 (149)
（一）新时代网络主权的治理理念概述 (149)
（二）新时代网络主权治理行动的主要内容 (152)
三 践行网络空间治理的动力因素 (156)
（一）网络空间治理的文化效应 (156)
（二）网络空间治理的行动机制 (159)
（三）网络空间治理的行动文化动力 (161)
四 推进新时代网络意识形态安全治理行动研究 (164)
（一）新时代网络意识形态安全治理行动研究目标 (164)

（二）网络意识形态安全的研究现状 …………………（166）
　　（三）构建新时代网络意识形态安全治理行动研究
　　　　框架 …………………………………………………（169）

第七章　丝路文明愿景的新时代行动文化动力 ……………（172）
　一　丝路文明愿景的行动文化价值意蕴与动力条件 ………（172）
　　（一）"一带一路"倡议下丝路文明的行动文化
　　　　价值意蕴 ……………………………………………（172）
　　（二）丝路文明愿景的动力条件选择 …………………（176）
　二　社会主义核心价值体系与丝路文明愿景 ………………（180）
　　（一）坚持社会主义核心价值体系的丝路文明含蕴 …（180）
　　（二）创新核心价值体系推动丝路文明愿景研究 ……（181）
　三　文化软实力与"一带一路"倡议下的中国精神定向 …（184）
　　（一）"一带一路"倡议下的中国精神定向意蕴 ………（185）
　　（二）创新文化软实力推进"一带一路"倡议下的
　　　　中国精神定向研究 …………………………………（187）
　四　价值与信息互构背景下弘扬丝路文明 …………………（188）
　　（一）丝路文明传播弘扬的问题本质 …………………（188）
　　（二）阅读方式的变革促进丝路文明弘扬践行 ………（190）

第八章　人类共同交往文明的行动逻辑与行动文化 ………（192）
　一　人类共同交往文明的行动逻辑 …………………………（192）
　　（一）人类共同交往实践中的文明和文化 ……………（192）
　　（二）人类命运共同体的文明互鉴动力机制 …………（195）
　　（三）人类共同交往文明的有序发展行动理性 ………（198）
　　（四）人类共同交往关系的文化效应动力模式 ………（201）
　二　人类共同交往文明的安全悖论应对 ……………………（204）
　　（一）人类共同交往文明发展中的安全悖论 …………（204）
　　（二）总体国家安全观的人类共同交往行动
　　　　文化价值 ……………………………………………（207）

（三）安全悖论应对的行动文化选择 …………………（210）
三 "一带一路"交往文明的行动文化选择 …………………（213）
（一）共建共享与互信的行动文化 …………………（213）
（二）"一带一路"交往合作中的安全文化构建 ………（216）

参考文献 ………………………………………………………（220）

后 记 …………………………………………………………（235）

导　　论

一　引言：汇聚新时代行动、文化与文明的磅礴力量

（一）

文明是行动与文化的产品；文明进化的日益复杂，与文化的效应增长和行动理性的强化相平行。人的存在是一种对象化存在，也就是那些成为人的观照对象的存在，总是和人们的生存现实联系在一起而有行动的或在能把握的行动的极限之内的存在。显然，行动的存在，是人对现实的社会实践占有的表现，而社会行动使人从自然以及从类中分化出来。只有当行动的时候，对象的社会行动关系才成为可能。这样，文明的发展以行动的产生为基础。

"文化效应"是指人在改造客观世界、协调群体关系、调节自身情感的过程中，伴随时代特征、地域风格和民族样式等表现出来的动力作用。在这里"特征"、"风格"、"样式"这三个词很重要，因为它们不应该是统一的、一致的，而恰恰是不同的。由于人类文明是由不同的民族、在不同的时代和不同的地域中分别发展起来的，因而必然会表现出不同的特征、风格和样式。[①] 若以这些不同风格、样式、

[①] ［美］亨廷顿：《文明的冲突与世界秩序的重建》，周琪等译，新华出版社2009年版，第297页。

特征的文化产品对满足人类的基本需要、对实现人类的全面发展所提供的可能性及历史水准而言,这些文化产品所包含的文明价值是有高低之分的,但就这些风格、样式、特征与其所属的民族、地域、时代之间的关系而论,文化本身并无贵贱之别。一个社会或团体的符号体验、神话传说和仪式实践创造出了情绪与动机,创造出了组织经验的方式与评价现实的方式,创造出了规范行为的模式以及形成社会纽带的方式,所有这些都为文化效应提供资源。

行动更多的是一种在文明与文化之中的运动与协作,这种行动实际上关联非常多,如它会涉及文明、知识的背景,社会的阶级构成间的关系,经济关系,价值观,等等。在这些众多的关系中形成了文明的行动理性策略。而没有对相关文化的把握,也就不会有成功的行动策略,这是因为文化能力为行动策略提供科学的主体尺度,能为行动策略提供正确的价值目标。因此,一种文明,就会或迟或早地显示出行动理性策略与文化效应。

文明与文化是两个既相联系又相区别的概念:文明是文化的内在价值,文化是文明的外在形式。文明的内在价值通过文化的外在形式得以实现,文化的外在形式借助文明的内在价值而有意义。在历史上与现实生活中,将文化与文明两个概念混用或相等同是一种普遍现象。我们可以从词源学、发生学以及人们在日常生活中的具体语境等不同维度与视角对文化与文明之间的差异进行分辨与澄清。文化与文明各自都有长久存活的原因,同时有着生成上的同根性、同源性以及结构上的类构性特点,二者之间是相互渗透、相互作用、相互促进的。[①]

文化能力意味着选择特定的文明与文化要素,既包括作为态度及风格的隐性文明与文化材料,有时也包括作为仪式和信仰的显性文明与文化材料,在具体生活条件下赋予行动特殊的意义。人们并不都是以同样的方式行事,如何行动是由文明与文化决定的。特定的文明与

---

① 林剑:《文化与文明之辨》,《学术研究》2012年第3期。

文化资源可以纳入到完全不同的行动中。文明与文化像提供了建构不同行动动力的资源"工具箱",为建构有组织的行动能力提供资源,这些要素结构联系也构成了行动的动力结构。事实上,特定文明与文化的意义部分地取决于其所嵌入的行动文化能力。意识形态——明确的、充分表达的、高度组织的意义系统(政治的和宗教的)——建立了新的行动风格或策略。习近平总书记指出:"意识形态决定文化前进方向和发展道路。必须推进马克思主义中国化时代化大众化,建设具有强大凝聚力和引领力的社会主义意识形态,使全体人民在理想信念、价值理念、道德观念上紧紧团结在一起。"① 由于整合行动的能力取决于现有文明与文化资源,某些文明与文化资源越来越重要并饱含深意,它们固化了形成的行动能力。在这种情况下,文明与文化通过提供终极价值观影响行动,提供构建行动路线的工具、行动的风格或者策略。

由于行动理性与文化效应拥有构建文明的能力,在一定意义上可以将行动文化作为辩证统一的动力变量。在这种情况下行动文化"造就"了文明的行动选择。行动文化是原因,同时又是结果。在一个更高层面上,又是原因又是结果的辩证关系显现出表面上的偶然联系,但是它内在的深层次的本质存在着必然的联系。在行动的选择过程之中,其实有很多假象,所以要去除这些假象,找到这些本质上的联系,如必然性和偶然性。现实的必然性是要在行动之中创造条件,使行动变为现实来推进发展,这种条件往往有物质条件还有精神条件,如文化之所以具有动力效应,往往是因为它可以变为现实与可能之间的辩证转化的条件。如文明,有它对应的时代条件性,不可能超越某个文明条件去行动,来选择行动策略,所以也要准确把握文明的条件。

社会发展必然是一个过程,是一个递进的时代方式,中国的新时代和中国的传统文化以及世界都没有割断,这就体现出普遍联系。同时,

---

① 习近平:《决胜全面建成小康社会 夺取新时代中国特色社会主义伟大胜利——在中国共产党第十九次全国代表大会上的报告》,人民出版社2017年版,第41页。

普遍联系又有条件性,并不是所有的联系都是现实存在的。所谓条件,这就意味着在选择行动策略的时候,要条件允许才可以去做。就像在社会文明发展进程之中,不能超越时代,当农耕文明的时候,不可能进入工业化;在工业化的时候,生态文明又是不现实的,所以要抓住文明发展的条件。社会发展的文明进程在行动策略的选择之中,每个人的行动和选择是多样的,各个国家、古老的文明也是如此多样的。有时候选择都是相互矛盾的,现在的选择是过去所反对的,未来的选择并不是今天所想做的,这就反映了行动策略选择的文化多样性。

(二)

党的十九大标定了历史新方位——"经过长期努力,中国特色社会主义进入了新时代,这是我国发展新的历史方位。"坚持文明发展,是新时代治国理政理论和实践的鲜明主题。《亚洲文明对话大会2019北京共识》深刻指出,当今世界正处于大发展大变革大调整时期,和平与发展仍然是时代主题。同时,人类面临的各种全球性挑战更加严峻。应对这些挑战,既需要经济的力量、科技的力量,也离不开文化的力量、文明的力量。[1]

进入新时代,文明的进步,需要关联高度的文化自信,正如习近平总书记强调的,"文化兴国运兴,文化强民族强"[2]。它的关键在于要坚持这样一个文明发展的道路,高度的行动理性与文化自信将作为新时代的文明发展策略。

文化效应的实现有赖于对相关文明的把握,文明的发展水平制约着文化效应实现的程度;而文明发展实现的过程,则有赖于文化效应在行动中被实现的状况。这是因为行动理性中的文化自信作为一种预见性的评价,它的正确树立是以社会发展中对主客体及其相互关系的

---

[1] 《亚洲文明对话大会2019北京共识(全文)》(http://www.2019cdac.com/2019-05/24/c_1210143249.htm)。

[2] 习近平:《决胜全面建成小康社会 夺取新时代中国特色社会主义伟大胜利——在中国共产党第十九次全国代表大会上的报告》,人民出版社2017年版,第40—41页。

客观价值认识为依据的。没有这种认识,就不能形成正确的文明目标。对文化价值观的追求越自觉、越合理、越深入,也就表明行动理性中对文明发展的把握越全面、越深刻。

文化效应构成了行动策略的动因,文化自信的形成和实现以坚持文明发展为前提,以对相关文明的正确把握为前提才能成功。文化效应和文明的相互引导表现在:一方面,实现文明是追求文化自信的目的,满足需要的文明追求引导着去探索相关文化效应,所以文化价值观的指向是受文明追求的指向规定的;另一方面,文化自信效应也引导着进一步提出新的文明追求,在哪一个领域中获得的文化自信越多,就会在哪一个领域中提出更多的文明目标,因此文化自信的发展同时也影响了文明发展的方向和程度。总之,文化效应可以促使更深刻、更全面地理解其生活条件和发展方向,从而使文明追求更合理,更符合人类自身发展的必然性。

中华文化自信来自于哪里?是来自于五千年的优秀传统文化,来自于中国革命、建设、改革事业中形成的先进文化。这些文化是代表人类文明成果的一种继承和发展。没有文明的继承和发展,没有文化的弘扬和繁荣,就没有中国梦的实现。[①] 人类共同交往中,在命运共同体里面,可以看到文明、文化是多样的,信仰是多样的,宗教、民族这些都是多样的,我们所坚持的马克思主义是先进的、文明的人类文化。不能用西方文化的标签,也不能用简单的中国优秀传统文化作为标签,来代替马克思主义。西方文化并不全部都是糟粕,也有精华,要去其糟粕,取其精华,与中国优秀传统文化相融合。[②] 把中国优秀传统文化、当代社会主义先进文化和西方优秀文化有机辩证统一起来,才能真正实现文化自信。

毛泽东曾说,每个国家,每个时期,都有新的理论家提出新的理

[①] 刘爱武:《国外学术界对中国梦的研究:主要观点、偏见及启示》,《社会主义研究》2014年第4期。
[②] 丁国旗:《我们的文化自信从何而来?》,《湖南社会科学》2012年第1期。

论。① 党的十八大以来，以习近平同志为核心的党中央，坚持解放思想、实事求是、与时俱进、求真务实，坚持辩证唯物主义和历史唯物主义，进行艰辛理论探索，取得重大理论创新成果，创立了习近平新时代中国特色社会主义思想。新时代、新征程，深入学习宣传贯彻习近平新时代中国特色社会主义思想，深刻领会其政治意义、历史意义、理论意义、实践意义，要增强中国特色社会主义道路自信、理论自信、制度自信、文化自信。"当今世界，要说哪个政党、哪个国家、哪个民族能够自信的话，那中国共产党、中华人民共和国、中华民族是最有理由自信的。"② 在庆祝中国共产党成立 95 周年大会上，习近平总书记如此自豪地宣告。

习近平总书记强调指出，我们说的道路自信、理论自信、制度自信，来源于实践、来源于人民、来源于真理③，追求真理，自觉尊重客观规律，学以致用、行胜于言。"清谈误国、实干兴邦，一分部署、九分落实"。行动至上，既是坚定"四个自信"的方法论基础，也是增进四个自信认知的情感基础。坚定新时代文明发展动力，坚定新时代治国理政的动力逻辑，我们要自觉把新时代动力因素落实到推动实践创新上，凝聚新时代行动、文化与文明的力量，把宏伟蓝图变成美好现实。

二 本书的学术价值和应用价值

时代是思想之母，实践是理论之源。新时代习近平总书记自觉担负起回应现实、引领时代的文明使命，为解决中国和世界治理难题、实现可持续发展、网络空间治理、跨越古今的丝路文明与人类共同交

---

① 任仲平：《领航，思想的力量开辟新时代》，《人民日报》2017 年 12 月 5 日第 2 版。
② 习近平：《在庆祝中国共产党成立 95 周年大会上的讲话》，人民出版社 2016 年版，第 12 页。
③ 《"四个自信"的真理性来源》（http：//theory. people. com. cn/n1/2020/0405/c40531 - 31662264. html）。

往文明,提供了科学方案与鲜明实践。深入系统研究新时代的文明发展因素,是科学阐释习近平新时代中国特色社会主义思想、构建中国特色哲学社会科学的一个重要学术生长点。既是推进中国共产党的理论武装的需要,也是推动治理体系现代化的需要。

第一,学术价值:新时代相关研究本身既是政治命题、又是一个学术命题。本研究将新时代的发展动力因素研究用行动、文化、文明、关系动力等学术范畴语言呈现出来,深入揭示新时代文明发展的内在动力逻辑,把握其行动至上的理念、文化效应与文明发展的动力因素特征,具体研究可持续发展与生态文明建设、网络文明建设、丝路文明、人类共同交往文明的动力因素主线、科学行动体系的基本构成,价值引领、行动文化理念与选择等,体现了学术研究的生长点与使命。有利于彰显习近平新时代中国特色社会主义思想对"三大规律"的认识,实现马克思主义国家治理观的与时俱进,开辟了中国共产党治国理政思想的新境界。

第二,应用价值:在实践层面上,中国这样的大国实现文明发展,是一个长期而艰巨的任务,离不开科学理论的指导。习近平新时代中国特色社会主义思想担当起这一使命,成为新时代伟大实践的根本指针。深入论证新时代跨越时空的鲜明实践动力因素,如跨越当代与后代的可持续发展实践、跨越现实与虚拟的网络空间治理、跨越古今的丝路文明和人类共同交往文明实践等,有利于确证习近平新时代中国特色社会主义思想为推进现代化建设提供了基本遵循,为统揽"四个伟大"实践提供了根本指针。有利于揭示推动"五位一体"的核心力量,新时代走向可持续、又好又快、共同发展的动力源泉。

三 本书的总体框架、重点难点

(一)总体框架

成果主要内容布局分为导论、上下篇。

导论是对文明与行动、文化的内在理性与效应动力关联、功能价值等层面的简要阐释。对本书研究价值、研究框架、重点难点、基本思路、主要研究方法、主要核心观点等方面的简要介绍。

上篇包括第一、二、三、四章。主要内容是对新时代治国理政动力因素哲学理论框架的构建。即以行动、文化与文明及其三元关系动力逻辑的哲学基础理论分析框架为理论对象,在其基础理论研究方面,提出行动、文化与文明的范畴以及三者的理性与效应关系动力范畴是新时代动力因素问题研究的创新视角。主要内容包括对行动理性的行动范畴、行动理念等的哲学阐释,对文化效应的关系动力因素的分析,对作为新时代动力因素的文明范畴的深入剖析,以及习近平新时代治国理政动力因素研究。研究提出新时代动力理论分析的框架应围绕坚持行动至上理念、坚持文化自信、追求文明发展三个动力因素维度展开,并进一步揭示行动理性、文化效应与文明的关系动力因素。在具体社会行动关系中把行动、文化与文明的"三元一致"动力逻辑上升到世界观范畴,坚持行动至上理念,紧紧围绕在新的历史起点上坚持文明发展主题,深入研究新时代治国理政系统完整的宏大行动理性观与动力逻辑论述。把握新时代中国共产党推动大国治理走向现代化,坚持"党对一切工作的领导"是文化自信、文明发展的行动起点和主线。以期探索出新时代文明的动力因素分析研究的哲学理论基础、理论框架,对动力因素关系,以及动力逻辑等作出中国式话语阐释,以使新时代问题研究获得更为厚实的行动研究哲学基础和更为广阔的理性思考空间。

下篇包括第五、六、七、八章。主要内容是基于新时代文明发展动力因素分析的实践专题研究。即以新时代伟大斗争、伟大工程、推进伟大事业、实现伟大梦想的宏大实践为对象;以习近平同志为核心的党中央提出推进国家治理体系和治理能力现代化的重大命题为背景对象;以新时代治国理政的鲜明坚持行动至上理念、坚持文化自信、追求文明发展,实践动力体系为具体研究对象。以期对新时代文明发展的关键主题的行动思考实现创新。主要研究内容包括对可持续发展的行动、文化与文明动力因素研究,新时代网络空间治理的行动、文明与文化选择研究,丝路文明愿景的新时代行动文化动力研究,人类共同交往文明的有序发展与行动文化研究等。研究意在尝试通过本体论与实践论视野,充分调动马克思主义哲学,包括其他思想资源,为新时代的鲜明特色文明实践主题,也即跨越当代与后代的可持续发展、跨越现实与虚拟的网络空间治理、跨越古今的丝路文明与人类共同交往文明等重要方面的行动、文化与文明的治国理政的动力因素,关系动力逻辑,行动文化选择等的深入研究。

集中阐释习近平生态文明思想,阐述推进可持续发展与生态文明建设为治国理政注入了新的动力。阐释习近平总书记有关网络强国的重要论述,论述网络文明的特点,把握网络文明的规律。研究阐释习近平"一带一路"推进构建人类命运共同体,揭示跨越古今的丝路文明所包含的和平合作、开放包容、互学互鉴、互利共赢的丝路精神,是中华文化的精华,是"一带一路"从愿景变为行动,治国理政的核心动力之一。研究说明坚持人类共同交往文明,尊重不同文化文明发展模式,文明互鉴,应对共同安全悖论,共建共享与互信的行动文化,根本保证不同文明各具特色,东西方文明各美其美,促进人类共同安全发展的行动文化理念。力求对当下的现实,尤其是中国的现实,包括全球化新趋势,探究行动理性、文化效应与文明的新时代动力因素作用的深层逻辑关联,探析新时代治国理政实践贡献与推进实现条件、行动路径,展现阐释解读习近平新时代中国特色社会主义思想的理性力量。

(二) 重点难点

本书的重点在于深刻把握哲学基础理论研究与应用结合的切入点,由此深入把握有新时代鲜明文明实践特点的跨越当代与后代的可持续发展与生态文明建设、跨越现实与虚拟网络治理、跨越古今的丝路文明、跨越文明隔阂的人类共同交往文明等重要方面的治国理政的行动理性逻辑、文化效应与行动路径。本书研究的难点是把哲学基础理论研究与行动研究结合起来。也即把行动、文化与文明的关系引入哲学研究领域，提出行动理性、文化效应与文明发展的动力因素及其"关系动力"范畴是新时代动力问题研究的哲学创新视角，探讨由行动与文化范畴导致的"行动关系"、"关系动力"，文化效应、行动文化等，包括从"三元一致"关系来探讨行动理性、文化效应与文明的动力逻辑。

四　本书的基本思路、主要研究方法

（一）基本思路

充分调动马克思主义哲学以及其他中外优秀的哲学思想资源，通过本体论与实践论视野的沟通，从学理上把行动、文化与文明的概念范畴以及关系动力概念引入对新时代的哲学基础理论分析框架。具体探讨由行动理性、文化效应与文明范畴及其生成的"关系动力"，探讨新时代治国理政中的行动、文化与文明的三元动力逻辑，分析概括阐释新时代动力因素的理论体系哲学框架。立足我国正处于改革攻坚期，正在进行伟大斗争、伟大工程、推进伟大事业、实现伟大梦想的鲜明实践，以新时代的重大命题为背景，结合民族复兴、中国梦，"两个一百年"奋斗目标，揭示新时代跨越时空的可持续发展、网络空间治理、丝路文明、人类共同交往文明等鲜明实践内蕴的行动理性、文化效应因素及其科学行动文化选择体系等。以期在夺取新时代中国特色社会主义伟大胜利的伟大实践的学理论证方面实现创新。

（二）研究方法

1. 历史与逻辑相结合的方法。研究新时代动力逻辑，需要坚持马克思主义实践观进行创造性的整合和发挥，发出应有的阐释新时代的理论逻辑力量。同时，要对当下的现实，尤其是中国的现实，包括全球化，从对中国与西方主要发达国家（美国）核心价值实践理念的全球治理脉络和基点的历史与逻辑研究，客观辩证地对其进行评价和判断，以证明中国的实践有效性，揭示说明新时代治国理政的动力因素重要性、必要性。

2. 理论与实践研究相结合的方法。以习近平新时代中国特色社会主义思想的相关经典文本为基本参照，通过研读经典文献，掌握相关研究动态，严格遵循思想理论自身形成和发展的内在逻辑，把握学术前沿；深入探讨习近平新时代中国特色社会主义思想的成因；尝试提炼出该思想的新时代鲜明特点，并对其所具有的重大意义进行评述。结合习近平治国理政理念产生于新时代实践，新时代面临的世情国情党情，把握新时代治国理政理念的现实依据，在深入理论与实践比较分析的基础上，从学理上建构新时代动力问题的哲学理论分析框架。

3. 学科交叉法。借助哲学、马克思主义理论、政治学、传播学、国际关系学等学科知识进行交叉研究，才能更清晰地凝练总结跨越时空的可持续发展与生态文明、网络文明、丝路文明、跨越文明隔阂的人类共同交往文明、弘扬丝路精神，坚持社会主义核心价值体系，推进人类命运共同体的动力因素特征、作用路径、实践经验与启示。

上　篇
文明的行动与文化哲学研究框架构建

第一章 行动理性的相关哲学阐释

一 行动范畴及行动理念

（一）作为哲学范畴研究的行动

人的存在可以说是在两个动力维度上的综合：一个是空间动力维度，一个是时间动力维度。人的自由可以具体体现为"空间自由"和"时间自由"。任何事物都是有动力的存在。行动范畴的要旨在于把握变化，正视矛盾和特殊经验的多重性、多元化。可以把行动作为一具体哲学范畴，为完善新时代治国理政问题研究提供一个逻辑概念基础。

行动范畴表达了相互关联而形成的系统（比如行动结构，行动关系网络等），对于行动范畴，一种是排斥价值论动力维度的客观的规定，如时间与空间的行动。这是外在于研究者和社会的一种"客观"事物。康德认为给某种知识进行定位依靠两种方法：概念的（或逻辑的）和时空行动的（或自然的），而地理学和历史学分别就是对行动和时间的描述以及填充。[1] 这里，康德对时空行动的划分是自然的，这意味着行动范畴具有独立于人类思维和逻辑的地位，是一种本身的自在之物。

---

[1] 转引自李秋零主编《逻辑学、自然地理学、教育学》，中国人民大学出版社2010年版，第161—164页。

本书认为，从哲学上定义，行动是人类主体独特性的产物。人的存在必须解释这个世界和自身，需要把自身和别人以及他物区别开来，能够根据自身的想法、理念去创造自身与他者，并将区别于他者的独特性行为转化。因此，行动的真正定义只能是发生于实践的定义。认知行动得益于对社会的关系结构和机制的揭示。人类具有一些普遍的、先验的关系，比如因果、时间和欧几里得空间关系等。所以，行动结构包含某些先天的真理。但构造世界，所有存在，包括逻辑、数和科学存在都由社会行动建构。从行动的社会意义上来讲，行动范畴是标志社会差异的量度，它与人的理性建构以及情感、想象力等有密切关系，是规则性活动或者规范性活动，是一种社会存在，它与社会行动认知系统、物理空间、此一时彼一时出现的或以社会事件和状态、微观层面的社会心理活动的存在有着密切的关系。社会行动与主观性的东西的基本成分，以及客观世界的基本成分具有对应或映射关系。早期维特根斯坦（Wittgenstein）认为世界由事实组成，事实由事态或不可再分的社会事实或事态组成，社会事实表示事物之间最基本的关系。相应地，社会行动是思维的映射关系，包括对外部世界的内部表征（包括错误表征）。

现实的人是能动的社会存在物，自然界的属人本质，即自在自然向为我自然、属人自然的转化，只有对社会的人才是可能的。人们的一切生活行动、生产行动及其"成果的享受，无论就其内容或就其存在方式来说，都具有社会的性质"[①]。比如，商品的价值就是通过它表现为交换价值而得到表现的。所以说，商品形式和它借以得到表现的劳动产品的价值行动关系在于：商品形式在人们面前把人们本身劳动的社会性质反映成劳动产品本身的物的性质，反映成这些物的天然的社会属性，从而把生产者同总劳动的关系反映成存在于生产者之外

---

① 全国马克思主义哲学史研究会编：《马克思主义哲学史论集》，生活·读书·新知三联书店1982年版，第174页。

的物与物之间的关系。① 因此，社会行动所体现出来的样子不是基于先验思辨，而是以认知社会行动的新发现为基础的，并基于对社会行动的系统归纳。社会行动似乎总与某种权威和权力逻辑纠结在一起，所以，在各种政治社会动力因素纷繁复杂的前提下，社会行动对规范性活动的经验研究有别于对纯自然活动的观察和概括。

社会行动与行动，两个概念是个别与一般的关系，既相互区别又相互联系。区别在于：行动范畴是一种系统的世界观与方法论，它以整个行动范畴针对人类行动及其本质和普遍规律与动力世界为研究对象，揭示其中的一般规律。而社会行动的研究对象是具体社会。二者联系在于：行动的一般范畴为社会行动提供行动的一般动力论和方法论指导，社会行动反作用于行动的一般范畴，影响或改变行动的一般范畴理解。但是，行动的一般范畴又超越社会行动，它不满足于社会行动对世界部分问题的经验概括，表述偶然事实的思考。行动的一般范畴规定在先天真理领域，不是经验性概括，也不能由经验性概括支持。即便基于某一特定社会行动得出的经验证据，也无法达到普遍性的行动的一般范畴结论。行动中的先天真理更难掌握，因为很多规则还未被陈述，有些先天真理又离这些规则很遥远，但又包括并依赖于社会行动，一旦社会行动发现证伪了某种行动的一般范畴理论，行动的一般范畴又会在事实与理性推理的基础之上重新寻求世界的规律。行动的一般范畴不同于社会行动的特点使它成为社会行动研究的基础。

（二）什么是行动理念？

理解行动理念的本质内涵遵循马克思主义的方法论。马克思指出："全部社会生活在本质上是实践的。凡是把理论引向神秘主义的神秘东西，都能在人的实践中以及对这种实践的理解中得到合理的解决。"② 列宁也强调："生活、实践的观点，应该是认识论的首要的和

---

① 《马克思恩格斯文集》第 5 卷，人民出版社 2009 年版，第 89 页。
② 《马克思恩格斯文集》第 1 卷，人民出版社 2009 年版，第 501 页。

基本的观点。"①

在马克思主义原理认识论看来，真理是从实践中来，实践要从认识中来，从实践到认识，从认识到实践，再认识、再实践，不断的反复。而认识要付诸行动，就要回答如何从实践到认识？如何从认识又到实践？行动理念，就是在沟通认识和实践的桥梁，而不仅仅是一个单纯的认识或者单纯的一个实践，它是一个桥梁，实际上就是中间环节，是联通主体和客体，联通认识世界和改造世界的一个桥梁，它内含着的方法论，就是实现可操作性的主客体的辩证统一。因此，行动理念产生与人们感知现实的方式，这些方式是理解不同的社会生活和精神生活形式的关键所在，因而行动理念本身也就为其变革对象提供了中介环节。这个环节是变革客体的创造过程，是人的内在本质对象化的过程，行动理念是间接的生产力，渗透于生产的各个环节之中，表现为生产劳动者的技能、生产物质手段、工艺和操作方法。主要是回答做什么和应该怎么做。它首先是一个人类需要、利用行动理念规律在改造和控制自然的实践中所创造的劳动手段、工具方法和技能体系的综合，行动理念具有明确的实践目的性。发展不仅取决于资源禀赋、生产要素和技术进步等现实因素，也受到行动理念的影响。中介性确定了行动理念的结构和功能，内在地规定了行动理念的性质。在不同的时代，具有不同的行动理念体系。把握行动理念与文明、文化等密切相关的社会行为准则和社会网络结构特征，内在的关系动力网络，有助于进行有效的合作并实现共同的目标。有效的行动理念有助于在全社会范围内的不同关系网络之间形成合作和规范，使社会发展得到良性循环并带来发展。

人类的多样性的创造成为行动理念发展能力内在的机制，社会需求的选择以及各种社会化进程的机遇成为行动理念的现实社会发展的动力和条件。行动理念的本质是一种矛盾中的统一，行动理念的自然属性是指行动理念和运用行动理念都必须遵循自然规律，行动理念的

---

① 《列宁全集》第18卷，人民出版社2017年版，第144页。

社会属性是指人们在运用行动理念变天然、自然为人工自然的过程中，行动理念严格地受各种社会的条件所支配和制约。在行动理念活动中，既要尊重自然规律，也要遵循社会规律。任何正确可行的行动理念的目的都是在自然和社会两方面实现合理和相互协调的。行动理念是依据行动的规律按照人们制定的目的实践，为人类的目的服务。行动理念可分为三种存在形态，第一，经验形态的行动理念，就是以技能为主的行动理念；第二，技术形态的行动理念，以技术为主的行动理念；第三，知识形态的行动理念，以科技知识上升为行动理念和核心要素。当代的行动理念集中表现出这类行动理念的特征。比如所谓原来是机器为人，现在是人为机器。行动理念与科技之间二者的关系密不可分。行动理念应用的领域决定它的行动的方向或角度，如现在更多的是把行动理念理解为一种生态方面，要发展绿色科技，以行动理念这种生态观点来看，是应用决定对它的行动有什么样的使用，就有什么样的行动理念观，二者是一致的。生活生生不已，行动理念的应用生生不已，行动理念的视角既有时间状态，也有空间上的并存。

行动理念是人类最为宝贵的成果，它与其他知识性存在之间既有联系又有区别。行动理念有系统性、客观性、可检验性的特点，它存储于各种媒体、交往和人与人之间，活动于人的思维之中。系统是事物普遍联系的一种重要形式。系统性就是指行动理念理论的功能具有非加和性，行动理念以逻辑基本规则、规范命题关系，以及范畴定义对象的基本属性，并以此为动力系统集合构成理论的本质或特征信息。系统性是事物的基本属性。马克思主义经典作家明确使用了系统概念，还自觉将系统分析法运用于自然界和人类社会的分析中。恩格斯指出："关于自然界所有过程都处在一种系统联系中的认识，推动科学到处从个别部分和整体上去证明这种系统联系。"[①]

客观真理性就是行动理念的研究对象都是客观存在的，不以主观

---

① 《马克思恩格斯文集》第9卷，人民出版社2009年版，第40页。

意志为转移的。正确的行动理念总是在一定范围内与客观事实一致。行动理念本身应当具备原则上能够被实施检验的属性，这意味着没有一个人的行动理念，它是属于共同体的。

（三）行动理念的实践表述

行动理念与实践的联系意味着行动理念为社会实践提供了创造的工具。行动理念在社会发展中表现为方法、知识、信仰、文化、生产力和社会建制等多种表述形象。行动理念的理解需要多种视角组合，才能展现发现其深刻的本质。对行动理念的任何新理解不能与马克思主义实践观、真理观的基本观念相冲突。这是理解行动理念的根本视角。

逻辑主义以逻辑语言分析改造思辨性哲学为己任，形而上学提出经验正式标准及凡用经验和逻辑可证实的命题知识是有意义的，否则便是无意义的。证伪主义者提出任何真理理论或命题则是在理论上可证伪的、可反驳的。操作主义者提出了操作意义上的一个标准，每一个词语、命题对应于一组操作，凡可操作的，就是有意义的，反之，就不是。逻辑实用主义者将经验主义实用主义化，认为真理是人们用来应付环境的一个概念系统和工具，凡是在应付环境中有用的就是真理，否则就不是。无论是操作主义还是实用主义的经验主义，本质上都是工具主义真理观。工具的性质并不由其自身的结构决定，而是决定于工具的用途。操作过程的性质受制于操作的目的，有用性作为标准，同样也与应用环境有关，因为有用的评价更主要来源于外部，不同的目的有不同的操作和评估，总之，工具主义是由功用系统与环境的共同关系来描述系统性质。

实际上，人类有人类的行动方式，也即信息创造理念的方式。行动理念是在社会的群体之中创造出来的，因此，行动理念就具有社会性，其一定要使用到社会信息体。因此，行动理念的表述必须要把行动理念的信息机制揭示。客观外在的东西，首先有个标准，标准必须要把它对比分开、合理分开，分开就说明有了主体、客体。外在的东西必须要有客体，最终要有第三方，第三方作为一个中介环节。客观外在的东西，是从理念上、从思想上用概念去描述，这种描述必须做到主客观相统一，主观上的一个想法必须有客观的信息对立，并且还要有第三方的证据，这样才会有这种客观性、外在性。外在的东西有信息态，也有物质态。凡是物质的必然是信息的，但是，凡是信息的不一定是物质的。正确的思想都是从实践中来的，如何把一个客观、外在的东西从语言表述出来就必须要实现主体、客体和中介三方面的统一，因为信息的东西有些纯粹就属于主观，不可能转化为这种客观物质的东西。

思想实际上是有信息在里面的，但是信息、思想就必定要表述出来，这样的过程应该是从实践之中得到一些行动之后再去应用到实践中去检验，最终得到一个结果，这是一个完整的周期。也就是要把从行动到实践之后的纯粹一些逻辑上的东西，到实践层面上表述出因果联系。因此，从行动到实践，行动理念的表述一般包括三方面的内容：是什么？为什么是这样的？如何使东西存在？或者说回答这三个相关问题。具体来说，行动理念的表述要有三个要件：第一，是什么要表述出来；第二，为什么是这样的；第三，如果坚持因果联系成立的话，是什么才可以成立，而这种成立是理念上的一种因果联系，还需要的一步就是如何做，这一步是具体的实践操作。

二　行动的关系动力

（一）行动关系

世间万事万物在生成，这是一个无法否认的事实。"万物皆流"，皆在流变的过程之中。既在流变，就必在一定的行动关系之中。现代科学技术的发展，系统论、控制论、信息论等理论的问世，不仅揭示出了事物更高层次的"关系"，而且实现了对"关系"进行量化研究。

"关系"作为一个哲学范畴，与"实体"、"属性"这两个哲学范畴相对应。从逻辑上说，实体规定属性，属性规定关系。从认识上说，实体要通过属性去认识，属性则要通过关系去认识。我们知道柏拉图认为，理念世界是指原型，现实世界不过是它的摹本。现实世界中的万事万物都是变化着的，都处于生成的过程中，因而是虚幻的，理念则不受时间限制，永不会变化，因而才是真正的实在。到了启蒙时代，笛卡尔更是认为，世界是由物质实体和精神实体构成的。这些实体是独立存在的，在变化中保持不变。然而，怀特海却认为，如果所谓"实体"指的就是长期存在而不变化的东西的话，那么世界最终不是由实体组成的，世界是由事件和过程构成的。① 由于任何事物都有质和量、形式和内容两个方面，因此，一切存在，必然包括形式关系和内容关系两个部分，其中形式关系是事物量的关系，内容关系是事物质的关系。②

　　人类改造自然界不是以个人的形式去进行的，而是结成一定的行动关系，以社会的形式去进行的。现实的人只有组成社会，以社会行动的力量才能最终征服自然。现实中，他们是从事着各种行动的人，总是存在和生活于自然关系和社会实践之中，是与行动对象（包括自然界和社会）发生着关系的人，人在自然关系中表现出人的自然属性，在社会实践中表现出人的社会属性。也就是说，人是能动的社会存在物，自然界的属人本质，即自在自然向为我自然、属人自然的转化，只有对社会的人才是可能的。人们的一切生活行动、生产行动及其成果的享受，无论就其内容或就其存在方式来说，都具有社会的性质。比如，商品的价值就是通过交换而得到表现的。所以说，商品形式和它借以得到表现的劳动产品的价值行动关系在于：商品形式在人们面前把人们本身劳动的社会性质反映成劳动产品本身的物的性质，反映成这些物的天然的社会属性，从而把生产者同社会实践反映成存

---

　　① 周邦宪：《初议〈过程—关系哲学〉》，《华中科技大学学报》（社会科学版）2009年第1期。
　　② 陈朝宗：《关系哲学：21世纪的哲学》，《理论学习月刊》1994年第2期。

在于生产者之外的物与物之间的关系。[①]

新时代面对的最基本的是生产关系，也即人们在生产的同时也在生产着自己的社会行动关系。生产关系必须与生产力结构相适应，才能促进社会生产水平的提高。当生产关系不适应生产力结构时，就需要改革或变革生产关系。社会基本矛盾总是不断发展的，所以调整生产关系、完善上层建筑需要相应地不断进行下去。"改革开放只有进行时、没有完成时。"[②]

在全球化条件下，新时代治国理政的行动关系环境更加开放，价值模式选择更趋理性和多元化。全球化不仅直接左右着全球经济发展的速度、规模、质量和结构，而且深刻影响着人类社会的方方面面。习近平从人类历史发展进程的高度，以卓越政治家和战略家的宏大视野和战略思维，深入思考和回答了"建设一个什么样的世界、如何建设这个世界"等关乎人类前途命运的重大课题。应该承认，发展赋予新时代治国理政一系列新的特征，也暗含了对行动关系的重新选择。新时代治国理政面临的行动关系问题、基础和水平是多样化的，关系模式选择上也将是个性化的。这种个性化表现在：规模结构的个性化，空间布局上的个性化，推进方式的个性化。

（二）行动关系动力的内涵

从最一般意义上理解一切都是运动变化的，相互作用关系是变化的动力与内容。发展、运动及其速度是由关系动力推动的，这也可以说，万事万物、江河湖海、鸟兽鱼虫，它们的存在是由它们的关系动力构成的。每个具体存在都有其"生成"，也即都有其关系动力，脱离了这些，具体存在便是无。"关系动力"，这一概念是行动关系范畴发展的必然。它是实体论、属性论研究的发展。基于系统理论，任何事物都是结构和功能的对立统一。结构与功能相互联系、相互制

[①] 马克思：《资本论》第1卷，人民出版社2004年版，第88—89页。
[②] 《习近平谈治国理政》，外文出版社2014年版，第71页。

约。结构决定功能。结构相对稳定,功能则容易变化。结构是指组成有机系统的动力因素之间的组织形式,功能是指有机系统的性质、作用和能力。

过程是运动中的关系,具有自在的地位。维持过程,就是维持关系,过程核心定位于动态"关系",强调的是互动关系而不是事件。突出的是流动的、历时性的主体间行为,而不是具体的行为结果。[①] 过程范畴表征距离关系动力因素记载和呈现的方式,标记行动关系动力展开的有界性、收敛性与限定性等特征。行动关系动力过程意味着形成相对封闭的距离关系,即一定阶段上的结果都是所获得的一定行动的历史关系的结果,因而都不会超出一定的历史限度。过程有不同类型、层次,存在着差异。概括来说,过程包括心理的、身体的和思维的,有显性与隐性、看见与看不见、浅层与深层的区别,体现为直觉路径的、融合的、概念整体的、概括的、理性认知的等。行动过程论思想是关系动力研究的一个基础、逻辑起点与核心。任何现实存在都是作为过程存在。空间和时间行动过程对人的存在与发展具有独特的动力价值,关系动力都是易变的、易动的、活跃的,也即是一个关系动力"过程"。关系动力过程的阶段与层次具有"连续"性量变与质变。关系动力实效性的系统运行机制依赖于各关系动力功能的健全及其它们之间的相互衔接、协调运转。所以,对具体变化过程的行动关系的分割可以作为价值成效评估的指征。对于过程的距离可能有多种关系动力分割方式和动力驱动的实现。这些方式反映对距离关系动力过程理解的透彻程度。

不同的关系动力机制会催生不同的实践,只有具备独特优势的关系动力体,才能在关系动力中呈现出强大的竞争优势。关系动力的过程不同,对对象的结构、功能及能量与信息的有序发展程度的转化与控制不同。可以说,一定的关系动力过程,无论是个体的形式还是群

---

① 秦亚青:《关系本位与过程建构:将中国理念植入国际关系理论》,《中国社会科学》2009年第3期。

体的形式，一旦形成，就完成了一个行动距离关系阶段，从而建立了一个登上更高的距离关系阶段的阶梯关系动力。

具体过程，意味着关系变化中的行动关系的相对稳定性。在一个不受外界关系动力作用的封闭环境中，距离的本质属性是"约束性"，关系动力价值体现在提升行动关系分割的层次，实现了行动距离关系的结构化，组织布局、表征系统中各方式相互之间的个体差别、个体关系倾向性及行动起点的差异。同样，在行动关系动力建构过程中，应尽可能最大限度地将关系体可利用的各种战略资源集中到有限发展的战略关键上去。基于关系动力分割原则，把握住关系的个性化和对称性。个性化和对称性保证了结构既具有紧密的联系，又具有最大的差别，营造最大的行动距离关系，产生最强关系动力作用。这种关系动力过程是一种内驱动力。

这样，在关系动力理论中自然科学理性与人文、价值理性是可以统一的，即自然科学理性与人文、价值理性一样都可以作为历史进步的动因和尺度。用这种理性精神作为人类历史和新时代治国理政的全部基础和根据，追求关系性和矛盾的相关制约性，建立以人的全面而自由发展为目的的距离关系动力体系。因此，要从系统的距离关系动力的角度去研究社会实践，从存在论意义来把握实际生活过程的关系动力基础，并以此为前提来考察现实社会中我们要处理的各种复杂关系，充分发挥关系动力机制在迁移、集聚、竞争与协调等方面的作用。

（三）行动关系动力的逻辑

行动关系的存在，从纵向上看，有不同结构与层次，从横向上看，具有不同的阶段与过程。阶段与层次具有"连续"性量变与质变。在一个实际的行动关系动力网络中，各种意识或思想，构成了该行动关系空间的群元素。这些动力因素的流动，既包括微观、中观动力，也包括宏观动力；既有内力作用，也有外力作用；既有自然的、经济的，也有社会的动力因素；既有个人、企业，也有政府推动作用，也即是一个全面的动力机制系统。在这个系统中，经济基础是行动关系动力的核心动力因素，也是宏观层面，利益动力因素流动是行动关系动力的现实网络性微观层面。

当代社会如果是流水线的格式化生产，用唯一的行动关系去应对每一个人的行动需求状态，行动关系过程就会是同质的、千篇一律的，结果总是存在着行动关系动力实效小，而在其过程中实现社会活动空间价值的任何长远战略执行都可能会失效。因此，通过研究行动关系动力特征，掌握行动关系动力生态演化的规律，从而对活动周期各个不同阶段的监控和情报分析，有针对性地控制不良行动关系动力出入的质与量。

在一强关系动力的行动关系中，行动关系动力与目标关系表现为每一主体巨大差别中的联系，是一个行动关系的分割与弥合过程，行动关系的弥合控制体现了行动关系动力的过程与结构。不同层次上的结构格式化、各种形态之间行动关系的格式化，是一种"相辅相成"、"大势所趋"。主体对于行动关系过程可能有多种分割与弥合方式和动力驱动的实现。如一关系共同体内关系布点过于分散、规模小，则关系整体动力效率低下。

一个强关系动力的行动关系环境，只有聚集，才能发挥聚集群体的整体关系动力。但聚集规模超过了一定的限度，就会造成规模不经济。所以，要使一强关系动力聚集起来，需要在社会行动过程中对基本关系结构网络进行行动关系速度控制，根据强关系动力的行动关系实现过程的内在联系，对行动关系动力过程的控制表现在对截点刺激的敏感反应，实现对行动关系动力的控制。一般来说，强关系是关系流入位，弱关系区位不占优势，是流出区。主体的差异化越大，就应基于个性分割原则，在行动关系分割的每一个点上选择不同的坐标系，使每一个都能在局域化的时空点上感到行动关系动力的作用，在行动关系动力的内驱动下，差别中促进联系。也即实现整体行动关系上的弥合。在这个过程中，行动关系弥合的程度，表达着行动关系动力过程的强度。

行动关系中有基本的三元构成,即"情,理,法",它们在某种程度上构成三个坐标轴,撑起一个三维的行动关系。行动关系动力的激发过程是主体双向互动的沟通型,把人与世界的行动关系网络关系看作是主体与主体之间的一种平等对话交流关系,而不是一种征服、占有或利用关系。我们要把动力实效转化为行动关系内驱动力的格式化及其行动关系的个性化分割,避免重回封闭的关系共同体中,这是行动关系动力存在的最终根基。总之,多元化充分发展,也是社会存在的根本。为了更好地发挥关系动力价值的激励、引导作用,形成可持续的关系合力效应,获得大的行动关系动力支持、求同存异、和而不同、尊重个性、能动性与自觉性,在行动关系网络中从一个控制者、支配者转变为一个真诚的对话者。

三 行动关系网络演进概述

(一)行动关系网络的分化与竞争

马克思唯物史观认为,在劳动实践和交往中形成的社会关系是人的类本质的体现。[①] 从一定意义上说目前已经进入行动关系网络的时代,行动关系网络动力是表征人的"类"本质和本质力量的"确证"。暂不论市场本身就是各种行动关系网络动力因素的总和,从日常生活来看,行动关系网络的交往是必须进行的。对人类而言,行动关系网络是可以直接或间接影响人类生存、生活和发展的各种动力因素的总和,是一个复杂的大系统,一个由诸多动力因素组合而成的分化与竞争的统一。

人是由物质和精神有机结合的统一体,对应于物质和精神的双重性,人类不仅有物质性生存与活动,而且有精神性生存与活动。人类的物质性生存与活动需要自然生态,人类的精神性生存与活动也需

---

① 王军、董祥宾:《习近平共同价值思想研究述评》,《三峡大学学报》(人文社会科学版)2017年第1期。

行动关系网络。在传统技术条件下，行动关系网络环境是现实的，而在现代技术条件下，行动关系网络环境可以是现实的，也可以是虚拟的。行动关系网络动力因素结构网络的各个组成部分之间是相互依存、相互联系和不可分割的。各系统间健康、协调的发展，这一属性要求系统注重自身行为对网络内部环境及其周围环境的影响，只有能与周围环境相处的系统网络，才能得到长久的、可持续的发展。

在行动关系网络中，分化与突出中的社会竞争是指一个关系体在其从属的关系网络中相对于其他关系体的资源动力优化配置。通俗地说，社会竞争是本关系体在关系网络中吸引资源和争夺行动关系网络的动力因素。社会竞争可以是综合的全面发展，也可是个别的快速发展。行动关系网络由于外界和内部本质的激励与推动而衍生出"分化体"与突出体，其原因：一是本身不符合行动关系网络的需求特性和标准而日趋败落，以至消失，进而导致整个体系的衰落。二是其具有强大的生命力及旺盛的发展势头，经过不断的发展逐渐脱离出原来的系统，组建成更先进、更具有创新能力的新的行动关系网络动力因素体系，原有行动关系网络动力因素体系也会由于"社会分化"而得到不断的升级，整体的功能不断强大。

行动关系网络分化过程中除了不同层面、不同隶属系外，也存在不同的网络空间属性，不同层面指所处的社会位，如阶层、企业、网络化和社会层面等。网络空间属性指各行动关系网络动力因素的区位分布，行动关系网络动力因素结构体系在区位上存在较大的差异，可以高度集中于一个很小区位也可能高度分散，分散于一个国家内较广泛的区域，甚至更广。但随着全球化、区域一体化趋势的不断加速及科学技术的高度发达，介于国家和城市之间的载体——区域正以各种方式参加到发展网络空间，区域成为了重要的"社会分化"载体。一般来说不同的价值主体有不同的符合自身发展的最优区位，由于不同的区位所具有的动力供给状况、资源等的不同，其优势也往往只限于某一环节、某一阶段和某一区位，关系体的分化在时间上可将其发展阶段分为"萌芽、成长、成熟和衰退"四阶段。在萌芽与衰退阶段自然社会分化需求不高,社会分化程度也低。而成长、成熟阶段和旺盛阶段更容易出现"社会分化体"。

竞争是通过培育关键种或功能种,使其向整个传统系统组织结构根基动摇的方向变革。如果它不符合关系生态的需要,那么分化体就会很快解体,继续进行循环运动。如果外界条件适应,那么它就会很快组织成一个突出的新的行动关系网络动力因素体系。社会竞争的展开必须改变,打破系统的旧有平衡,从不平衡向动态平衡的变化。作为一个系统,就必然会与其周围的环境发生物质、能量和信息的交换关系。关系体的动力因素的主要属性,可分性程度,生命周期阶段,以及历史、文化、风俗观念、社会意识形态等对竞争的激烈程度、发展程度都是制约动力的因素。

系统理论认为,网络关系动力结构系统作为一种特殊的组织形式,它的结构特征、形成机理、作用过程及演化机制都表现出显著的自组织性,其本身也正因为其适应了上述结构系统的发展趋势,随着环境或本身的性质而不断升级与改善。行动关系网络动力因素结构体系也可以说是一个复杂的网络组织,社会分化与突出的程度在不同的关系体中存在较大的差异。组织系统发展可分为渐变与突变两种:渐变以完善现有系统为目标,而在长时间内对其进行缓慢、波动范围较小的变革。突变是一种迅捷的、根本变革式的创新。在科学技术发展日新月异的情况下,特别是对于比较成熟的组织,仅仅采用渐进式的方式发展是不充分与不现实的。

行动关系网络竞争把相关动力因素分为直接动力因素和间接动力因素,包括制约网络关系动力构建的各种自然动力因素、行动关系网络动力因素和人为动力因素,认为所有的动力因素都对竞争起制约作用。行动关系网络竞争不应仅是网络关系体内部网络关系的建构,而是面向开放的、创新性的网络关系动力系统。鉴于此,扩展网络关系动力结构的链接,不应把网络关系动力结构认为是闭环流动性的,其结构本身是封闭的,或者说把网络关系动力体系看成是与外界隔绝的状态,不与外界进行物质、能量的交换,一切只在系统内消耗与循环。把组织的升级、变迁看成是内部动力因素影响或激励。网络关系动力结构网络之所以能够产生，并保持持续的竞争力，正是系统自我创新、自我增值、自我进化的结果。缺乏充分的开放性，内部各关联不紧密的系统必将导致衰亡。

因此，在行动关系网络竞争中，"协同"与"开放"原则要求在考虑网络关系体的突出与行动关系网络分化发展时，要把思路扩大到一个更大的开放范畴中去，在更大的网络关系范围里考虑网络关系体的定位和功能、网络关系体资源优化配置。在强调利用网络关系中有利于自己发展的变化趋势没有出现时，那就应该主动把更广阔范围的网络关系中的优势转化为自己的网络关系体的优势，以此来提高网络关系体在网络关系中的地位，并使这种地位得到认同，这样，网络关系体就能在更大距离空间内实现资源的优化配置。

（二）行动关系网络的有序发展

行动关系网络有序发展是网络关系间的一种实力的较量。行动关系网络的变化是由动力因素资源的变化、网络空间主体能力的变化等动力因素引起的。网络空间主体自身的能力强，可以扩展其行动关系网络位，或开辟新的活动领域并利用新的动力因素资源而特意使自己的行动关系网络位发生移动。有序发展的实现就需要关系主体占据应有的行动关系生态位，实现潜在的生态位向现实的生态位、实际生态位向理想生态位之间的科学转化。行动关系网络结构的非均衡性，反映了行动关系网络空间的动力因素资源生态位较窄，或者说行动关系网络位重叠现象严重，导致了行动关系网络中的功能生态位出现了问题。在全然开放的社会生态系统中，从网络空间主体的需求出发寻求社会规范与网络空间主体需要的对话渠道，找到适合每一位网络空间主体的网络空间实效性位，并根据环境的变化进行协同变化。

在现代主义语境中，主客体二元对立思维常把受动者仅当作客体看待，视为被改造的对象，这会使关系动力的有序发展、针对性受到严重制约。关系动力的生态思维范式，认为主客体二元对立思维有着极大的片面性。在关系网络空间中，受动者其实也是作为一客观的主体位势存在着的。关系主体与主体之间的相互作用关系，表现出来的以交互主体性，实现关系动力的有序发展的内在要求，是现代的价值诉求。

随着市场经济以及各项事业改革的推进，由于不同主体的利益诉求，长期效益和短期效益，追求眼前利益，很多人陷入一次性、临时性、流水线式的极端功利性的行动关系网络中。同时，区域网络空间以及动力因素资源结构比例的不发展，导致了人的网络空间行为在网络空间可持续发展过程中没有占据相应的生态位，发挥其应有的作用及承担相应的权利和义务，限制了人的行动关系网络位的健康发展，这种巨大的差距显示出行动关系网络发展的不成熟性，使行动关系网络位严重分离。

纯粹自然界的行动关系动力因素是一种自发的关系，行动关系网络位变化主要是自觉的，这就为行动关系网络的自觉优化、构建有序发展生态提供了条件。行动关系网络的优化要特别重视关系主体的网络空间能力培养。因为，在实际的关系动力系统中，相互作用、相互依赖的动力因素很多、很复杂，应该根据关系动力有序发展系统的内在矛盾运动、客观规律逻辑地再现其中的核心动力因素。在关系动力系统中，动力因素可分为无感关系和敏感关系。前者即对关系动力系统影响不大、可忽略不计的动力因素。敏感关系是指对关系动力有序发展有着直接影响的动力因素，它是实现关系动力的有序发展的必要保证。关系主体是一个非常活跃的关系动力体，也即关系主体是敏感关系。行动关系网络应是动力因素结构相对均衡，关系主体的动力因素水平、比例，增长速度合理，关系主体不承受过度的压力，等等。从动力因素实效来看，这种网络空间是每一位网络空间主体都能接受适合他们个性特点的、需求的、健康成长的和促使他们自我发展的有序生态。

社会生态本质上是一种人与人、人与社会的利益关系。关系主体作为社会行动系统的一个子系统，与开放的社会生态密切相连。同时，关系主体反作用于社会行动生态，制约着社会行动生态的有序发展。在这个生态系统中，在行动关系动力因素资源一定的情况下，在一封闭共同体内，在行动关系动力因素下，当关系主体之间功能和行动关系动力因素资源占用方面重叠较多，就会加剧关系主体的竞争，某些弱势关系主体则可能由于自身的能力被排除在行动关系网络圈外。而如果行动关系动力因素生态位彼此分离则可能会出现关系功能生态位的缺失，有可能影响关系主体的多样化的需求。当某些关系主体占据的行动关系网络位较宽时，其他关系主体的动力因素生态位则会压缩，或者容易发生竞争。还面对的事实是：关系主体的行动关系动力因素资源需求增长总是无限的，现实中的供给是有限制的。根据人的行动关系网络空间行为在可持续发展过程中所占据的位置，注重当前生态位状态，而且还要根据供给来规定和预示着人未来特定时期行动关系网络位的可发展变化方向。

  人类在适应社会生态的变化过程中，生态位势要求将每一位行动关系网络空间主体作为独特的生命个体来对待，正视并尊重行动关系网络空间主体的心理世界和内在需要。可以预见，追求长远效益和社会效益的困惑，行动关系动力因素资源占有的不均衡性等，这一现实行动关系网络空间的矛盾与困惑将体现得更加集中。而当这种行动关系网络发展到极端，就成为一种统治人、压抑人的力量了。

  健全的社会需要良好的有序行动关系动力因素，不断地塑造、完善着自我。有序发展的动力因素特征在于整体的利益意识，防止有不同网络空间利益的生态位发生不可调和的对抗，平衡各网络空间主体的利益对抗。这种利益观在伦理上认为是人与人之间都应是互为中介关系。积极推动互为中介关系生态的发展，打破网络空间圈子垄断的局面，推动多元化，促进行动关系网络位的结构合理化。然而，利益观上的所谓"精英中心主义"突出表现在发展过程中就是要优先保证一部分人的利益，它表面上是对社会公正和正义的维护，实为对既得利益者的辩护。对"精英中心主义"的政治并不是全部否定的，它的存在是有条件的，如在优先与否的选择上，这种条件就是：第一,必须要"优先"事实是真的,而且是不可避免的,就是在获得优先发展之后要对没有优先权的进行及时的补偿。第二,必须要对各方的利益矛盾进行严格的调查和论证以保证在优先发展和后发展之间产生的矛盾是真的且是不可避免的、不可调和的。不是要牺牲哪一方,而是要全力避免这种利益冲突。

(三)行动关系网络的新时代生成

当代社会的快速发展为人类创造了巨大的文化与文明财富,人类社会因此蒸蒸日上,欣欣向荣,前程无量。同时,行动关系网络,面临着发展的新阶段。

行动关系网络不是作为独立的实体,而是这样或那样地与现实网络相联系。不可否认,在信息化时代,互联网络的发达,行动关系网络改变了原来自给自足的基本特征,展示了多元态势。网络世界使关系主体的生活超越了地理、时间与对象等的限制,扩大了生活的圈子。网络带给关系主体的是一种新生存观、价值观。行动关系网络中交往关系动力具有互动动力维度,在这种观念中,行动关系网络动力被认为不可避免地既改变了周围的世界,也改变了主体性。这也使人们所处的时代是一个高度关系化的时代,关系无处不有、无所不在,给人们的普遍交往关系的实现带来了空前的机遇。

当前,在现实行动关系网络中,维持和改善行动关系网络动力模式机理正在发生转换与发展。生态环境中,物质性的过度膨胀,行动关系网络动力人文价值缺乏,非常重视行动关系网络动力的功利性,忽视了关系主体健康成长和自我完善的需要。物欲化了的行动关系网络动力的追求使关系主体成了忙碌的逐利者,精神性与伦理性的凋敝、生态危机,这种偏颇导致的直接后果产生了与行动关系网络动力的可持续发展实效性的背离。当代交往开始向数字化、网络化、信息化方面迈进,然而,网络世界中的多元异质关系形成了对主流行动关系网络动力框架的冲击与干扰。现实网络是一个距离分层,由于商业关系的入侵,不在一个层次上的人们很难有共同的文明与文化交流,变得越来越难以相互理解：感到在物理距离上近在咫尺，但在社会距离和心理距离上却相距千里而无法交流。城市作为地域和时空上的一个关系综合体，可以看作是一种行动关系网络关系资源。然而，一系列严重的、阻碍行动关系有序发展进程的问题，严重阻碍了城乡一体化关系动力的实现，导致了可持续的行动关系动力不足。可以说，若不存在阻碍关系动力流动的制度安排，行动关系网络动力的实效性就强。

  对全球化的日益繁荣扩大，人们有了太多的"崇高修辞"，现实环境也越来越被网络世界的行动关系动力所充斥。并且许多现实行动关系网络中的动力模式与关系网络产生了共生形式。与许多预测相反，在行动关系网络中，自由需求的"伟大期望"还没有实现。在行动关系网络的获得过程中，现在还生活在冷酷的地缘、血缘关系之中，关系主体仅存的那点自主性依然受到各式各样的圈子的制约，一定程度上导致其不能很好地融入群体，让关系主体之间不能共处。一个开放社会的交往关系动力价值网络中的人们容易以偏概全、以点概面，生活方式、生活习惯的差异，使其在心理上感到了巨大的反差。以至内心非常的脆弱、敏感，会使他们处理不好关系，造成人际关系紧张，游离于主流之外，不能通过正常的方法和手段实现关系的交流，往往过多地选择消极的防御方式，导致更多不良情绪及内心的冲突和痛苦，甚至产生无助、彷徨，严重影响到了正常生活，更甚者则会背离主流道德准则，作出伤害自己和他人的反社会行为。

  不得不承认，市场经济体制的确立、竞争的不平等，以及集团与利益的集聚，导致一种成本较高的行动关系网络关系模式等，这些成为支配与被支配的妥协的均衡状态。新时代不仅是生产方式变化的结果，还是交换关系变化的结果。新时代我们面对的也是非单一的行动关系网络动力形态。行动关系网络关系中的"非主流"、个性关系的无序，另类行动关系网络动力等"过犹不及"地发展仍然会导致主流关系的混乱，以至于解体。主流价值在多元价值存在的现实下，其不同目标统一的风险越来越大。新时代是代表着先进精神风貌和内在品质的、在自身长期发展中形成的具有独特气质的理念、价值追求和群体意识的体现,是一种生命力、创造力、凝聚力的体现,一定意义上,是行动关系网络的重要环境与背景。当前,新时代行动关系网络的快速发展引起了一系列始料未及的后果,我们应该对行动关系网络的价值自觉起来,使行动关系发展更有利于人类的文明与进步。

第二章 文化效应的行动文化动力

一 文化效应与文化能力

（一）文化及其类别

文化，在中国传统意义上是与"无教化"、"野蛮"相对的，它是指"以文教化"即"观乎人文，以化成天下"之意。古往今来，在人类发展史上，不少睿智明哲之人一直都在探索人在世界上的地位是怎样的？人的生命活动的意义是什么？这些关于人生与人生价值的命题经常困惑并吸引着人们，使人们对诸如"善恶"、"正义"、"幸福"等产生了千差万别的理解。随着认识能力的不断升华，产生了各种各样的文化。"中国优秀传统文化的丰富哲学思想、人文精神、教化思想、道德理念等，可以为人们认识和改造世界提供有益启迪，可以为治国理政提供有益启示，也可以为道德建设提供有益启发。"[①]

我国权威辞书《辞海》把文化以广义和狭义之分来界定。广义的文化指人类社会实践过程中所获得的物质、精神的生产能力和创造的物质、精神财富的总和。狭义的文化指精神生产能力，包括一切社会意识形式，自然科学、技术科学、社会意识形态。这里，广义的文化把人类的一切活动都纳入其范畴之内，是人类独特的生存方式。而狭

[①] 习近平：《在纪念孔子诞辰2565周年国际学术研讨会暨国际儒学联合会第五届会员大会开幕会上的讲话》，《人民日报》2014年9月25日第2版。

义的文化主要指的是人类的精神生产能力,是人类的精神创造活动及其结果。从逻辑层次上讲,狭义文化从属于广义文化。因而,文化的存在领域非常广泛,如认识(语言、科学、哲学、教育)、规范(道德、法律、信仰)、艺术(文学、美术、音乐、舞蹈、戏剧)、器用(生产工具、日用器皿)、社会(制度、组织、风俗习惯等)、设施(建筑及其技术等)等方方面面。

因此,文化一方面是基于人的生存对人作出的规定;另一方面则是指"人化",就是人通过其自在、自为进行改造自然所形成的成果。这是从"人之为人"意义上即人的类本质上对文化进行的界定,在人与物、人的世界与自然世界进行区分的基础上实现了人的存在。

关于文化的类别,一般把文化分为物质文化、精神文化、制度文化和行为文化。物质文化是人类加工制造的生产、生活的各种器物,是人的物质生产生活及其产品的总和,它反映人与自然的关系,是人类利用和改造自然的能力。精神文化主要是人类创造的精神产品,包括人们的思想、价值观念、审美情趣、理想信念、思维方式等。制度文化是人类在社会实践中建立的社会组织和社会规范。行为文化是人类在社会实践和社会交往中约定俗成的习惯性定式和行为模式,具有鲜明的民族和地域特色。把文化从不同的角度加以界定和分层,是为了更科学地分析和研究文化的一般理论和实践。

(二)文化效应:文化能力

资本主义的全球化是全球转型的过程,似乎正在成为众多变化和转型背后的核心推动力。企业资本主义的全球化是一个超越民族国家、经济、市场、制度的文化的过程。正如有学者指出的,文化不是通过提供终极价值观,而是通过形成一套语库(arepertoire)或"工具箱"(toolkit)来影响行动,这套语库或"工具箱"囊括了习惯、技能和风格,据此构建"行动策略"。首先,文化视为囊括符号、故事、仪式和世界观的"工具箱",在变化的格局中,可以利用此工具箱解决不同的问题;其次,分析文化的因果效应时,侧重于"行动策略",即仪式化的行动方式;最后,文化的意义不在于确定行动的目的,而在于提供用于构建行动策略的文化要素。①

显然,文化是一种能力,在一定意义上构成行动的中介环境,这种中介环境就是一种文化生态。什么样的文化决定塑造什么样的人,中国人的面貌就是生活在文化氛围之中的能力塑造。文化作为能力范畴,在稳定和非稳定文化时期,分别有两种文化影响模式。在稳定时期,文化只是提供构建不同行动路线的资源从而独立地影响行动。在非稳定文化时期,明确的意识形态直接钳制行动,但从长远来看,行动的结构性机会决定了相互竞争的意识形态中何者能够生存。文化通过提供终极目标或价值观来形塑行动,从而将价值观视为文化发挥因果作用的核心要素。因此,文明是文化的历史积淀,而文化则是文明的外在表现,是人们在创造文明过程中形成的生活方式。文化的力量在于使价值得以传承、凝聚、升华及永续发展。

从技术与文明和文化的角度来看,技术是人的生命与文化的一种体现,在一定意义上人是一种技术文明存在形式。人最明显的一个特征就是有文化记录的能力,人可以用文字、图像、视觉来进行文化记录。不同时代的人文化记录的能力是不同的。什么是文化记录?它的定义,第一个可以是动词,就是把所见所闻通过一定的手段保留下来并作为信息传递开去。第二个是名词,记录下来的文化材料信息。这两个词,无论哪一个都有一个共同的东西,就是文化记录存在于人的文化与文明世界里面。显然这里可以看到文化记录与文明、文化和技术概念的密切的联系。从文明与文化的角度来看,技术是人的生命的一种体现,技术文明在一定意义上是人生命的一种存在形式。文化记录,体现了人类文明与文化生存的一种技术、一种技能,体现了一种技术的现实化,在人身上现实化,作为社会历史发展生成的一个必要条件,体现了人与社会历史发展和未来的一个能力关系。

---

① Ann Swidler, "Culture in Action: Symbols and Strategies", *American Sociological Review*, Vol. 51, No. 2 (Apr., 1986), pp. 273–286.

（三）中华文化的能力效应

作为亚洲文明重要组成部分，中华文明悠久而弥新，守正而博大，积淀着中华民族最深沉的精神追求，是中华民族生生不息、日新月异、发展壮大的丰厚滋养。习近平在亚洲文明对话大会上高度概括和凝练了中华文明的重要特点。"亲仁善邻、协和万邦是中华文明一贯的处世之道，惠民利民、安民富民是中华文明鲜明的价值导向，革故鼎新、与时俱进是中华文明永恒的精神气质，道法自然、天人合一是中华文明内在的生存理念。"①

我们知道，"己所不欲勿施于人"的恕道、"己欲立而立人，己欲达而达人"的仁道，体现了儒家关于文明沟通的原则。恕道的宽容，强调不把自己的观点强加于人，承认并尊重他人的自主性，是化解冲突和矛盾的良好方式，为文明的互鉴对话创造了空间、条件和智慧。仁道强调关爱与克己，人同此心，心同此理，不仅仅局限于血缘关系，它可以推广到整个人类社会，最终包含整个自然万物。人不光自身有"欲立""欲达"的愿景，也要尊重别人有"欲立""欲达"的愿景，这是积极的文化程序和心灵表达，以主动的态度和行为去立人和达人。比如，中华儒家关于仁、义、礼、智、信的"五常"理念，已深深镌刻在中华大地的风土建筑、人伦日用、寻常巷陌之中。据杜维明先生研究，在明清两代"五常"思想也传播至包括越南在内的东亚社会。越南的陈、黎、阮三朝，韩国的李朝，日本的德川幕府时期皆是儒学大盛之时。儒家的核心价值、伦理规范在塑造东亚人的天下观、人生观、身心观方面贡献出了重要而独特的思想智慧和人文价值。从佛教东传、"伊儒会通"，到"西学东渐"、新文化运动、马克思主义和社会主义思想传入中国，再到改革开放以来全方位对外开放，中国优秀传统文化中恕道与仁道等文明智慧与思想资源，对于

---

① 《习近平：亲仁善邻、协和万邦是中华民族一贯的处世之道》（http：//www.xinhuanet.com/video/2019 - 05/15/c_ 1210134709. htm）。

形塑中华文明的为人取向和兼蓄并包特质起到了重要作用，无不证明着中华文化的强大生命力和姹紫嫣红的壮美盛景。

中华文化作为工具层面是十分有意义的。如果要把中华文化作为一种质的存在，随着实践以及历史过程的演化，质不会有变化。在一定意义上，这种文化就会被淘汰，如5000年前的文化和现在的文化天差地别，这种认识已经发生了重大变化。3000年前、2000年前、100年前，文化已经发生了非常大的变化。但是中华上下五千年来的文明一直在延续从未中断，说明中华文化在生存、生活方面，为实践、为行动提供了一种能力层面的东西，提供了一种工具。中国文化不中断也就是能力因素在起作用，也正因为它的能力巨强，所以一些外来的文化在进入中华文化之后都被其同化，使之成为中华文化长河之中的一分子。简单来说，征服有两种形式：一是靠武力；二是靠思想。打仗打到最后，凡是征服思想的人，才是最终的胜利者。美国学者汉斯·摩根索曾说："文化帝国主义的东西，是最巧妙的，并且如果它能单独取得成功，也是最成功的帝国主义政策。其目的不是征服国土，也不是控制经济生活，而是潜移默化地控制人心，以此为手段而改变两国的强权关系。"① 中国历史上有很多少数民族政权，来到中原后最终要么被汉文化同化，要么回到自己本民族地区。如蒙古族建立了元朝，元朝一部分人被同化了，另一部分人退回长城以北。这主要是中国的包容性文化特性，使其他的外来文化融入中华文化中去。这里面的根本原因就是中华文化在一定意义上是具有持久性的。

中华优秀文化蕴含的处世之道、价值导向、精神气质、生存理念等，不仅是我们中国人修身齐家治国平天下的精神资源，是亚洲文明的重要组成部分，而且对培育当代民众优良心性秩序、解决人类发展难题、谋求天下大同也有重要参考价值。通过文明对话和互鉴，把中国优秀传统文化的精神标识提炼出来、展示出来，把优秀传统文化中

---

① ［美］汉斯·摩根索：《国际纵横策论》，卢明华等译，上海译文出版社1995年版，第9页。

具有当代价值、世界意义的文化精髓提炼出来、展示出来。这不仅有利于中华民族、亚洲社会宝贵物质财富、精神财富及制度文明的形塑、丰富、传播和弘扬，有利于消弭全球化进程中的治理赤字、信任赤字、和平赤字及发展赤字，也是对世界文明发展的借鉴和贡献；不仅为建构中华民族共同体，实现中华民族的伟大复兴提供了丰富的理论和实践资源，也为建构亚洲命运共同体、人类命运共同体注入了新的力量之源。

二 行动文化与文化自信

（一）文化效应：行动文化

新时代治国理政所面对的是在解决当代中国面临的发展问题中如何运用和创新马克思主义的问题以及如何用马克思主义的立场、观点和方法来分析中国实际、解决发展矛盾的实践问题。

马克思曾批判过从前的一切唯物主义——包括费尔巴哈的唯物主义——的主要缺点。[①] 即他强调要从人的现实的关系出发去理解物质范畴。因此，作为物质性存在的社会实践一直是在一定的现实的"关系"中进行的和实现的。在这种关系中，"人的第一个对象"，即人，对人说来，"他自己的感性，只有通过别人，才对他本身来说是人的感性"[②]。这意味着，人是作为类的行动的人的行动和作为类的本质力量的人的本质力量（通过分工和交换等）而存在和行动的。

行动关系，这个概念是理解和把握对象范畴的关键。人们在创造和改变对象的同时又被他们所处理的对象以各种方式制约。关系与对象在本质上就是一回事。对象与关系是不可分割的，是你中有我、我中有你的孪生动力因素。也就是说一对象过程即运动中的行动关系，它表现的是复杂关系的流动变化。对象差异既是关系运动的载体和场

[①] 《马克思恩格斯文集》第 1 卷，人民出版社 2009 年版，第 503 页。
[②] 同上书，第 194 页。

所,也是产生和发展"关系"的根本动力。

由此可见,人的对象化是人的本质力量的对象化("行动"的"文化"化)和对象的本质力量对人的对象化("文化"的"行动"化)的统一。从人的本质对象化方面来说,人的生产劳动,人的社会实践创造、工业,是"人的本质力量的公开的展示"[①]。

这种双向对象化既存在于每一个具体的社会实践之中,也存在于社会实践的整个历史过程之中。而且在不同的社会历史时期,社会实践的对象化具有不同的社会历史形式。合情合理的对象化与片面的、异化的对象化往往有着质的区别。追求和争取合理的、全面的社会实践的对象性关系形态,既是人的社会实践创造活动本身的内在要求,也是人类历史发展的根本目的。未来的理想社会,人和世界将合理而全面地共同发展,人的社会实践也将抛弃它的异化形态,恢复它的内在本性——全面的双向对象化。

人的本质力量的过程,是"自由自觉的活动"。对象性的人在社会中创造属人的对象世界,同时在创造对象世界中也创造社会本身。正像社会本身创造着作为人的人一样,人也创造着社会。而这种双向的相互创造,是通过人的对象化社会实践实现的。或者说"文化"的"行动"化,"行动"的"文化"化,这是人和人生活于其中的世界共同发展的规律。

马克思针对黑格尔把人的社会实践视为自我意识的"纯粹活动",把人的活动所构造的对象看作不过是意识的一种"假象"、"外壳"、"外化",因而对象具有"虚无性"的唯心主义观点,马克思明确地指出,人的社会实践是一种对象性的活动,是不可能离开人身外的对象而存在的,因而人的活动并不是从自己到自己的纯粹活动,更不是纯粹自我意识的活动。因为人必须以外部世界为满足自己需求的对象才能生存和发展,这些身外对象作为人的需求对象确证和表现着人的本质及力量,因而人是受身外对象所制约的对

[①] 《马克思恩格斯文集》第1卷,人民出版社2009年版,第193页。

象性存在物。

马克思说:"通过实践创造对象世界,改造无机界,人证明自己是有意识的类存在物,就是说是这样一种存在物,它把类看做自己的本质,或者说把自身看做类存在物。"① 从对象向人的对象化"行动"方面来讲,对象首先是人的生活资料,同时也是人的对象性活动的资料,没有这些"借以劳动的对象,劳动便不能生存"。因而"感性的外部世界"作为人的"劳动的对象"和"肉体生存"的对象,直接规定着人的生存和人的活动,对象"只能是我的一种本质力量的确证"。② 因此,文明是由自然到文化的转变,是由人类的理性所决定的,更是人类主体实践赋予的。人类可以把人的自然性转化成社会(文化)的属性,也即实现类的共同性,而距离的产生及其弥合都是以这种转变为基础并且以之为起点的,进而通过在差异关系中,在存在着无休止的诸如与自然的冲突、对力量和权力的冲突争夺之中产生新的行动文化力量。文明的行动文化既属于实践的范畴,也属于认识论范畴。以一种现实的观点来审视行动文化形成的动态过程,它是人类作为拥有理性的存在,通过自己的现实性力量创造出自己的存在的一种必要性,是行动文化方向性需要的产物,且这种方向性需要只能通过解释过去的经历来完成。

行动文化,从人的立场出发,是主体在社会实践活动中建立起来的、创造出来的,就是为了更方便、更全面、更深入地反映和占有现实,是历史地凝结成的、自发地左右人的各种活动的稳定的生存与实践方式。一定意义上,行动文化是一种阐述行动目标的行动、文化与文明的动力逻辑和争取认同的一种方法,是以平等的规范性思想和论证的普遍推理原则为基础的。因此,行动文化模式应与发展水平相适应,适应社会就会形成"和"序,利益分配的公平性。总之,行动、文明以及文化自信之间是一种相互依存而又有冲

---

① 《马克思恩格斯文集》第 1 卷,人民出版社 2009 年版,第 162 页。
② 《马克思恩格斯全集》第 42 卷,人民出版社 1979 年版,第 126 页。

突的关系，在正在争论和已经争论过的问题之中，就应该把行动、文化与文明的动力逻辑作为行动文化的理性自觉手段与方法，把握好"文化"的"行动"化与"行动"的"文化"化两个方面的规定。行动文化生成的典型模式是具有普遍规律效力的跨文化、跨区域，以多角色为焦点，具有描述普遍模式的历史与实践作用，跨距离促进"文化"的"行动"化与"行动"的"文化"化。跨距离方法框架要考虑关系的区位、环境、文化等方面的特色，特色不同，其关系动力的功能也不同。

行动文化的动力因素模式构建要兼顾一般规律和特色，建立共性和个性相结合的模式。具体来说，应该遵循发展原则。发展的逻辑和秩序影响模式的选择，它能够随着从对特殊社会行动中获得的新启示而不断完善，从而一个普遍的跨距离的行动文化是可能的。因此"文化"的"行动"化与"行动"的"文化"化是指一种"敞开"和"接纳"、"和而不同"，形成完整互补的关系动力网络，实现了关系动力的一种"共享"，投入和创造相互价值的活动，在功能上互相补充、相得益彰。这是一个充满创造活力、相互衔接、相互适应、相互促进的网络。

总之，行动文化范畴意味着把行动视为在文明体制和社会文化框架内进行的人类社会活动，更强调发展的社会文化背景，着重强调行动与文明文化的互动。新形势新背景下的治国理政的动力因素只能用无形的文明文化场来影响、疏导和激励。文化性是人这一社会存在物的重要生存方式，代表着人类的独特的价值和方法。文明，作为人类世界客观存在的一种重要现象，是在文化的大背景下实践的。一个文化或整个文化生态成熟与否，首先要看其文化自信价值是否缺席、是否发育充分。从社会建构主义的视角来看，对文化自信构建进行整体考察，把文明看成是一个亚社会，或一种社会亚文化。在这个亚社会中来考察各种动力因素的相互作用，注意文化认同的内涵，注重区域间、阶层间的文化认同研究和群体文化下的主流文明的认同。

(二) 行动文化共识

当代不同地区已紧密地被联结在了一起，需要如何就平衡信息创制、传播与实现的得与失，对文明动力结构的内部多样性和许多地方力量导致的距离差异同时保持敏感，实现具有概括性和普遍意义，包含适合最有效角色和原则的行动文化共识。

共识要能够确实地、详实地、敏感地收集、整合信息，既有历史与区域意识，又有全球意识，不能只趋向于增强地区偏见，收集附加的地区性专门信息，而要以跨文化、跨区域的方法整合不同的信息，找到能平衡多矛盾关系的普遍与特殊的方法。也即具有普遍规律的文明的行动文化共识，不仅仅是行动、文化与文明的动力逻辑下政治进步的需要，也是在信息创制、传播与实现大背景下的需要，还符合社会治理把经验性事件与规范性效果结合起来的实践要求，符合对不同距离下的文明认同具有说服力和对所有论述的经验性的真实的需要。

共识不强调超越特定时期人类活动的普遍性准则，而是专注于文明与特定距离本身的关系，追求来源于不同行动、文化与文明的动力逻辑下的规范性及其价值观的行动文化共识，阐明本来面目，是追求获取值得信赖的文明的社会治理。人类命运共同体下支撑的共识远比地理边界线重要得多，相信创造性和跨越是最有价值的品质。行动共识要遵循文明的行动、文化与文明的动力逻辑，其效力受到了距离结构性变化的检验，行动文化共识在本质上是跨距离的。

行动文化共识的原动力来自于人的主体性，对文明的主体距离关系动力的捕捉、分析和研究，反映出了不同文明之间共识的可能。对文明的解释的主体性，需要公正的、多样化，不过于同质化地对待，如果对文明的行动文化共识单纯以任一个主体行动的方向为目的，那么这个过程很可能导致共识偏差。迎合具体主体需要的方法也许会产生有前景的、有洞察力的社会治理，特别是把共识应用到不同的信息与文化之间，也确实是有相似的一致影响，但应该明确地避开执行这样的行动文化共识。因为这在试图将特定主体的某种信息观念结构强加到其他行动、文化与文明的动力逻辑语境上，应从文明结构中关注距离关系动力的内在规律和相互作用，不仅关注其实践层面上的政策动机，而且特别关注舆情的信息动力形态。

在共识中，每种论述都包括自己和他者的不同，而且这种不同具有规范承诺力，这种方法应该理解为在社会信息距离阻隔中如何达成对不同距离下认同的说服力，符合所有论述的经验性的真实的需要。为了促进跨距离间的社会治理达到较好的行动文化共识，至少需要一种用对方话语进行交往的能力。每个主体都有着某些特定的既定成见和看法，甚至偏见，或一套自己的价值观、真理观。这也就是一道共识上的鸿沟。若要缩短鸿沟造成的距离，势必要有更多共识，甚至包括在达成共识时能够采用其惯于使用的语言、思维、立场等。

文明的距离往往由一个国家、一个民族、一个地区、一种宗教文化等等的历史事实及其暂时关系构成，"历史的"动力逻辑对行动文化共识意味着过去通过一系列的时间序列事件及其共识和今天联系起来。如此，文明的跨距离对行动文化共识就是要根据以往发生的一系列重大事件揭示行动文化共识的本质，通过对各文明不断演变的历史，全面研究过去留下的可靠资料来发现事情的本来面目。任何一个领域很可能保留一些先前确立的界线，都存在概念问题，都有自己概念的历史，这给文明的交流带来了压力和困难，会形成意见的不一致。概念对文明的行动文化共识特别重要，基本概念主题对促进跨距离对话承担着重要的任务。利用概念共识，尤其是核心概念的时间序列的方式来阐明如何准确地使用概念并采取相应的行为，及其对实际问题的影响，提供了适合于某一常规框架的固定的意义，来克服行动文化共识中的混乱，驳斥那些偏离所谓"正确的"不同观点。

行动文化共识要注意这些不同在跨距离语境概念中本身的变体，把注意力集中在一些不同传统中的概念历史。但是，不应是纯粹概念，还需要研究语言表达以外的深层思想，以及这种思想的含义、目的、必要性、限制等问题。通过揭露不同行动、文化与文明的动力逻辑下文明传播动力形态的历史定位与价值，对日常生活的方向及其社会政治有着重要作用。因为行动共识要适合他们的历史定位需要，其价值、规范性满足社会对秩序的基本需要，使不同的真相共识变得便利。这种标准与视角决定了对过去经验性的认知成为历史"事实"的本质，把这些事件的经验性实例及其特征都考虑进去，阐述不同历史信息与文化的区别是必要的，这对于识别不同文明有重要价值。应深入理解其中差异所内在的历史与现实汇流、交融的巨大潜力，这种潜力符合了解时代的特征以及其他差异方面的需要。在实现这种理解后，把历史距离同文明紧密结合，将过去的经验性事实作为历史性运动的一个方面，在文明的行动、文化与文明的动力逻辑下将其形成为结合过去和未来，今天的、历史的、实践的行动文化共识。

社会信息系统是混乱的，产生这些误解与混乱的原因，除了最重要的政治、哲学的冲突动力因素外，至少在一定范畴内，还存在着用不同的语言解释的概念。相同概念经常被不同的语言所翻译，看似相似但意义有很大不同，就如在生活中因为不理解彼此的言谈，就会发生交流的混乱。这种混乱不仅指不同的自然与人工语言信息之间翻译带来的混乱，也是文化传统及沉淀在其中的思想形式之间的混乱。行动文化共识的目的就是为了克服社会信息系统的障碍，试图达到行动文化共识的唯一性，必须在有一定的行动、文化与文明的动力逻辑规范的基础上，把历史的经验性事件与规范性效果结合起来。

在行动文化共识过程中，行动文化脱离了更大的全球性社会信息网络就无法得以恰当的推进与理解。应加入一种全球的视点，从跨地区交流和互动的角度，基于信息不断增长的跨文化联系，不要把文明的行动文化共识限定在特殊的经过缜密勘测的国家与地区。国际化和跨文化问题已经成为存在的焦点，这一转向需要一种能够平衡全局和地方敏感的新的世界观，以及一种新的真相共识范例和方法，为社会治理提供新观念、新方法和新动力，这样才能在面对诸多失序、无序状态时而不慌乱，才能在逐步实现物质生活的现代化时，在精神方面不至于产生价值失落。

(三) 文化自信的意义

从某种意义上来说，人总是隶属于他所处的历史情境和文化传统的。在新自由主义理论中的社会性不是社会对他与生俱来的原则的压制，而是植根于这个个体，即他的自然存在中的"设计"。同时，社会性也取决于特定社会中所建立的文化类型、文明类型。这种文明类型的预先决定被认为是文化多样性的不可避免。狄尔泰说："单独的个人在他自身的个别存在中，是一个历史的存在者，他是由他在时间进程中的地位，在相互作用的文化体系和社会中的地位决定的。"① 实际上，文明的价值首先表现为文化的积淀过程。历史学家、社会学家和文化人类学家越来越多地认识到文明是一个与文化密切相关的独特活动。不同群体的文化存在很大差异，这种内隐的文化差异会导致文明认同的差异。主流文明的认同，能够为新时期多元文化并存的现实要求，为社会治理危机提供有力的支持，而决定主流文明的认同能否形成的实质还在于群体文化认同差异，其本身可以作为学术考察的对象，从而形成文明元勘研究，进行文明哲学、文明史、文明与社会、文明与文化等方面的研究。

全球文化进程的普遍性体现在所有文化固有的共同特征中。它们包括教育、非劳动、体育文化、仪式、亲属关系制度、语言等。各民族文化的共性在于，在每个社会中，都可以区分精英文化、民俗文化和大众文化。此外，可以在每个民族文化中区分识别特定社会群体文化生活特征的亚文化。文化多样性的存在是不同类型文化对环境的看法和观点存在的自然结果。文化多样性不仅存在于不同文化类型的文明中，也存在于人与人之间。它证明了这样一种信念：隐性多元文化不是人类创造性能力差异的一个指标，而是主要反映了在不同生活条件下，在人类影响下对主体的不同处理方式。

---

① 《狄尔泰全集》第 7 卷，哥廷根，1992 年。

在开放着的文化自信面前，自信的价值与社会文化有着不可分割的联系，甚至就是文化的一部分。当人们试图去理解、参与、拓展和建构文化自信时，他必须先属于这种文化自信。正是这种文化自信形成了一个先在的主体文化认同结构。因此，建构是一个文化参与和认同的过程，建构者通过借助一定的文化支持参与某个建构共同体的实践活动来内化有关的文明价值。文化的形成因区域差异而有所不同，文化的差异形成的社会信息生态也是不同的。所以，在社会信息生态中，文化与主流文明的认同是一个"求同"与"求异"相互促进和相互构建的过程。

在存在主义哲学中，完全自愿主义被认为是一种客观的、发展的趋势，与人的自由选择相冲突，与人在艰难的历史环境中保持自己的能力相冲突，有能力在心灵的理解之外保留自己的本质，实现自己的命运。海德格尔的狂喜，萨特的冒险行为，加缪的叛逆，都可以看出对人类行为的历史趋势的反抗。卡尔·雅斯贝尔斯（Karl Jaspers）更广泛地看待人性的表现。他认为这是西方文明回归东方怀抱的过程，在这一过程中，物质繁荣的实现作为社会生活的基础，被追求自我实现所取代，人权的延伸、劳动的解放、精神价值体系的不断发展和哲学信仰是一个人回归其本质的基础。其实，在文化生态环境中，人回归其本质面对的是非单一的文化形态，又由于其本身的思维特征与文化品质使在文明的价值的实现过程中镶嵌着实效与失效两种运行机制，增加了文明的文化价值困境，文化自信导向风险加大。从这个意义上看，文明的发展使文化自信价值的成效不断改变原来自给自足的特征，它可以把不同的距离关系文化元素集中到一起。因此，实现文化自信价值的过程就是文明和其他各种社会文化交流的过程。在这个构建过程之中，文化自信的认同以社会文化认同为基础，特别是在群体偏见和群体刻板印象的研究中，主流文明的社会文化认同的作用不容忽视。主流文化自信的获得与提升应是以文化自信的自觉来代替强制而实现的。就是要对文化自信的文明属性进行认同，更注重文化动力因素的建构作用。

（四）近代中华文化自信的失去

中华民族，从史前古代社会以来不断地分裂，但总体来看是趋于统一的趋势。中华文化不断凝练、不断凝聚，中国精神不断形成，从而有了一个文化的旗帜并一直延续到现在。乔万尼·阿里吉认为，中国的重新崛起是伴随着中国人民精神世界的凤凰涅槃，在中国的崛起中，催促着一种新的文明的生成，就是新的中国精神的形成。[①] 其中影响深远的大事件就是秦始皇统一中国，统一文字、货币、度量衡，交通工具在一定意义上也统一了，使我们国家在秦朝以来一个统一的多民族国家实际上已经定型。秦汉以来的民族跨越大山，跨越海洋，慢慢地逐步开启了海上丝绸之路、陆上丝绸之路和西南的茶道盐道。这些都是中国进行对外交流的一个途径，中国对内生产，对外也不断进行交往，生活在这片土地上的人们，用智慧创造文化，创造了比较典型的文明，如四大发明：指南针、火药、造纸术、活字印刷术，这些发明对文明的推进作用是巨大的。比如发明指南针，它使人类知道哪个方位是对的，自己的位置在哪里。文化的载体多种多样。文化传承载体很重要，所以发明了造纸术，有了物质载体，就能传载文字。如果知识就是文字，不断复制，不断传播，那么文字传播的量和速度就决定了人类文化进步的速度。于是发明了活字印刷，它对文明的传承，对文化的传承，对于学习以及研究人类特有的社会现象如虎添翼。还有一个方面，就是火药即炸药发明之后，人类能掌握爆炸，爆炸使人类掌握了巨大的能量，这种能量已经超过了简单的模式。文化的传承、能量的获得、方向位置的正确定位，极大地推进了人类文明。

西方资本主义城市的发展和西方的精神与文化密切相关，和西方秉承的价值观密切相关。西方国家秉承的价值观就是个人主义、英雄

---

① ［意］乔万尼·阿里吉：《亚当·斯密在北京——21世纪的谱系》，社会科学文献出版社2009年版。

主义，注重的首先是个人的利益，每个个人的自由发展是最高目标。这就形成它的重商主义精神，经商、利益、利润是文化的一部分。西方国家也是通过改革、革命、精神价值观的转化，进行一系列转化之后才走上资本主义道路。而资本主义生产方式的必然性决定其必须进行对外扩张。资本家最大限度地榨取剩余利润获取剩余价值，不断拓展市场，所以当国内市场饱和的时候就要抢占邻国的市场，当邻国的市场饱和时就抢占欧洲市场，当欧洲市场饱和的时候，就向东方继续开辟新大陆，不惜一切代价占领有利润、有空间的地区。比如哥伦布在地域上的开辟，进行对外殖民扩张，因为只有在殖民状态下才能获得更大的利润，把对方变成殖民地，与之不等价的协商，要实现不等价就必须使其没有权利，没有自主意识，所以这就是被殖民的文化自信的失去的根源，只有这样才能使资本主义获得最大利润。

科学技术是现代文明的重要标志，同时也是促进文明前进的动力，注重发挥科学技术"起推动作用的、革命的力量"[①]。科技是第一生产力，但在中国没有产生近代科学，中国有着重要的陶瓷文明文化，它与中国的科技密切相关，陶瓷和中国自然科学的发展与中国的封建迷信形成了一个文明的动力结构。在陶瓷文化的范式下产生不了近代自然科学，因为它不具备近代自然科学逐利的特征，并且还阻碍了自然科学的发展。功利的世界，在一定意义上是属于资本主义时代，它就可以产生近代自然科学或者说现代的自然科学。因为这种功利它只和资本主义的资产阶级联系在一起，这种潮流文化和资本主义的精神、和它的科学的精神、和它的科学实验模式联系在一起。

可以说，中国在走向近代和现代的过程中，经历了很多曲折，1840年以来，中国开始受到外国入侵，开始沦为半殖民地半封建社会。在1640年左右，清朝作为最后一个王朝，还在进一步巩固封建王朝的时候，西方国家已经开始资产阶级革命，如英国的资产阶级革命已经到来，为西方资本主义的发展扫除了障碍，所以从制度层面上

---

① 《马克思恩格斯选集》第3卷，人民出版社1995年版，第777页。

来说中国就已经落后了，与此相伴随的是中华文化自信的失去。于是全盘否定中国文化，并将其与现代社会对立起来，却不仅在文化心态上陷入长期的自卑，而且阻碍了发掘中国本土文化的价值，没能利用本土文化滋养中国社会的进步。费孝通先生曾一针见血地指出："无论是'戊戌'的维新变法、'五四'的新文化运动和解放后的历次政治运动，都是在破旧立新的口号下，把'传统'和'现代化'对立了起来，把中国的文化传统当做了'现代化'的敌人。"① 中国的落后，中国人自信心的丧失和西方帝国主义、资本主义的发展相关。

三 文化与行动的效应动力结构

马克思说，"人不仅仅是自然存在物，而且是人的自然存在物，就是说，是自为地存在着的存在物"②。如果说人作为自然存在物着重讲的是人不得不被自然外界对象所规定，人无论如何离不开自身之外的自然对象，即人的"受动性"的话，人作为属人的自然存在物则着重揭示了人的"为己性"、"自为性"的"能动性"的特质。实际上，人如果仅仅是自然存在物，他就和其他自然物，动植物完全一样，只能消极被动地适应周围的自然对象，同身外之物只能发生自在的、本能的对象性关系。因此，马克思在指出人是自然存在物的同时，也明确指出人是有生命力的、有意识的、自由自觉的"能动的自然存在物"。③

对人来说，身外对象的自然存在物并不是直接地、现成地、完全地能满足人的需要的。而人自身的自然器官和机能事实上并不完全是由自然界所直接提供的，它同时也是由于人自己的社会历史活动才成为属人的自然存在物的。因此，马克思在物质观上的历史贡献就是他

---

① 费孝通：《论文化与文化自觉》，群言出版社2005年版，第475页。
② 《马克思恩格斯文集》第1卷，人民出版社2009年版，第211页。
③ 同上书，第209页。

发现了人类物质性的生产劳动或者说人与物质世界的行动关系——于文化与文明的创造关系中。具体地说是创造出"人化的物质系统"去代替"自然的物质系统"。即人按照真、善、美的原则,改变自然物质系统内部关系的结构,使之产生与人的需要相一致的功能,以满足人的各种需要。

人类是具有自我意识和社会实践能力的生命体,它一旦产生就以自觉的关系逻辑模型来满足自身的生存和发展的需要。从生命的延续和调节的连续的过程考察,生物和人类的生存发展都是以关系动力为基础的基本生命群体,从无机自然界分化出生命到人类及其社会的基本结构就是一体三元的宇宙整体。人的现实存在,必须具有他的肉体、自身的需要,情感,意志,知识背景,思维方法等,但更关键的是,人如果脱离了社会,与社会隔绝,不与社会、他人发生关系,是不可能成为行动主体的。也就是说,人类创造了自身存在的社会世界。社会世界是复杂的,新时代治国理政也是无限多样的,而这无限多样的关系中,主要就是行动与文化间的关系。

人的行动既具有能动性、创造性,又具有受动性和被动性。行动对文化具有认识利用和改造(创造)的主动性和能动性,同时也受其制约。实际上,在社会行动中,研究行动单从它的内部还不容易知道它的深浅,认不清它的全貌,例如"不识庐山真面目,只缘身在此山中"。往往要跳出行动内部的框架,从外部更大范围来认识它的地位、作用和整个行动的特征,这就是说把整个行动从文化史上来研究。

新时代治国理政的行动与文化的关系动力价值就是整个社会生态系统中相互联系、相互适应、相互依存的共生互动所产生的作用和影响。行动与文化的关系动力的实效价值意味着有所"动作",也即有所作为、有所表现,触动、激发,是一种以和衷共济、协调发展为核心的模式,是各种动力因素全面、自由、协调、整体优化的氛围,是对对象结构和功能的秩序化或者说是有序发展。

怀特海说:"对于它的每一成员来说,一个群集就是一个含有某种秩序动力因素的环境，它因为其成员间的遗传关系而持续。如此的一个秩序动力因素便是该群集中的一个普遍秩序。"① 众多的实际实有为什么会聚集在一起而持续下去呢，是因为它们共有一种秩序，彼此间有种种遗传的关系。照怀特海的说法，"水晶、岩石、行星和恒星"都是"群集"，群集与群集相互不是孤立的，每一个群集都有由实际实有组成的更大的群集作为它的背景。世界将自己展示为一个由众多实际事物组成的关系体，实际实有化为具体的过程，被怀特海称为"合生"。②

在最广泛的意义上说，任何存在都具有一定的价值，包括自我价值。对价值概念的理解需一种广义视角，坚持关系价值论基本立场即价值不是实体，不是自然事物本身，不是主客体之外的"第三种实体"，而是一种关系动力作用的结果。从系统论来说：整体由部分组成，但是整体不等于部分之总和，当整体的内部处于有序发展状态时，整体大于局部之总和，这是整体功效的放大。当整体内部处于无序状态时，整体的功效就可能小于部分功效之总和，这是整体的内耗。各子关系体之间的协同，就意味着总功效的放大，也就是竞争力的提升。

新时代治国理政的行动与文化的关系动力价值在整个发展的动力系统中居于先导性的地位，即指一切对行动开展及其效果产生各种影响的文化内外部动力因素之间关系及结构的总和。动力因素价值功能，具有一种汇聚力量的作用，同一客体在生活实践中可能与不同主体同时建立价值关系，从而构成价值的网状结构、立体结构和主体性，存在于行动、文化以及文化自信的相互作用和影响之中。动力因素价值也有正负之分、大小之别。凡是对生存和发展产生积极的有益的效应，就是正向的、有效的，凡是对行动的生存和发展产生消极的

---

① 转引自周邦宪《初议〈过程—关系哲学〉》，《华中科技大学学报》（社会科学版）2009年第1期。

② 周邦宪：《初议〈过程—关系哲学〉》，《华中科技大学学报》（社会科学版）2009年第1期。

有害的效应，就是负价值。而与社会生态环境系统保持一定的动力因素有序发展状态，这种效应越大，动力因素价值就越大。同一关系所具有的社会价值效应既有性质上的差别，也有数量上的不同，甚至完全相反。即这种效应对主体或客体的生存与发展所具有的实际，现实历史意义和大小要围绕不同时期社会历史语境的广泛变化来理解这一范畴，并考察构成外部关系。

然而，"博弈论"中的"囚徒困境"使行动出现个体理性的选择到"关系理性"选择之间的鸿沟。因此，"三元关系"（行动、文化、文明）博弈中，对彼此都有共同的利益需求，在进行距离关系的调整、博弈中的欺诈、合谋与偏颇会导致所有的利益受损，即在共同体中有序发展，形成过程要受到"三元关系"动力因素的制约和影响。这些动力因素通常主要包括关系的互补性与可靠性，表现为若干层次，任一层次的利益实现与其他密切相关。而不同层级的关系系统在资源配置、范围等诸多方面存在一定程度的差异。在某些极端的价值过程中，不确定性、不连续性和非常规性等都会损害动力因素功能的持续性发挥。

有序发展是行动、文化与文明之间最直接的交互的、活生生的相遇关系，"有序"要求"三元关系"间能够形成为参与各方都接受的秩序，实现利益差异的最终的协调与趋同，每一元都有发展的必要。当"三元关系"博弈达成竞争共识、可预测性时，多元利益诉求过程中对公平与效率权衡将更趋理性与科学，不仅对价值方式，也是对动力情境。这决定"三元关系"之间形成了一个从非合作博弈到合作博弈、从个体理性到关系理性的过程。关系动力因素首先意味着人们之间的相互联系、相互适应、相互依存、相互作用、相互影响，是与人的存在联系在一起的。关系动力因素作用并不仅仅表现在意识与信息的层面上，是一个纯粹心理过程，它还可以体现在具体的物质活动与行为上。因此，关系动力论把社会实践看作是处理关系、协调关系、建立理想关系的一种活动。有序发展的社会行动关系大体包括两个方面，第一个方面是在处理和使用人与自然的各种复杂的关系。第二个方面是在人与人、人与社会的关系，如处理单位与单位、单位内部各部门之间、单位内部人与人之间的关系。具体可表现为规划、决策、管理，社会系统中人群关系的协调、法律协调、道德协调和心理协调。其中社会管理可表现为处理社会生活的各种关系中产生出来的各种矛盾，对包括社会子系统、子结构发展的外部、内部管理。

由于人是有限理性的行动者，追求自身利益最大化的动机使得不同利益趋向和获取途径不尽相同，甚至用非常态关系手段来谋取自身的利益，在多元化并且利益不一致的情况下，在时间和空间上形成距离差异，在社会分化与突出中形成了利益相关者等多元群体。此时，诸如现实的信息不对称使拥有有效控制信息者，有可能通过粉饰虚假陈述与误导而获取利益。在利益诉求上，总希望付出降至最低，利益最大，而当收益远远大于成本时，利益均衡关系便被打破，加剧无序化。抽象来说，与现实进程相协调，与理想的优化紧密结合，有序发展目标促进了行动与文化的关系动力因素价值资源的合理配置，有序发展模式实现了处理好公平与效率优位的关系。

市场和个性价值是促进构建行动与文化的关系动力系统的重要力量，比如，市场机制不仅通过促进各种动力因素的发展成为构建关系动力的间接动力和外生变量，而且直接推动构建的进程，是动力网络构建的直接动力与内生变量。动力因素有物质动力也有精神动力，考虑这两种力量的作用并妥善处理二者之间的关系，自觉坚持以人民为中心，以行动为重心，着重于各种关系动力因素的有序、融洽的环境构建。所以，市场与个性化要求在选择动力因素的过程中要坚持全面性原则，以人民的安全发展利益的增长为基本宗旨，以人们个性化的充分发展为总体目标，使行动与文化的关系动力因素功能得到充分发挥，形成一股强大的力量。

第三章　文明发展：新时代行动理性与行动文化

一　文明的范畴与文明自信

(一) 文明范畴的动力学阐释

文明和人类的生存密切相关，是人类改造自然、改造人过程之中形成的成果，具体可表现为人与人、人与社会、人与自然之间创造的诸如文化、物质、制度、精神等关系成果，这些关系涉及生产关系、社会关系、人与自然的生态关系等等。文明的成果是积极的、进步的。人作为现实的生成物，其生存范式总是表现在与各种文明的成果与关系的交互动力之中。

在历史上与现实生活中，将文化与文明两个概念混用或相等同是一种普遍现象。我们可以从词源学、发生学以及人们在日常生活中的具体语境等不同维度与视角对文化与文明之间的差异进行分辨与澄清。文化与文明各自都有长久存活的原因，同时有着生成上的同根性、同源性以及结构上的类构性特点，二者之间是相互渗透、相互作用、相互促进的。文明是文化的精神灵魂与内核，文化是文明的对象化，是文明外显的载体。正确地把握文化与文明的既相区别又相联系的关系，是既有学术价值又有现实意义的。[①]

[①] 林剑：《文化与文明之辨》，《学术探索》2012年第3期。

可以说，文明是文化场中密度最大的一个奇点，是一种信仰与文化的关系动力集成存在。信仰，作为人类独特的生存方式，在文化结构中，处在核心地位，是精神文化的主要内容，它与物质文化、制度文化、行为文化相互影响、相互制约。信仰过程就是一个获取文化动力，使用文化能量和转换文化能量的过程。这就意味着，文明集中体现着信仰文化的动力特质，表现在人所创造的精神、思想、心灵、制度和器物上，是人们在历史过程中凝结成的稳定的生存方式，它渗透在人之生存的一切领域，深刻影响着人们对美好的社会行动品质的追求。如"文明"一词，3000多年前就见于中国古籍，《疏》中有"经纬天地曰文，照耀四方曰明"，《尚书》中有"睿哲文明，温恭永塞"，《周易》中有"见龙在田，天下文明"，清代有"辟草昧而致文明"等，原指文采、光明、德性等，含有美好、时新、进步的意思，后来泛指社会摆脱愚昧，走向先进、开化、进步的状态。在西方，文明具有市民、教养之义。18世纪法国的启蒙哲学家们将建立在理性和公正基础上的社会称为文明社会，孟德斯鸠、卢梭等百科全书派，曾把文明和野蛮对峙起来。英国空想社会主义者欧文把他试验的"新和谐公社"称为"文明和谐的社会制度"。德国空想社会主义者魏特林将资本主义社会称作"病态社会"，将未来社会主义称为"和谐与自由"的社会。马克思、恩格斯批判地继承和发展了空想社会主义者的"和谐"与文明的思想，把文明作为社会主义的目标和特征。

文化作为人的生活方式在一个时期内的存在方式具有保守、固化的一面，当这种动力趋势作用很强大时，就形成了一种文明的动力过程。强调文化对文明养成与发展的作用，意味着文化才是文明养成的最有效驱动动力。因此，文化经验的历史凝聚以及特定时代、特定民族、特定地域所显现的自然生存条件等有机地交织在一起，从而规定和塑造出生存于这一时空的人，并由此成为一种自觉、主流的文明模式。文明模式一旦形成，它必然稳定地、强势地甚至排异性地发生作用，并在很长时期内成为人的生存常态，在这种模式中总是力图维持其惯常的思维方式和行为方式。因此，文明是人类或民族的世界观、人生观、价值观、思维方式、行为方式等所构成的最深层的系统软件，是人类或一个民族的DNA，是每一个体的第二DNA。文明遭遇到一种更加强势或者说一种更适合人的生存动力需要的生存方式之时，它才会被不断边缘化，乃至最终消失。

文明作为人和社会形成的根本性影响动力因素，除了以人的一种自发的甚至未曾意识的文化模式存在外，更多的是以人的自觉的价值追求和精神向往所建构的生存方式表现出来。这是文明具有地域性、风俗性、习惯性的根源。任何外来文化只能在与本地现存或借助于本地原有的文明来建构和催生。这时，原有的文明形态，包括内蕴着的社会心理、价值观念、伦理规范就必然被自觉或不自觉地超越和更换。变革民族、国家、个体的面貌，关键在于变革其文明。当特定民族的某种主流文明被代替，对于一个特定民族来说，就是这个民族的文化转型。此时，其文明核心无论在时空、内容，还是在程度上都得到了充分而广泛的转换，意味着一种区别于原有文化特质的新的文化成为了主流文化。因此，从某种意义上说，文明转型并非仅仅由一种外来文化的强势所致，作为文化主体即这一特定民族或群体的内在需求始终是构建新的文明的根源性动力因素。

显然，文明发展涉及价值观，涉及核心价值，阐明文明发展的基础是价值，就是强调人类秉承一个什么样的价值来创造、来行动，从而体现文明。恩格斯说，"文明是实践的事情，是社会的素质"[1]。列宁也强调："生活、实践的观点，应该是认识论的首要的和基本的观点。"[2] 历史唯物主义坚持社会存在决定社会意识，并以此为基础科学地论证了社会意识对社会存在的能动作用。它从人们的社会物质实践活动出发，揭示出"人们的想象、思维、精神交往……是人们物质活动的直接产物"。因此，从文明的动力学功能来看，它最重要的就是在追求美好生活的过程中很好地生存，实际上是一个命运共同体存

---

[1] 《马克思恩格斯文集》第1卷，人民出版社2009年版，第97页。
[2] 《列宁全集》第18卷，人民出版社2017年版，第144页。

在的基础支撑，文明发展实际上也是更好地维护人类命运共同体。

(二) 技术文明定义的当代理解

当代文明是一个技术化的文明。从石器文明、农耕文明、工业文明、生态文明、信息文明，以至未来产生的更高的文明，生动反映了技术对文明的推进作用。因此，所谓技术文明，可以说是指人类借助科学、技术等手段来改造客观世界，协调人类群体关系，调节自身情感，从而最大限度地满足行动需要、实现人的全面发展所达到的程度。

技术首先是一个人类需要、利用科学规律在改造和控制自然的实践中所创造的劳动手段、工具方法和技能体系的综合。因此，技术是三种要素构成的活系统即工具、工艺、技能这三个要素。工具是实体性、物质性的技术；工艺是知识性的。一般技术包括的这三种要素相互存在，共同确定了技术的结构和功能，内在地规定了技术的性质。在不同的技术时代，它们在技术体系所占的分量可能不同，但总是技术不可缺少的成分。按技术要素的不同，技术分为三种形态，第一，经验形态的技术，这是以技能为主的技术，多出现在古代；第二，实体形态的技术，是以工具为主的技术，这种技术多出现在近现代；第三，知识形态的技术，是以科技知识为技术的核心要素。当代的高新技术集中表现这类技术的特征。技术具有明确的文明目的性，现代意义上的技术以科学为基础，科学成为技术的工具，这就是说，技术是主体变革客体的创造过程，是人的内在本质对象化的过程，技术是直接的生产力，科学是间接的生产力。技术的自然属性是指技术和运用技术都必须遵循自然规律。同时，在技术活动中，也要遵循文明规律。任何正确可行的技术的目的都是在自然和文明两方面之间进行合理的协调。

技术的文明属性是指人们在运用技术变天然、自然为人工自然的过程中，技术严格受各种文明条件所支配、所制约。比如存在着权利与权力的制约。实际上，文明是一种利益、是一种权利，在当代它已经实现了技术的权利化、阶层化，掌握不同的技能与技术，所享受的

第三章 文明发展：新时代行动理性与行动文化　　61

文明权利与其所拥有的文明权力都是不一样的。特别需要指出，科学技术的发展和科技在人类社会生产中的应用，为人类社会创造了大量的物质财富，大大推进了人类文明发展的历史进程。然而在当今文明发展系统中，由于机器等新的文明发展工具的出现，人在文明发展过程中的参与程度越来越小，文明发展的手段越来越独立于人的能力控制，文明发展具备了某种自律自为的力量，这将会为人类的自主带来挑战，科学技术不受限制的推进正成为最重要的文明危机风险源。可以说，一方面，在文明发展过程中，相信人类依靠科技的文明发展能够战胜各种困难，摆脱困境。如对自然力的征服，机器的采用，化学在工业和农业中的应用，轮船的行驶，铁路的通行，电报的使用，整个大陆的开垦，河川的通航，① 成为马克思所感叹的强大的社会生产力。

然而，就文明发展的科技风险来说，在给人类创造福祉的同时，也给人类制造了无休止、不可逆的风险。当人类社会在利用科技和工业力量改变地球时，自然界也给予了人类社会以强烈的报复。习近平指出："人与自然是生命共同体，人类必须尊重自然、顺应自然、保护自然。人类只有遵循自然规律才能有效防止在开发利用自然上走弯路，人类对大自然的伤害最终会伤及人类自身，这是无法抗拒的规律。"②

正如有国外学者所说的，2013 年，中国国家主席习近平决定将生态文明作为具体技术、法律和社会标准的框架得到进一步提升和维护，这些标准反映在一系列新的环境法律法规中，尤其是有关空气污染的法律和法规中。③ 近年来有关生态文明的主要政府文件为中国经济成功发展的新范式的出现作出了贡献，这也取决于环境安全和技术

---

① 《马克思恩格斯文集》第 2 卷，人民出版社 2009 年版，第 36 页。
② 习近平：《决胜全面建成小康社会 夺取新时代中国特色社会主义伟大胜利——在中国共产党第十九次全国代表大会上的报告》，人民出版社 2017 年版，第 50 页。
③ Note that Some Academics and Activists are Now also Discussing How to Make use of Ecological Civilization to Change the Course of Research, Journalism and Education in China. Duara, Prasenjit. 2014. *The Crisis of Global Modernity: Asian Traditions and a Sustainable Future*. Cambridge, MA: Cambridge University Press.

的进一步进步。①

实际上，在中国，从20世纪50年代到80年代，科学运动主要针对被鼓励学习科学以增强国家力量的知识分子和学生，② 随着互联网在中国的普及，进一步普及科学的努力也得到了加强。随着生态文明的发展，科学的推广促进已被纳入可持续的经济发展，以及国家和社会和谐的整体视野中，这至少在原则上是要让全体人民参与进来的。经过多年的快速经济增长和包括农村人口在内的总体教育水平的大幅度提高之后，国家对科学的推广不仅日益突出了中国学习和应用科学的需要，而且也日益突出了中国在科技创新方面发挥带头作用的必要性。

（三）文明自信的行动理性

从文明自信发展的一般进程和规律来讲，文明都要由自在的文明到自觉的文明转化，或者说都要经过自在、自为的文明和自觉的文明两个发展阶段，文明自信必然涉及自在、自为的文明与自觉的文明的关系问题。所谓自在、自为的文明是指以传统、习俗、经验、常识、天然情感等自在、自为的动力因素，构成人的自在、自为的存在方式或行动图式。而所谓自觉的文明则是指集中体现在诸如科学技术、哲学等领域中，以自觉的知识或自觉的思维方式为背景的人的自觉的存在方式或行动图式。自在、自为的文明主要来源于人在长期的生存实际中积淀起来的经验常识、道德戒律、风俗习惯、宗教礼仪，它是一种常态化、模式化的文明精神或者人类知识，它以群体的认同方式显现其力量所在。人的生存首先是一种自在、自为性生存，人总是在现有的常态性、常识性的自在、自为性文明氛围中确立自己的行动

---

① Wang, Alex., "The Search for Sustainable Legitimacy: Environmental Law and Bureaucracy in China", *Harvard Environmental Law Review* 37 (2), 2013, 365–440.
② Zhou, Enlai. [1956]: "Guanyu Zhishifenzi Wenti de Baogao" (A report on issues regarding intellectuals), *Renmin Ribao*, 30 January, 2013, http://cul.qq.com/a/20130608/000499.htm. Accessed 14 October 2016.

图式。

文明体系具有整体系统性、层次结构性、普遍相互作用性等基本特征，并且，整个体系的层次结构还与人类实践的层次结构具有同构性关系。这意味着自觉的文明所蕴含的超越性和创造性是相对于原有文明即人的已有生存方式而言的，它的超越和创新也必然表现为一个永恒发展的过程。所以文明自信的发展是自觉的文明与自在、自为的文明的矛盾的必然结果，更是自觉的文明所蕴含的反思品格及其未来愿景与建构不断引领自在、自为的文明发展，从而使整个文明不断融入新思维和新内容。由此，人类要对所面对的文明世界整体及其各领域予以全局性透视。通过透视，人们将从文明性质和规范尺度上对世界整体及其各领域作出相应的解释。

文明所具有的自在、自为性表明了文明对于生存于其中的个体的生存方式具有强制性和规定性，它对于规范个体、协调社会、延续传统具有重要作用。从某种意义上说，区别自在、自为的文明和自觉的文明，更多地依据文明的表现方式和作用机制。作为人的类本质对象化或人的本质活动的对象化，无论是自在、自为的文明还是自觉的文明，归根到底都是人在现实生存活动中不断对象化的结果，都是人化的结果。[①] 马克思主义唯物史观认为，在劳动实践和交往中形成的社会关系是人的类本质的体现。然而，人在本质上就是不断超越已有的生存范式并不断追求完善的存在物。自在、自为的文明与人的自由自觉活动即人的创造性的、开放的生存方式是不一致的。自觉的文明一方面不断打破自在、自为的文明对人的束缚和封闭，引领人不断寻求到更适合人的生存范式，不断超越已有的文明模式，推进文明构建和文明进步。另一方面，自觉的文明作为一定时期内人在实践中的自由创造和自由向往，对人所遇问题的阐释或者生存范式的超越就成了必然趋势。

---

① 王军、董祥宾：《习近平共同价值思想研究述评》，《三峡大学学报》（人文社会科学版）2017年第1期。

(四) 文明自信：文化效应与动力根源

文明自信是一种景仰崇拜、持久稳固的情感寄托和意识依附，是人类精神世界的灵魂，是指人们基于对某种信念或理念所倡导的价值观的正确性的笃信和关于普遍、最高（或极高）价值的信念。例如有学者侧重从文化主客体间相互作用形成的心理特征，提出文明自信是文化主体对作为客体的文化，经过一系列认识和思考过程，进而在心理上形成的对自身文化价值和生命力的确信和肯定。[①] 人们时常把理想性和完善性升华为自信，从而反哺和安慰自身。比如，人有追求完善的本性，因而，世界上的主流宗教的宗旨，可以归纳为一个字即心术要"正"。"正"旨在让人们走正道，不要搞邪恶。这样的情感寄托和意识依附可以在很长的时间、空间跨度内，在各种不同的境况以及条件下，满足人们特定心理情感的需要，并在意志方面给予积极的激励和支持。正如有研究者指出的，文明自信就是"对人生及其生活于其中的社会乃至整个宇宙的起源、存在、性质、意义、归宿等重大问题的认定和确信，并以此形成人们的最高价值理想和终极目标"[②]。

文明自信作为一种意识形态不仅具有稳定性、持续性，还有一定的权威性。文明自信的类别也是多种多样的。如文明自信可以是关于自然的或人文社会的，或事实性的或价值性的。不同国度、不同历史时期、不同社会制度下，同一国家的不同地区、不同单位的不同人群，都会表现出不同的文明自信方式。按文明自信的心理载体不同，可分为意识文明自信、情感文明自信、道德文明自信。按诉诸对象的载体或文明自信依托的来源不同分为宗教文明自信和非宗教文明自信形式。一般来说非宗教文明自信基本上没有固定的文明自信方式；作

---

① 刘林涛：《文化自信的概念、本质特征及其当代价值》，《思想教育研究》2016年第4期。
② 魏长领：《道德信仰与自我超越》，河南人民出版社2004年版，第11页。

为一种价值理性，非宗教文明自信可通过各种意识形态来追求文明自信目标，达成人的精神指标，如道德文明自信、政治文明自信、哲学文明自信、法律文明自信、科学文明自信、伦理文明自信等。非宗教文明自信不以宗教姿态出现却常常高于人类所创造的价值理念的所有类型的意识形态，这个系列可能比宗教文明自信更有前景，在整个人类文明系统中占据越来越主流的地位。

世界历史代表了地方文明、非联系文明和封闭文明的发展。[①] 世上暂且不能也没有统一的模式提供全世界达以共同文明自信，但却必然日渐走向多元融通。而为什么人类的文明自信千差万别，就是人的现实存在是一种有距离的存在，文明自信表明了一种对事实（理）的真实和心灵（态度）的真实的距离关系的分割，个体对生存距离关系的分割决定着对文明自信的追求不同。最初的文明自信往往是对自然事实的自信，一般来自直接的存在，与物质世界的直接"照面"。但是文明的发展史表明，文明自信是与物质世界处于不同本体论地位的某种实实在在的东西。如果说现实生活是实存的，那么文明自信实际上是与现实的一种距离关系的分割，是对现实的多级间接的存在，这种文明自信的真实未必就有对应的"直接存在物"存在。对于这样的文明自信应该更注重在主体的精神层面与生活的关系动力层面上界定，更强调把文明界定为特殊的真理"符合论"的存在意义。

一个合理的、好的文明自信应根源于"真、善、美""三态"符合统一。黑格尔曾指出，人"在事物上面刻下他自己生活的烙印"，[②] 这样，人作为文明自信的动力主体，意味着人文社会科学领域中的文明自信研究区别于且复杂于自然科学。首先就在于其研究的对象不是一般的自然事实，而是有人的目的和行动参与其中的，是基于人的生活的关系动力。因此，文明自信更深层的意义是人之为人的意义，这

[①] Toynbee, A. J., *A Study of History*, Vol. XII. Reconsiderations, New York, NY: Oxford University Press, 1961, Weber, A. (1935), *Kulturgeschichte als Kultursoziologie*, Leiden, Germany: Sijthoff.

[②] 《朱光潜全集》第10卷，安徽教育出版社1987年版，第224—225页。

种意义给予主体的是精神上的享受与超然。这些特性必然使文明自信在新时代治国理政中有着重要作用，并将在历史进程中发挥不可代替的作用。

二 跨越时空的新时代文明发展的内涵与意义

（一）跨越时空的新时代文明发展的内涵

发展，具有改造世界的特定目标，体现人们的利益与人类共同安全的判断与选择。在发展过程中，追求自身利益最大化是自然赋予人的本性。当代发展与资本的联姻越来越紧密，对资本增殖需求的无限扩张，不断刺激着新产品的问世，创造出巨大的利益，使资本迅速增殖。发展产生的巨大功利，满足了人们求利的需求。对于不同的国家、集团、民族来说，每种文明发展的诉求都包含着一种人类共同安全与利益特质，产生特定的文化选择、价值取向和权力格局等。

今天，利益与人类共同安全在文明发展与人的相互作用过程中不断展现开来，在文明发展带来利益的同时也潜藏着安全，如经济安全、文化安全、生态安全和道德安全，等等。这些都在一定意义上给人类带来巨大的文明发展安全问题。安全与利益是跨越时空的文明发展承载，恰当的人与自然的距离乃是一切跨越时空的文明发展生成的动力逻辑，也是社会行动的原则。要正确理解和遵循跨越时空的文明发展中行动主体、社会客体和行动之间的距离逻辑，把新时代文明发展的安全与利益目标和人类文明的目标融为一体，在社会实践中重新建构新的发展观念及行为方式来和人与自然距离的跨越要求相适应。也就是说，在现代社会中，对文明发展安全与利益关系评估应坚持动机论与后果论的统一，使文明发展的成果真正成为人的福音。这体现着以什么样的跨越时空的文明发展机制实现和维护文明发展的安全，体现着人类控制自然和改造社会的意志合理性和合目的性功能。因此，对任何文明发展的距离的跨越都应给予人文主义的关注，密切注视是否存在潜在的安全和利益冲突。

如果脱离人类共同安全与利益背景,对文明发展就不能得到完整意义上的理解。现在,所有现代工业社会都处于十字路口上,面临着艰难的文明发展中的问题,诸如生态破坏、环境污染、资源枯竭、人口爆炸等。这些问题已不仅仅是一个地区、一个国家的问题,而是一个全球性的危机、人类的危机。这种危机一定意义上源自于人对自己的认识能力与改造世界的能力过于自信和自负。人对于自己是否完全成为主体、自我支配性、所作所为反省得不够,从而在社会、自然与人的世界关系中认为自己是世界的统治者、征服者,同时,又被自己行动的所谓胜利而陶醉和麻痹得太久了。这种陶醉和麻痹是不顾"自然、人与社会"三元生态关系会做出什么样的反应的!更重要的是人的欲望是很难得到充分满足并加以限制的。正如恩格斯在《自然辩证法》中深刻指出的那样:"我们不要过分陶醉于我们人类对自然界的胜利。对于每一次这样的胜利,自然界都对我们进行报复。"[①]

当今人类正陷入一场深重的发展的危机之中。或者说文明发展的不确定性越来越大。无疑,人们加强对自然和人类的剥削,造成了文明发展的异化。资本驱动下把自然看作剥夺的对象,大肆捕杀珍稀动物,虐杀野生物种,从而攫取巨额的商业利益,对社会和自然生态造成极其不利的影响。同时,文明发展逐渐成了资本利益的实现者,它向三个关系层面展开:一是涉及文明发展中的个体利益问题;二是着重于企业利益、行业利益、协会利益、区域利益;三是国家关系层面上的政策利益、制度利益、政府行为利益,以及国际间的关系利益。可持续发展成为文明发展的利益协调的有效载体与手段,这要求建构新的生态利益观念及相应的安全行为方式。或者转向支持人类解放的文明发展趋势的新道路,改变以人类自我为中心,以及在整个社会中表现为人类私利和私欲的驱使下的不可持续发展。因而,要解决因文明发展异化而产生的问题,必然要从人类行动入手,在文明发展过程

[①] 《马克思恩格斯文集》第9卷,人民出版社2009年版,第559—560页。

中对客体的构建要与人类这一行动主体密不可分、共存共荣。当文明发展真正与主体自身息息相关时，文明发展才不会在人的手中产生异化。

黑格尔把异化看作是人类生活中永恒的和不可消除的范畴。美国著名心理学家弗洛姆指出："在科技高度发达的现代工业社会，人的本性受到了极大的摧残和压制，人不再是自然的人，而变成了一架'没有思想，没有感情的机器'，人作为生产机器的一个齿轮，成了物而不再为人，这种现象称之为'异化综合症'。"[①] 马克思指出，所谓异化，是指劳动产品作为一种异己的对象同劳动者相对立，他说："劳动所生产的对象，即劳动的产品，作为一种异己的存在物，作为不依赖于生产者的力量，同劳动相对立。"[②]

异化不仅表现在结果上，而且表现在生产行为中，表现在生产活动本身中。这就是说，当代文明发展的成果本来是人的创造物，是为人类自身利益服务的，但人类在利用文明发展实现利益的同时，发展以一种异于人的自为存在，而以相应的力量反过来控制自然、社会和人类，给自然、社会和人类安全带来危害，称之为文明发展的利益与人类共同安全的危机或异化。它主要表现在三个方面：文明发展对自然的异化、文明发展对人的异化和文明发展对社会的异化。就文明发展对社会的异化来说，由于当代文明危机发展的副作用日渐突出，异化现象几乎占据了生活的所有领域并威胁到人的自身安全，所以有人甚至否定当代文明发展的正面。

总之，文明发展的安全和利益都是真实的，文明发展的负面效应告诫人类：问题不在于是否已经改变了世界，而在于怎样安全地改变世界。显然，文明发展，在保障生命与生态安全的前提下才有价值，如果由文明发展带来的安全风险转变成现实的话，即便文明发展曾造

[①] Erich Fromm, *The Revolution of Hope: Towards a Humanized Technology*, New York: Harper & Row, 1968, p. 41.

[②] 《马克思恩格斯文集》第1卷，人民出版社2009年版，第156页。

福人类，也是得不偿失的灾难。因此，积极树立以人类共同利益与人类共同安全为指向的跨越时空的文明发展可以化解和平衡各种复杂的矛盾关系，担负起人类健康和福利的责任。这一点，在文明发展的正负效应同时显现的世界，必须加以正视。

(二) 新时代开启人类行动新文明

西方资本主义工业文明和科技文明，发展了现代生产力，改革了旧的社会关系，摧毁了封建专制、等级特权和人身依附关系，提倡自由、民主、平等、博爱和人权，把人类从封建专制和宗教神学的禁锢中解放出来，促进了人的社会关系和文明、文化能力的发展。因而，使人类的文明程度获得显著提高。但无疑的是，西方的文明并没有如弗兰西斯·福山预判的成为最完美的形式，它将实现人类文明"历史的终结"。

应该说，在西方文明中心论优越论的自傲中，唯我独尊、唯我至上、大肆扩张、肆意霸凌，造成了一系列的文明冲突危机。总体上，当前的一系列全球性问题，包括全球性的社会危机、道德危机、生态危机，以及族群冲突、宗教冲突、民族对抗、种族歧视、贫富悬殊等一系列问题，其总根源就在于西方自我中心崇尚霸权的文明观。不可否认，塞缪尔·亨廷顿提出的现代解释中基于所谓关于各民族文化相互作用观点的文明理论主导了公众意识。[1] 20世纪末，塞缪尔·亨廷顿奉行自由主义路线，证实了基于宗教差异的文明冲突的必然性。在全球化的背景下，基于盎格鲁-撒克逊族全球领导的地理和社会文化前提，他宣称西方文化的普遍性，即"美国民族的选择"。亨廷顿概念的核心可以追溯到著名的英国历史学家阿诺德·汤因比[2]，他在宗教团结的基础上创立了封闭的地方文明理论。汤因

---

[1] Huntington, S., "The Clash of Civilizations?", *Foreign Affairs*, 72 (3), 22e49, 1993.

[2] Toynbee, A. J., *A Study of History*, Vol. XII. Reconsiderations. New York, NY: Oxford University Press, 1961.

比认为，历史是西方文明和东方文明相互冲突的过程，本质上是不同的。西方文明是人道的，是生产力的，是人类文明进步的保证。东方文明是边缘的，适得其反的。他们之间的战斗将不可避免地导致其中一个文明在精神上的胜利，并建立一个具有共同文化的单一文明。欧洲人一直认为西方战胜东方是一项历史性的"白人使命"。对西方胜利的信心是建立在对西方文化的普遍性及其独特特征的信念基础上的，这些特点给西方文明带来了巨大的文化优势。这些表现体现在不同文明之间的相互作用和人格在历史中的作用的自由画面中。

显然，由于西方工业文明和技术文明的物质主义、工具主义性质，西方文化的二元"冲突""对抗"性，资本主义经济关系的固有矛盾性，以及西方文明的强权政治论，社会达尔文主义的弱肉强食、优胜劣汰论，基督教信仰的独尊性和排异性，使得西方在推进工业文明的进程中，充满了一系列的对立分裂性甚至不人道不文明的罪恶和血泪。可以说，亨廷顿所作的"文明的冲突"论，真实揭示了西方文明作为一种具有"冲突"性质的文明，它所具有的不文明性。其实，早在当年，马克思、恩格斯就曾经对西方资本主义工业文明的"冲突""对抗"弊端进行了多方面的深刻批判，指斥当时"英国社会的生存斗争——普遍的竞争，一切人反对一切人的战争"[1]，体现的是一种不文明的"兽性"，"资产阶级的生产关系"是"社会生产过程的最后一个对抗形式"。恩格斯在《反杜林论》中说，只有消灭资本主义社会的残酷的生存竞争的丛林法则，"人在一定意义上才最终地脱离了动物界，从动物的生存条件进入真正人的生存条件"[2]。

21世纪的一个问题是"可治理性危机"。这场危机已经使西方世界大多数国家黯然失色，在全球化时代对发展中国家和欠发达国家产生了许多负面影响。这场全球治理危机主要是南北分化和全球资本主义危机的结果。这些危机和其他相关危机对亚洲与非洲贫穷国家和欠发达国家

---

[1] 《马克思恩格斯全集》第32卷，人民出版社1974年版，第580页。
[2] 《马克思恩格斯文集》第9卷，人民出版社2009年版，第300页。

以及拉丁美洲的治理产生了巨大影响。这种不可调和的矛盾是资本主义本质所固有的，并且在主要由大国主导的全球化时代，"掠夺性资本主义"的兴起加剧了这种矛盾。企业的绝对利润全球化，这种集体行动的逻辑已经超过了治理和健全治理方面的大部分进展。在这个过程中，许多体制障碍也使挑战更加严峻。不幸的是，联合国、世界银行、国际货币基金组织、世界贸易组织和其他国际组织的作用并没有多大帮助，因为这些组织和类似组织大多数都有自己的议程，或受到全球各方面霸权特征的全球权力结构的严重影响。此外，许多问题（如艾滋病、全球流行病、全球冲突解决方案中的双重标准、战争等）在增加而不是减少，与全球化的乐观支持者相反。事实上，我们可能已经进入了全球化的新阶段，要在这个疯狂、不容忍、意识形态疾病横行的时代生存下来，这是一系列全新的文明发展挑战。

五千年的中华文明光辉灿烂，创造了人类一系列文明发展奇迹。习近平指出："中国优秀传统文化的丰富哲学思想、人文精神、教化思想、道德理念等，可以为人们认识和改造世界提供有益启迪，可以为治国理政提供有益启示，也可以为道德建设提供有益启发。"[①] 以《周易》《论语》《道德经》《墨子》等为代表的传统中华文明理念，集中体现了中华文明的生存智慧。儒家、道家、墨家等作为代表的传统中华文明理念，以追求天地人万物一体和谐生存为目标，致力于"天下大同"理想，提出生生合德、立人达人的文明生存智慧，提出"苟日新，日日新，又日新"的文明创新精神，提出"和而不同""众道并行"的文明共生思想，提出"天人合一""太和万物"的文明和谐精神，提出"天下一家""修齐治平"的文明责任意识，这些都为人类文明进步作出重大贡献。著名英国历史学家汤因比和日本佛教思想家池田大作曾将中华文明视为"一个完整的超级文明"。据此，他们还将未来人类文明的目光投向了中华文明，认为世界的未来

---

① 习近平：《在纪念孔子诞辰 2565 周年国际学术研讨会暨国际儒学联合会第五届会员大会开幕会上的讲话》，《人民日报》2014 年 9 月 25 日第 2 版。

在中国，人类的出路在于中华文明，从而客观上为中华文明和世界新文明提供了中国智慧。

因此，习近平提出的新时代文明发展理念具有深远的历史意义和广泛的世界意义，它发展了马克思主义理论，大大推进马克思主义中国化的视野和高度；开创了中国共产党人把自己的治国理政、文明发展实践推向理性的阶段，把中国特色社会主义实践推进到新征程；其国家治理思想在世界范围内对政治文明作出了新贡献，使中国方案表达着新的世界意义。① 新时代文明必将开启人类行动新文明，开辟一个全新的中华文明新时代和世界文明新纪元。

三 新时代文明发展的行动理性意蕴与行动文化选择

(一)"五位一体"：新时代文明发展的行动理性意蕴

新时代治国理政行动理念反映了文明发展历程、进步过程，本质上体现为人类生存发展中合作互助程度的不断提升，人类共存共荣的发展进步性的不断提升。衡量一个社会文明的核心准则，在于人类在实际的生存中以什么样的态度和方式去对待和处理其他人、去对待自然万物的价值目标和行为，即从根本上为何生存如何生存的行动理念。这是文明作为社会进步和社会发展的集中体现，是人类主体其人类本性不断丰富完善的精髓结晶。

显然，人类文明是人类区别于动物生存样式具有的本质特性，就是相对于动物的野蛮性、愚昧性、原始性而来的智慧性、聪明性、开化性，是区别于动物的茹毛饮血、弱肉强食、自私排他、冲突扩张的丛林法则而来的刀耕火种、合作互助、团结协同、共存共荣的生存方式。人类文明从其内容看，包括其思想文明、制度文明、技术文明和物质文明，从中国优秀传统文化看，即为文明之道、文明之礼、文明

---

① 俞思念：《习近平国家治理现代化思想及意义》，《长白学刊》2017 年第 5 期。

之技、文明之器。从人类生存依赖的主要技术手段而言，人类有游牧文明、农业文明、工业文明和信息文明。人类还可以从其他层面进行多方面的文明区分。但从人类文明的行动而言，所谓文明之道，体现了一个时代或一个民族生存发展的根本思维方式，是最高的生存智慧，是文明的活的灵魂，是"文明的基础"。因为它集中反映了人类作为社会性存在物，在生存过程中是如何去认识和处理人与人、人与社会、人与自然的关系的。

新时代治国理政的基本方略，涵盖了党治国理政的方方面面，是对党的十八大以来以习近平同志为核心的党中央团结带领全国各族人民推进中国特色社会主义伟大实践经验的新总结、新概括，明确回答了新时代建设中国特色社会主义的领导力量、依靠力量、发展动力、发展理念、发展目的等重大问题，是社会主义现代化国家的时代特征和行动特征。把握新时代文明发展的治国理政行动核心就要把握新时代中国特色社会主义的总目标、总任务、总体布局、战略布局和发展方向、发展方式、发展动力、战略步骤、外部条件、政治保证等，立足新的历史方位，统筹推进"五位一体"（经济建设、政治建设、文化建设、社会建设、生态文明建设）总体布局。

"五位一体"本质上是一种时代的发展哲学或哲学发展观，它集中体现了从根本上解决时代大问题的"时代精神的精华"，是这个时代的"活的灵魂"。它以创新的文明的整体理念引导人类解决现代化进程中的突出问题，进而构建出一个新的文明图景。根据新的实践，紧紧扣住我国社会主要矛盾的新变化，紧紧扣住解决好发展不平衡不充分的问题，以更好地满足人民对美好生活日益增长的需要，更好地推动人的全面发展和社会全面进步为目标。它全面彰显了文明的三大核心维度，即：人民性、进步性、和谐性，完满实现了将创新进步发展与全面和谐共荣的有机统一。从而最大限度地消除了那种对抗冲突、排他欺凌的不文明性或愚昧野蛮性，最大限度地实现了人与人、人与社会、人与自然，以及不同国家民族之间的和谐发展、共生共荣，从根本上实现了马克思、恩格斯称谓的对于"一切人反对一切人的战争"的资本主义制度"对抗形式"的超越，开始从动物的生存条件真正进入人的生存条件，开启理想的人类文明新时代。

"五位一体"总体布局在经济、政治、文化、社会、生态文明等方面提出了切实可行的政策措施。这些政策措施，既符合客观实际，又体现了科学性和创新性要求，构成了完整的政策措施体系，为新时代文明发展提供了新的设计蓝图和清晰具体的行动路线。它是中国共产党对"实现什么样的发展、怎样发展"这一重大战略问题的科学回答，为用中国特色社会主义理论体系武装头脑、指导实践、推动工作，提供了强大思想武器。它是中国共产党对促进经济社会全面协调可持续发展认识深化的重大成果，开辟了一个文明新时代和新形态，根本上就在于它塑造和构建了一种全面推进中国和人类整体进步发展的核心精神。

从文明发展的核心看，人类发展史就是人类不断优化完善人性的历史，是不断从愚昧落后走向开化进步、从文明野蛮冲突走向和谐合作的过程。习近平也指出要促进不同文明不同发展模式交流对话，在竞争比较中取长补短，在交流互鉴中共同发展，让文明交流互鉴成为增进各国人民友谊的桥梁、推动人类社会进步的动力、维护世界和平的纽带。[①]"五位一体"新时代治国理政行动理念即是对人类发展文明的承继，是中华民族五千多年悠久文明的传承和创新发展；是近代以来中华民族文明发展历程的深刻总结；是改革开放伟大实践真理性的经验不断探索、丰富和发展；本质上提供了在现代化背景下当代人类的文明生存样式和文明发展道路，它必将启迪和引领中华民族和人类社会迈入一个新的全面和谐发展的文明新时代。

推进新时代"五位一体"文明发展必须从构建文明先进的生产、生活与生态体系入手，明确文明发展成果是建立在人民共享的基础上

---

① 习近平：《迈向命运共同体，开创亚洲新未来——在博鳌亚洲论坛 2015 年年会上的主旨演讲》，《人民日报》2015 年 3 月 29 日第 2 版。

的，文明是社会主义现代化建设的重点。其所包含的"五位一体"构成了中国特色社会主义为新时代文明发展提供高效生产、生活与生态力，逐步实现文化、经济、政治、社会、生态文明的新发展模式，为我国整体综合发展提供必要行动支撑和先决条件。根据当前时代新形势、新任务、人民群众的具体需求，我们要根据科学的文明发展观，解放人民思想局限性使其可以转变以往的传统观念，为新时代文明发展建立更加完备的体制环境，推动文化与科技的有效融合来使新时代文明发展体系具备一定的考核评价特性，将其作为衡量新时代文明发展的重要评判标准，以此来充分协调五大方面的内容建设合理权重，有效推进发展实效性。

（二）新时代文明发展的行动文化选择

行动文化是人与对象交往的一种方式。行动文化提供了产生新时代文明发展动力的基础，成为了调解主客体行动关系的中介环节，从而使人从自然中社会分化出来，成为自主的和自觉的存在，成为行动主体。正确的行动文化，对于人类以及文明发展具有至关重要的意义。

行动文化动力系统的发展是个复杂变化过程。应该说，盲目地调整治理和管理模式可能导致灾难，历史一再证明了这一点。没有一种适用于全世界所有国家、适用于所有区域单一的理想治理模式。地方、区域和文化的独特性要求应用适合当地情况的治理模式。新时代文明发展的治国理政行动文化选择是我国社会进一步发展必然要作出的战略选择，其关键是找到发展的真相。现在，人们越来越认识到，发展的真相不是表现在数字的增长上，如GDP的增长与速度上，也就是说经济增长只不过是实现人的发展的手段，经济、政治、社会等的各个制度的改革只是为人的发展创造更好的环境。正如有研究者指出的，新发展理念是化解当前我国社会主要矛盾的根本和关键，我们必须在坚持以人民为中心的发展思想的基础上，将新发展理念贯穿到社会主义现代化建设"五位一体"总体布局之中，以新发展理念引领新的发展实践。① "创新发展、协调发展、绿色发展、开放发展、共享发展"的新发展理念,为实现中华民族伟大复兴提供了战略指引,是中国共产党对其执政规律、社会主义建设规律和人类社会发展规律的深刻认识。其实,当代发展观的创新,如习近平提出的新发展理念是人类反思文明的发展历程,特别是反思工业文明以来现代文明发展道路的理论成就。自工业化进程以来,人类在科学、技术革命的推动下,一方面在短时间内生产出大量的物质财富;另一方面也造成了一系列危及人类生存的问题,如环境的污染、资源的枯竭、生态的失衡和人口的膨胀,严重威胁着人类的发展。为了人类的未来和子孙后代,为了持续发展,1991 年联合国大会通过的《里约宣言》阐述了一种"人类应享有以与自然和谐的方式过健康而富有生产成果的生活权利,并公平地满足今世后代在发展与环境方面的需要"的发展理念。这种发展的一个重要特征是认为发展的目的是实现人的发展和社会全面进步。

因此,新时代文明发展的行动文化选择既不是传统的以掠夺自然、征服自然为特点的极端人类主义,也不是将人类的利益完全等价于自然界中普通生物的极端自然主义,而是一种在人与自然和谐基础上强调人类利益的合理、合情、合法的距离范围的扩张及其速度;需要把握的现实安全关系不仅在于自身,还在于看似与自己较远的其他存在物,安全地使用自己的力量,并在"穷则独善其身,达则兼济天下"即在人类已经可以掌握巨大改造必然性的能力的时候,以人类共同命运思维来处理各种内外关系。

行动文化选择的最终目的是要首先实现人的全面发展。正如马克思所说:"历史不过是追求着自己目的的人的活动而已。"② "正像社会本身生产作为人的人一样,社会也是由人生产的。"③

---

① 付海莲:《以人为中心的发展思想视域下我国社会主要矛盾的转化》,《大连干部学刊》2019 年第 5 期。
② 《马克思恩格斯文集》第 1 卷,人民出版社 2009 年版,第 295 页。
③ 《马克思恩格斯全集》第 3 卷,人民出版社 2002 年版,第 301 页。

这就是说，人类社会的历史是自己创造的。离开了人的活动，就不可能有社会的历史。人既是社会存在和发展的前提，也是新时代文明发展的行动文化选择的目的。通常人的全面发展与新时代文明发展有着直接联系。人的发展作为民族凝聚力与创造力的前提，对国家整体综合国力竞争提升效果突出，是整个文明发展的重要支撑。而新时代人民思想意识、价值取向、道德观念的多元化、多样化延伸，必须通过现代社会主义文明理念引导，从而来确保主流思想文化力量能够充分发挥。因此，新时代文明发展的行动文化构建应着重从人民群众文明文化全面发展需求入手。这意味着人们的思想道德素质、科学文化素质、审美素质、身体素质等有更明显的进步，按照一元化指导思想来实现对社会多元化思潮的指引，注重社会主义文明体系建设，推进马克思主义大众化，来逐步增强人民对国家发展前景的自信心和信任。加强人们的整体思想境界，使人们的道德情操以及科学文化素养得到实时培养，逐步形成较为完整的审美人格，继而使新时代文明发展的实质性价值作用充分得到发挥。

人才战略是实现国家科学发展、全面建成小康社会宏伟目标的重要动力。中国共产党历来高度重视选贤任能，始终把选人用人作为关系党和人民事业的关键性、根本性问题来抓。[①] 在这个问题上，需要特别注意的是，传统发展观下的人的发展服从了工业文明的发展，也即从人才评价标准上来看，文明发展的行动文化选择人才强调的是懂理工型技术人才，由此导致了我国在发展问题认识上的偏差和行为上的浮躁。与对经济增长、文明发展的行动文化选择的真相的片面认识一样，一味追求造就单面的"科技人"，片面强调人才的自然科学专业型和科技型，而忽视了社会人文精神以及信仰文化的培养。目前，人们已逐渐认识到：培养人才特别是为实现新时代文明发展的人才，不仅要开发智力、培养智力、教人做事，更要传播理想、构建人格、教人做人。唯此，新时代文明发展的行动文化选择才能有可靠的人才

---

① 张玉象、胡军华：《习近平党管人才原则新探》，《新疆社科论坛》2017年第3期。

保证。

总之，探讨新时代文明发展的行动文化选择问题，对于新时代治国理政动力因素探索具有重要意义。也就是说，新时代文明发展的治国理政行动文化必须把人民的利益作为出发点和落脚点，全面提高人的综合素质，提高人民的美好生活的各方面需要水平和质量。

四 新时代文明发展的"三元一致"关系动力逻辑

文化与文明是构成行动的基础，任何有效行动文化的核心价值诉求都是文明，也就是说，一个行动的内涵和深刻意义往往就在文明上体现出来，抓住了它的关键文明维度，也就抓住了整个行动的意义。

从行动、文明与文化的动力逻辑入手去研究新时代治国理政，行动、文明与文化都看成一种有距离的相互作用的系统。这必然导致对自由以及社会、历史的研究从抽象上升到具体的三元，即行动、文明与文化的强关系动力情景。也即新时代治国理政是行动、文明与文化关系的产生、发展及其相互关系，从而把新时代治国理政看成一个互为生成转化的有机系统，赋予新时代动力因素范畴新的内容，使新时代的研究从抽象走向具体的"三元关系"的行动、文明与文化的关系动力逻辑研究。

在"三元关系"格局中，行动、文明与文化互为转化，行动必须同时具有文明与文化的关系规定。也即行动要满足文明的需要、文化的需要，才能真正地把行动、文明作为整体，都获得充分的发展。这意味着在有了高级形态的行动、文明与文化关系，行动的认识和实践的对象不仅有现实的文明，更有潜在的和可能的文明。因此，人类与生存条件不仅有趋利避害的这种选择，更有兴利除害（社会实践）的创造性活动。比如，创造性的潜能的发挥使文明范围不断扩张，指向无限宇宙（自然和社会），并使其具有社会实践性。

无疑，一定意义上，文化自信关系看作是新时代治国理政本身的表现方式。文化自信的现实意义主要包括三个方面：有利于弘扬优秀传统文化，增强民众国家认同与民族认同；有利于抵制虚无主义思潮，教育党员干部和广大人民群众；有利于构建文化大国强国，是民族复兴伟业的动力源泉。[1] 行动、文明的统一关系依赖于文化自信关系。相对于行动与文明之间表现出一种疏离性、对立性，文化自信成为自充盈圆、自足性的存在，一定意义上捕获文明，占有行动，将其对象化，有序发展化。无文化关系，则行动、文明无规定性。这在客观上需要文化关系提供基于时间空间和技术等支持，一定程度上使文化自信的地位凸显。行动和文明双方通过文化环节，可以能动地改变内部动力因素体中的不均衡，平衡"三元关系"之间的矛盾与冲突，将单向支配式的方式转化为真正意义上的交互活动情景。

马克思指出，任何存在物的存在，只能是对象性的存在，若没有"对象性关系"，那它只能是"非存在物"。毫无疑问，人首先是"自然存在物"，而且"人的第一个对象""就是自然界"[2]，因此，对象性关系本身就提示着人与自然整体的原初关联。此外，"只要我有一个对象，这个对象就以我作为对象"[3]。自然与人和社会实践中介关系表现为一种间接性，具有不依赖行动意识和行为的客观性，社会实践中介关系的功能在于跨距离的融合。行动主体与社会客体仅仅作为一种在"三元一致"的距离跨越的抽象和纯化的结果，或得以实现。因此，在对象性关系中必须始终把主体、客体及中介三元关系相提并论，即社会实践生成了新时代治国理政的基本结构，表现为行动、文明以及文化三元基本一致关系结构。可以说，当前科学"还没有完全进入事物关系的整体认识，以至于常常把握不好、处理不好事物的整体关系，于是，关系之间出现种种冲突便不可避免"[4]。社会实践是

---

[1] 苗兴成：《试论习近平文化自信的现实意义及其路径选择》，《中共乐山市委党校学报》2017 年 9 月 1 日。
[2] 《马克思恩格斯文集》第 1 卷，人民出版社 2009 年版，第 194 页。
[3] 同上书，第 210—211 页。
[4] 陈朝宗：《关系哲学：21 世纪的哲学》，《理论学习月刊》1994 年第 2 期。

建立和处理人与自然、人与社会、人与人之间的整体关系的一致活动。人必须同时具有这三种关系才能真正成为总体存在。资源的稀缺性与需求的多样性决定多元利益冲突的普遍存在,都希望实现利益。中国大国治理同样面临现实难题,大国治理表明了中国国家治理的基础性条件,突出了中国超大规模社会转型的复杂性和艰巨性。所以,通过寻求有效的资源积累结构,达到有效的国家治理,就成为中国国家发展战略的核心与关键。①

恩格斯指出:"关于自然界所有过程都处在一种系统联系中的认识,推动科学到处从个别部分和整体上去证明这种系统联系。"② 系统思维就是注重事物构成的基本要素、结构和整体功能,注重各基本要素之间的协同、配合和最优,注重对事物的整体协同思考。③ 系统是事物普遍联系的一种重要形式,系统性是事物的基本属性。马克思主义经典作家明确使用了系统概念,还自觉将系统分析法运用于自然界和人类社会的分析中。新时代治国理政的关系动力意味着若干元素或维度是具有多样性和复杂性的"健全治理"的特征。多样性为"健全的"治理体系提供了机会,可以从作为制衡机制的对立的辩证力量那里获得反馈;它还为系统注入新的血液,促进创新和创造力。复杂性的发展是由于多样性的动态运行以及越来越多的外部和外围力量的加入,这些力量对治理系统的运作提出了挑战。复杂性是辩证力之间相互作用增加的副产品,使治理系统的能量场保持活跃。这一过程导致治理体系内部、国际行动以及对本地和全球范围内的外部环境压力、机遇和限制的动态响应产生不同程度的强度。外部受到的压力、挑战和约束越多,外部约束也可以通过推动系统发展自我生成能力来促进内部力量,这些能力有助于系统的抗体,它们将约束转化为机会。

---

① 唐皇凤:《大国治理与政治建设——当代中国国家治理的战略选择》,《天津社会科学》2005 年第 3 期。
② 《马克思恩格斯文集》第 9 卷,人民出版社 2009 年版,第 40 页。
③ 韩庆祥:《用哲学思维把握"四个全面"战略布局》,《思想政治工作研究》2016 年第 2 期。

当今生态发展成为治国理政的有效载体与手段,这要求建构新的生态利益观念及相应的安全行为方式,或者转向支持治国理政综合发展趋势的新道路,改变以人类自我为中心,以及在整个社会中表现为人类私利和私欲的驱使下的行动。因而,要解决因发展异化而产生的问题,必然要从行动入手。在发展中对客体的构建与人类行动密不可分、共存共荣。当发展真正与主体自身息息相关时,才不会在人的手中产生异化。可以说对象性关系动力在支配着这种行动、文化与文明的关系感的生成,在调配着这种关系,进而让文明本身对接受者产生行动上的不同程度的影响,最终在治国理政中表现出行动性与文明性的统一。

"三元一致"的行动、文化与文明的动力逻辑,以及关系动力具有时代性、历史性与科学性,就人与自然的关系依存于人类社会这一特点而言,则它的价值主体性显而易见。因此,社会价值是以"三元一致"为导向的。"三元一致"不仅形成了交互性的价值关系,而且也使行动转变成文明,文明反映了行动,使文明也向行动转化。也即行动与文明均将自身与对方融合,行动中有文明,文明中有行动,二者表现出一种强烈的亲和性与亲和力。研究人的社会行动关系的动力因素逻辑,就是研究行动、文明与文化的产生、发展和相互作用的"三元一致"逻辑。据此,作为人类历史和新时代治国理政的实践基础和根据,作为历史进步的动因和尺度。

对于成功的行动来说,通过纷繁复杂的文化关系环节,方可抵及文明世界,经由行动文化、文明也因而成为行动,行动与文明皆在文化自信关系中敞亮自身。这种相互相遇之中的"敞亮"实质昭示了行动、文化与文明"三元关系"的一致性是一个动态的博弈过程,其演变在很大程度上是一个与它们之间的利益冲突和协调的过程。根本上,博弈双方的利益互相联系、渗透,"三元关系"的对立与冲突必然在一定的包容程度内、在统一取向目标下协调关系。无疑,"三元一致"的强关系是相互关系的一种存在方式。客观事物没有绝对的界限,行动、文化与文明的区别没有绝对的界限和标准。其区分的界限和标准是相对的。对具体的确定性而言,如一定的历史阶段、一定的时间限度、一定的地域限度、一定的领域或一定的区间，它既被选择又是选择，既施动又是受动的关系。

　　用"三元一致"的强关系动力逻辑模型去处理自然、社会与人的距离，作为辩证法的具体应用可以为解决我们面临的生存和发展问题提供有益的启发。具体来说，社会实践的合理性表现为：消除人与自然、人与社会、人与人之间的对立。当把"三元一致"的强关系上升到世界观范畴，行动、文化与文明的关系动力逻辑下自然科学理性与人文、价值理性是可以统一的，从而导致工具理性和价值理性的真正统一。这对人在自然、社会中的地位、作用和人的解放有重要意义。

第四章 新时代治国理政的文明动力逻辑与行动文化

一 新时代治国理政的文明动力逻辑

(一) 新时代治国理政的文明动力逻辑内涵的发掘

习近平总书记深刻指出,从人类长远来看,中国的发展是作为人类总体文明发展的一个组成部分。[①] 切实推进一切工作的文明发展,就是体现坚持道路自信、制度自信、理论自信、文化自信,同时这样的文明发展的道路,又在人类文明发展的总体进程之中体现了人类文明的积累。

利益范畴、关系范畴、矛盾范畴是治国理政之中重要的概念范畴,因此,关于文明的利益、文明关系、文明矛盾,是我们人类存在的最基本的动力概念范畴。新中国成立之后,我们在坚持马克思主义的指导思想之下,一代一代的共产党人,积累了丰富的关于文明发展的经验,特别是党的十八大以来,以习近平同志为核心的党中央,以民族复兴中国梦为顶层的理念引领,形成了具有鲜明中国特色的文明发展的治国理政重要论述。结合新时代以来党的实现的具有历史意义的突破和进展,包括在引领人类命运共同体文明发展过程中的经验,从中总结出习近平总书记是如何以科学的思维方法和规律来引领中国

---

① 习近平:《在纪念孔子诞辰2565周年国际学术研讨会暨国际儒学联合会第五届会员大会开幕会上的讲话》,《人民日报》2014年9月25日第2版。

文明发展以及世界文明发展的思维逻辑，对构建新时代文明发展的治国理政逻辑的完备体系具有重要的理论与实践意义。

新时代治国理政的文明动力逻辑是来自于新时代的实践，也就是来自于实现中华民族伟大复兴中国梦的伟大实践、伟大斗争，正如真理来自于实践，同时又反作用于实践一样，新时代治国理政逻辑又成为伟大实践的逻辑认识工具。新时代我们面对的实践局面是复杂的，这要从思维规律，尤其从治国理政的文明逻辑的高度去总结去认识。新时代国内国外众多的新的矛盾和构建人类命运共同体，同样需要有新的治国理政逻辑思维去解决。实际上，感性认识总是要上升到理性认识，感觉到了的东西，我们不一定能够立刻地去理解它，而理解了的东西，我们才会更深刻地去把握它。新时代党和国家治国理政的方针政策，需要有新的逻辑思维去解析和辩护。可以说，研究新时代治国理政的逻辑，是应时代发展之必须，是新时代的实践的必然需要。

习近平总书记指出，中国需要世界，世界因为中国而更美好。[①]当前我们遇到世界百年未有之变局，面对全球的文明发展问题，比如生态文明问题、可持续发展问题、网络空间问题、推进命运共同体问题，等等，习近平总书记都能够从全球的人类文明史发展的高度，以新思想、新思维、新战略、新倡议，来引领世界发展趋势。习近平治国理政的文明发展逻辑是习近平新时代中国特色社会主义思想的重要组成部分，这一逻辑丰富和发展了马克思主义的理论逻辑，推进了马克思主义中国化的视野和实践高度，把新时代实践推向了更高的一个理性发展进程。一定意义上，习近平治国理政的逻辑是中国特色社会主义制度优势、治理体系现代化的重要的思维能力支撑，对世界范围内的政治文明以及文明发展作出了新的贡献，使中国智慧、中国方

---

① 习近平：《在庆祝改革开放40周年大会上的讲话》，《人民日报》2018年12月19日第2版。

案、中国力量有着新的世界文明史意义。①

围绕在新时代新起点、新高度、新变局条件下发展和坚持中国特色社会主义,为实现中华民族伟大复兴中国梦、文明发展贡献力量,习近平治国理政的文明动力逻辑应引起高度重视。习近平治国理政文明动力逻辑的重要的理论特征是思维的总体性辩证性,比如两点论、博弈论、命运共同体的共生论以及前瞻性,等等。把民族复兴中国梦的中国特色社会主义伟大实践落到实处,我们需要结合历史与经验的一些分析,从新时代的治国理政实践之中去发掘文明动力逻辑思想是如何展现历史发展规律,是如何把民族思维与世界思维、把人类命运共同体的思维融合在一起,发挥它的汇聚力量,从而把握文明发展如何因势而谋、因势而动、顺势而为的整合动力作用。

(二) 文明动力的总体性逻辑探析

现象总是一切方面的总体构成。这些不同的方面紧密而联系地组成在一起形成统一的有规律的世界运动过程。列宁曾提出世界运动的总体性,毛泽东也曾要求我们要在世界的总体联系上、世界的一切方面的内部联系之中去把握理论。新时代"四个全面"需要总体性逻辑,治国理政需要总体性逻辑,发展文明更需要总体性逻辑。当今百年未有之变局面临很多问题,不能靠修修补补来解决,需要一种总体性的方法、视角与逻辑。习近平治国理政的文明动力因素的最大逻辑特征便是总体性逻辑。总体性逻辑对于研判当下文明发展态势、宏观文明政策走向具有深刻而重大的理论价值与实践意义。

所谓总体性逻辑的主要特征就是整体优于部分。具体来说,首先承认整体对于部分的功能发挥的决定性作用,而把握部分也必须诉诸对整体的理解。就社会来说,社会是作为一个有机总体来存在的。把握社会存在,不仅要考察它的各个环节、各个阶段、各个组成部分,

---

① 俞思念:《习近平国家治理现代化思想及意义》,《长白学刊》2017年第5期。

还要把握社会运动的各个环节、部分、阶段及其之间的内在联系与整体发展趋势,也就是要把各个方面放在总体的一个相互联系交织的关系动力网络之中加以观察和把握。古希腊哲学家亚里士多德认为"就本性而言,全体必然先于部分"①。事实上,总体性逻辑是马克思研究社会的基本方法。马克思的最终目标是为了全人类的解放,其理论精华与结晶《资本论》即"大写的逻辑"给我们提供了总体性的样本。马克思认为,新的生产力和生产关系不是从无中发展而来的,也不是从空中、从自己产生自己的那种观念的母胎中发展起来的。而它向总体的发展过程在于,使社会的一切要素从属于自己,或者把自己还缺乏的器官从社会中创造出来。有机体制在历史的各项研究中都有一种总体性的视角。②

习近平曾提出"文明大合唱"相关论述。这一论述简单地说就是协调协同推进、互相配合。显然,要唱好新时代文明发展的伟大史诗,同样需要一种整体的战略意识和总体性逻辑。把人类历史进程比喻成一个自然历史发展过程,那么我们现在的社会,它不是一个固定不变的结晶体,而是一个不断发展变化的、处于变局之中的生命共同体。它不仅包括国内国外、过去、现在、未来,而且包括生态、虚拟与现实等各个方面,纵横经纬相连的关系动力网络。正如习近平总书记所说的,治理中国这样一个大国,就要做好十个指头弹钢琴,要以小见大、小中见大,就要突出重点带动全局,就要统筹兼顾、综合平衡、抓大放小、登高望远、脚踏实地等等,生动体现了这样一种总体性的逻辑思维。③

(三) 文明动力的治国理政辩证逻辑探析

文明和人类的生存密切相关,是人类改造自然、改造人过程之中

---

① 《希腊哲学史(第二卷 智者、苏格拉底、柏拉图)》,人民出版社1993年版,第453页。
② 《马克思恩格斯全集》第30卷,人民出版社1995年版,第236—237页。
③ 《习近平接受俄罗斯电视台专访》,《人民日报》2014年2月9日第1版。

形成的成果，是人与人、人与社会、人与自然之间创造的诸如文化、物质、制度、精神等关系成果，这些关系涉及生产关系、社会关系、人与自然的生态关系等等。理解习近平治国理政的文明动力因素的总体性逻辑不能仅从形式逻辑来理解，还需要从辩证逻辑的角度去分析和研究这些复杂关系。关于辩证思维，习近平指出："要学习掌握唯物辩证法的根本方法，不断增强辩证思维能力，提高驾驭复杂局面、处理复杂问题的本领。我们的事业越是向纵深发展，就越要不断增强辩证思维能力。"① 党的十八大以来，习近平在大国治理实践中，强调坚持辩证法和两点论，"看不见的手"和"看得见的手"都要用好，既注重发挥市场在资源配置中的决定性作用，又注重更好发挥政府的作用。②

习近平治国理政的文明动力的辩证逻辑论述，集中体现为两点论与重点论的统一。他认为只有坚持两点论与重点论才能全面而总体地看待文明发展过程中存在的问题，才能更好更正确地指导文明发展的方向和效果。如文明发展涉及扩大开放与国际接轨的问题，可持续发展的高质量发展道路问题，包括认识和处理好转变增长方式与实现增长速度的辩证关系。如何开创中国特色社会主义新境界、如何实现中华民族伟大复兴、如何通过转变经济发展方式推动经济高质量发展、如何在思想多元分化的形势下凝聚共识等等，这些都是时代和实践提出的辩证新课题。习近平强调："要有强烈的问题意识，以重大问题为导向，抓住关键问题进一步研究思考，着力推动解决我国发展面临的一系列突出矛盾和问题。"③

根据两点论与重点论相统一的辩证逻辑原则，习近平认为在文明发展过程中两个方面都要兼顾，才能更好地实现可持续发展，真正实现人与自然和谐发展。这些"两论"有：（1）两只手。也就是政府

---

① 习近平：《坚持运用辩证唯物主义世界观方法论提高解决我国改革发展基本问题本领》，《人民日报》2015年1月25日第1版。
② 《习近平谈治国理政》，外文出版社2014年版，第116页。
③ 同上书，第74页。

和市场的两只手,即政府这只看得见的手和市场这只看不见的手,发挥市场在资源配置之中的决定性作用。(2) 两山论。这一辩证命题也就是绿水青山就是金山银山,它是习近平生态文明思想的重要组成部分,也就是让我们在发展的过程之中发挥生态价值的作用。"两山论"是我们避免以牺牲环境代价去实现发展,来解决资源与人口和环境矛盾的重要的思维工具,体现了鱼与熊掌二者可兼得的思维智慧,是有效破解文明发展和环境保护的两难悖论的重要途径。(3) 两种人。这是在城乡一体化进程之中解决城乡发展不平衡的重要思维方法。两种人,一种是指城市居民,一种是指农民。党的十八大以来,习近平总书记高度重视加快信息化、城镇化、城乡一体化的发展进程,提出全面实现精准扶贫,建成小康社会,统筹城乡发展,建设社会主义新农村,实现乡村振兴战略,这些都实现了农村的文明全方位发展。

二 新时代治国理政行动文化逻辑研究构想

习近平关于新时代治国理政的重要论述不仅是具有中国风格的中国理论、中国思维,而且也为世界贡献了中国智慧和中国方案。因此,习近平治国理政的行动文化逻辑研究,是实现民族复兴、中国梦,面对百年未有之变局,适应全球文明发展迫切需要的一个具有重要现实意义及深远历史意义的前沿课题。它的重要意义集中体现在:在世界社会主义发展进程中的作用、在发展中国家走向现代化进程中的作用、在人类走向美好未来进程中的作用、在破解世界治理难题中的作用等。[①]

新时代治国理政行动文化逻辑研究的主要任务就是要通过对新时代治国理政中的思维结构特征、思维规律和思维方法的研究来提高人

---

① 郑冬芳、王静宜:《习近平新时代中国特色社会主义思想的世界历史意义》,《中国社会科学报》2018 年 3 月 8 日第 1 版。

们的选择智慧，即提高人们在复杂情况下权衡各种文明发展的关系动力影响因素，并以最为智慧的方式作出正确抉择的能力，这尤其表现在增强习近平新时代中国特色社会主义思想的汇聚力方面，提升治理能力和治理体系现代化方面。因此，新时代治国理政行动文化逻辑研究，就是要通过学习、研究、发掘、总结习近平治国理政动力因素的逻辑思维特征、思维规律和思维方法，了解习近平治国理政的智慧，为实现中华民族伟大复兴的中国梦提供一个新的思维工具，从而为人类文明发展贡献中国智慧。

顺应新时代的要求，我们将习近平治国理政行动文化逻辑论述作为创新和建构新时代中国特色哲学社会科学的重要研究内容，这体现了当代理论自信的高度的使命意识和担当意识，是具有重大理论意义和学术价值的研究工作。习近平的治国理政行动文化逻辑论述可以从习近平的个体思维和作为执政主体的思维两个视角来研究。主要内容是研究作为党中央核心的习近平在治国理政承前启后，担当民族复兴大任过程中所表现出来的行动思维特征、思维规律和思维方法及其理论体系。应该说，当前这一研究还是处于起步阶段，根据实际情况研究的内容可以从最基本的概念，以及习近平治国理政行动文化、逻辑思想产生的条件、相关范畴论点的研究依据及重要意义，同时关注其研究的难点重点、研究方法原则等入手。

具体来说，在习近平新时代中国特色社会主义思想的指引下，结合我国和世界发展的新形势新趋势，客观地、准确地分析审视以习近平同志为核心的党中央在领导我国文明发展，引领世界文明发展中的宝贵的思想思维资源。把握中国共产党人要肩负起体现新时代精神的伟大使命；对治国理政新思想新战略新方法作出概括，构建基本的理论框架，总结其内含的人类发展规律、社会主义建设规律；充分发挥其治国理政行动逻辑工具和理性辩护作用，为实现民族复兴、中国梦进程中处理一些重大治国理政问题上的思维作出富有创造性、说服力的新概括、新表达做理论逻辑支撑。研究的原则就是在坚持"四个自信"的基础上，坚持大逻辑观和大科学观，坚持价值理性和工具理性的统一，人文精神和科学精神的统一，坚持中西方比较的文化平等观。

三　新时代治国理政的文化效应

在治国理政中，习近平总书记坚持和创造性地运用马克思主义矛盾论，高瞻远瞩、统揽全局，善于从总体上把握事物发展的趋势和方向。坚持矛盾的观点，敢于承认矛盾，分析矛盾，解决矛盾，善于抓关键，找重点，把两点论和重点论很好地结合在一起，洞察事物发展的内在矛盾规律。从系统论的高度把握了系统与要素、要素与要素，以及系统与环境之间的协同进化关系，在相互作用相互联系中总体把握社会关系动力网络。坚持创新，破除迷信，超越过时的常规，因地制宜，知难而进，以风险和果敢的精神把握不确定性，防患于未然。这些实践理念内在联系、相互贯通，具有丰富的完整的文化效应。

新时代的文明发展涉及政治、经济、文化、社会、生态、外交、党建等治国理政实践的方方面面，因此，习近平治国理政逻辑的文化效应内涵是丰富的。首先，习近平治国理政的行动文化观突破了纯粹的道德实践的范畴，提出空谈误国、实干兴邦的实践价值理念，他要求各级领导干部要以"功成不必在我、功成必定有我"的这样一种理念，做实事，真抓实干。敢于碰硬，敢于较真。抓住群众最关心的一些问题，扎扎实实为群众办实事，如他提出在脱贫问题上，通俗的说就是不愁吃、不愁穿、不愁住。他始终认为只有干在实处，才能走在前列，不抓落实，再美好的蓝图也只是空中楼阁。如他提出新时代的中国梦，不是敲锣打鼓轻轻松松就能够实现的，我们都是追梦人、撸起袖子加油干！幸福是奋斗出来的。可以说习近平总书记把我们中国古代的知行观、知行合一的这样一种实践智慧，与新时代的治国理政行动文化联系在一起，融合进了治理体系和治理能力现代化和新时代认识世界和改造世界的统一方法论之中，体现了新时代治国理政行动文化观的汇聚效应力量。

（一）"知信行合一"的创造性转化

习近平总书记特别注重思想自觉转化为行动自觉达到知信行合一，他曾经指出，理论学习要做到学、思、用贯通，知、信、行统一。① 这充分体现了马克思辩证唯物主义的认识论、实践论与方法论和中国传统知行观的高度统一。当然，习近平以马克思主义的立场、观点、方法，结合新时代发展要求和客观具体实际，对中国古代知行观作了进一步的创造性转化和创新性发展。我们必须把握知信行合一的真经真谛真理，使其成为中国共产党人的基本理论修养，使其成为推动文明发展的思维方式和行动习惯。

知信行合一具有深远的马克思主义哲学创新和新时代实践意义。习近平关于知信行关系的论述主要针对有些党员干部思想和行动不一致的现状，旨在不忘初心，牢记使命，解决思想自觉和行动自觉相统一的问题，从而实现"四个自信"。

在习近平总书记看来，"知"是指思想认识，比如对党的不忘初心，牢记使命教育实践活动的目的意义、具体要求、标准尺度的把握，对新时代中国特色社会主义道理的领悟等。但"知"不能仅停留在"知道"与"知其然"的层面，而是要上升到"思想自觉"的高度，做到"知其所以然"。所谓"思想自觉"，就如同正衣冠"照镜子"，在思想的指导下反观自己、直面自己，刀刃向内，自我剖析，并把道理、理论内化于心。道虽远，不行不至；事虽小，不为不成。真正的思想自觉要落实到行动上，也只有落实到行动上才能体现思想自觉。

习近平总书记强调，人民有信仰，民族有希望，国家有力量。②

---

① 《习近平新时代中国特色社会主义思想学习纲要》，人民出版社2019年版，第256页。

② 《习近平总书记系列重要讲话读本（2016年版）》，学习出版社、人民出版社2016年版，第188页。

理想信念就是共产党人精神上的"钙",精神上"缺钙"就会得"软骨病"。① 信仰信念让人充满力量。政治信仰一旦形成,它比任何信仰的力量都要坚定,会产生巨大的力量,而推动世界不断发展。政治信仰是要身体力行的,是要付出巨大牺牲的,是要代表一定利益的,在这个过程中,要随时准备牺牲自己。正像习近平总书记所说的,新时代的幸福并不是敲锣打鼓轻轻松松就能实现。因此只有在践行信仰的过程中才能够坚定信仰。事实上,在事关党和国家前途命运的重大问题上,习近平总书记为何有那么强的政治定力?这首先源于他有坚定的、钢铁般的信仰。这种信仰,拥有凝聚全党和全国人民的强大力量,也是实现中华民族伟大复兴中国梦所需要的精神动力。

习近平总书记所强调的"行"是指行动自觉,即把正确的思想认识自觉转化成具体的行为实践。习近平十分重视"行"的力量,反复强调要"一分部署、九分落实","崇尚实干、狠抓落实",要"笃行","于实处用力"。习近平在法国进行国事访问时指出,"中国人讲'知行合一',法国人讲'打铁方能成铁匠',都强调要把思想转化成为行动"。② 同时他还十分强调"行"的连贯性和效果,即要发扬钉钉子的精神,一以贯之地去落实,善作善成,以功成不必在我、功成必定有我的精神把一张好的蓝图绘到底。

就知、信、行的地位而言,习近平把知、信、行摆在了同等的地位,强调"思想"和"行动"两手都要抓。在他看来,只有将思想自觉转化为行动自觉,才算得上是真正的知信行合一。也就是"知"、"信"的基础性作用在于提高思想认识,这是解决实际问题的前提;另外,要更加重视"知"、"信"向"行"的转化,坚持行胜于言。

(二)"行动至上"是第一位的执政文化能力

实现民族复兴中国梦、"两个一百年"奋斗目标,在面临百年未

---

① 习近平:《在纪念陈云同志诞辰110周年座谈会上的讲话》,《人民日报》2015年6月13日第2版。
② 《习近平在法〈费加罗报〉发表署名文章》,《人民日报》2014年3月26日第2版。

第四章　新时代治国理政的文明动力逻辑与行动文化 | 93

有之变局的紧要关头,这里行动至上的行动范畴不是一个简单的概念,而是具有辩证唯物主义认识论实践范畴意义上的概念。它的内涵并不仅仅意味着有所动作,有所运动、前进、推动等外在形式的活动,更多的是在对马克思主义认识论的治国理政总体方法论下的新时代文明发展实践的一种具体的要求、应用与发展。

在空谈误国、实干兴邦的理念下,行动至上,进一步强调和重视发挥全体人民的主观能动性的哲学问题,是新时代对辩证唯物主义的实践观的继承和发展。作为一个政治家与实干家,习近平提出"行动至上"哲学命题并不是以自然、社会和人的思维为抽象思辨对象构建自己的理论体系,而是直接为了解决社会发展中出现的问题所进行的理性思考。与这种关注现实、投身现实、思考现实、变革现实相联系,行动至上理念的提出凸显了解决问题的行动文化哲学意义。

基于这种对马克思主义理论的理解,习近平把行动至上理念直接与认识论和唯物史观相对应,使作为认识论重要范畴的实践得以更加精确具体有力地突显。因此,行动至上,所强调的都是要在人们认识世界与改造世界统一的实践活动中,创造一个凝聚中国梦的理想的未来。在马克思主义看来,真理和价值是统一的,真善美是统一的,因此,我们通常所说的经过努力达到了预期的实践目的,指的就是人在实践中以自己的合目的性行动实现自身的价值,因此,合价值性也就是合目的性。习近平的行动至上理念就是要通过这种实践的合规律性、合目的性、合价值性,从而使实践这一马克思主义认识论的基石成为治国理政至为重要的第一位的执政能力。

自中国改革开放一开始就聚焦着如何看待实践的问题,这一马克思主义的重要命题对于马克思主义理论研究具有重要价值。马克思曾经说过:"社会生活在本质上是实践的。"[1] 列宁在他的《哲学笔记》中进一步强调:实践就是人的行动。[2] 在《实践论》中,毛泽东鲜明

---

[1] 《马克思恩格斯文集》第1卷,人民出版社2009年版,第505页。
[2] 王东:《时代精神与马克思主义哲学创新》,人民出版社2011年版,第11页。

地提出：" 实践的观点是辩证唯物论的认识论之第一的和基本的观点。"① 在中国共产党历史上，毛泽东实事求是思想路线的确立，无疑是实践观上的一场革命。比较来说，邓小平在继承毛泽东所说的实事求是思想的过程之中，重视的是实践的实现条件问题，那么在新时代，习近平总书记的行动理念更注重的是探索解决实践的目标和方向问题。因此，习近平总书记更多的是用行动范畴来代替实践范畴，更加突出实践理念之中的实干精神，实效性结果。

（三）行动的人民性至上

党的十八大以来，习近平总书记继承民本思想、以人为本的思想，鲜明地提出以人民为中心的文明发展主题。在习近平看来，人民性就是践行共产党为人民服务的宗旨，是使我们的行动达到指向目标的信念。在马克思主义看来，党性和人民性绝不是对立的，而是统一的。同时二者的统一必须要在实际工作中，党的各级干部在全心全意为人民服务的努力践行与行动中，脚踏实地去实现，如果离开了现实之中的具体的行动，那么党性和人民性的统一也就成为了嘴上说说的空中楼阁，民族复兴、中国梦也就成为了空想。习近平始终强调党员领导干部一定要在具体的实际工作中不断谋划如何更好地为人民办实事。他在接受俄罗斯电视台专访时进一步强调：" 中国共产党坚持执政为民，人民对美好生活的向往就是我们的奋斗目标。我的执政理念，概括起来说就是：为人民服务，担当起该担当的责任。"②

（四）行动文化的方法论

习近平总书记从唯物史观的高度，从认识与实践相统一、认识世界与改造世界的统一、真理与价值相统一的方法论，深刻指出只有重视正确行动的价值目标，重视群众的力量，把握风险的同时，具有果

---

① 《毛泽东选集》第 1 卷，人民出版社 1991 年版，第 284 页。
② 《习近平接受俄罗斯电视台专访》，《人民日报》2014 年 2 月 9 日第 1 版。

敢的精神，才能够在百年未有之变局之中游刃有余，实现中国梦，走好新时代的长征路。

1. 行动重在确立新的价值目标

文明发展固然需要一步一个脚印，脚踏实地地以钉钉子的精神去实际的行动。但是，在实践活动中，人们不仅要把握真理，而且还要实现真理与价值的统一。习近平总书记曾提出过弱鸟先飞的理念。[①]从这个意义上讲，"弱鸟先飞"，不是一个"要不要飞"，而是如何先飞、怎样先飞的现实问题。在把发展生产力，满足人们物质和文化生活的实际需要，新时代主要矛盾发生变化作为社会实践的最高境界和根本标志的改革与发展背景下，习近平总书记紧紧抓住了广大人民群众对文明发展，对美好生活的迫切要求，实事求是地把改变落后面貌、彻底摆脱贫困，全面建成小康社会，实现"两个一百年"奋斗目标，构建人类命运共同体，民族复兴中国梦作为自己的基本价值目标和重大使命。

2. 始终坚持走群众路线

价值目标确定之后，如何有效地行动起来是治国理政的重要环节。马克思曾指出："一步实际运动比一打纲领更重要。"[②] 行动必须千方百计去解决发展中的一个个困难和问题。习近平强调行动至上，在行动方法的选择与判断上，始终坚持走群众路线。只有带领群众克服困难，并且善于把这些实践活动与党对一切工作的领导相联接，而且创造出一个对群众潜在的具体发展愿望与要求作出反应的相关体制机制与能力建设。否则，具有广泛群众基础的文明发展行动决不会发生。《关于新形势下党内政治生活的若干准则》明确规定，"党的各级组织、全体党员特别是领导干部必须提高做群众工作能力，既服务群众又带领群众坚定不移贯彻落实党的理论和路线方针政策，把党的

[①] 习近平：《摆脱贫困》，福建人民出版社1992年版，第1页。
[②] 《马克思恩格斯文集》第3卷，人民出版社2009年版，第426页。

主张变为群众的自觉行动,引领群众听党话、跟党走。"① 在邓小平的实事求是与解放思想相统一的重要实践理念基础之上,体现为真正落实党的群众路线,党的各级干部都要紧密联系群众,走群众路线,这不仅仅是一句口号,而重要的是落实在文明发展的行动之中。

3. 树立行动的风险意识和果敢精神

新时代提出行动至上,有重要的实践意义,面对百年未有之变局的许多具体问题,需要我们以敢于面对风险及其果敢的精神,马上行动,敢于较真碰硬,要有敢于承担风险的责任意识并行动起来。

毛泽东强调实践第一,这一点为习近平总书记所继承和发展。在习近平总书记看来,改革就是要走前人没有走过的路,我们遇到的一些容易改革的都已经改完了,而更多的都是难啃的硬骨头,所以他提出我将无我,不负时代。在新时代,我们强调的一种实践,是要拿出决绝的勇气和行动魄力,必须要有行动至上的勇气和决心,这样才能够达到我们的实践目标。

在习近平总书记看来,卓有成效的行动就体现在锲而不舍、金石可镂的"滴水穿石"之中。他说:"我以为'水滴'敢字当头、义无反顾的精神弥足珍贵。我们正在从事的经济建设工作,必然会面临各种错综复杂的局面,是迎难而上,还是畏难而逃,这就看我们有没有一股唯物主义者的勇气了。战战兢兢,如临深渊,如履薄冰,那就什么也别想做,什么也做不成。"② 历史是勇敢者创造的,我们要走好自己的长征路,要拿出信心拿出行动,再大的困难也不可能阻挡人类前行的趋势。我们遇到困难绝不能怨天忧人,埋怨自己,指责别人,而是要必须以坚定的信心,坚定的责任,一起来战胜困难,携手向美好的未来前行。

另外,行动至上还要培育廉洁从政的政治文化。习近平总书记提出

---

① 《关于新形势下党内政治生活的若干准则》,《人民日报》2016年11月3日第5版。
② 习近平:《共担时代责任,共促全球发展——在世界经济论坛2017年年会开幕式上的主旨演讲》,《人民日报》2017年1月18日第3版。

我们要坚持和完善对权力运行的监督制约体系，深化纪检监察体制改革，推进反腐败的制度化建设，在取得反腐败的压倒性胜利基础上更好地实现反腐倡廉对实现百年奋斗目标的坚强保障作用。文明发展目标既要发展经济，又要廉洁文明的政府和官员。在脱贫攻坚、全面建成小康社会这样的背景下，尤其注重廉洁从政的重要性和对腐败的治理价值。

四　党领导一切的治国理政行动逻辑与路径

习近平总书记指出："党政军民学，东西南北中，党是领导一切的。"① 坚持和加强党的全面领导放在首要位置，是中国共产党历史发展道路中经过检验而总结出的重大方略，是历史和人民的共同选择，是中国共产党一贯坚守的重大政治原则，是新时代坚持和发展中国特色社会主义的根本保证。作为以马克思主义为指导的政党，中国共产党始终不忘初心，不辱使命，带领中国人民迎来了从站起来到富起来再到强起来的伟大转变。正如习近平总书记所说，只有中国共产党才深刻地、真正地改变了我们民族的发展方向、进程、前途和命运，以及世界发展趋势和总体格局。② 要让全党上下思想上形成高度的统一，政治上形成团结，在行动上保持高度一致。进一步提高党的创造力、凝聚力、战斗力，治国理政才能具有动力源泉。③

（一）坚持党对一切工作领导的行动逻辑条件

1. 全面净化党内生态的政治条件

中国实现现代化，困难之大、问题之多、任务之艰巨、矛盾之复杂前所未有，要应对严峻考验才能实现新时代党的历史使命。十九大

---

① 习近平：《决胜全面建成小康社会　夺取新时代中国特色社会主义伟大胜利——在中国共产党第十九次全国代表大会上的报告》，人民出版社2017年版，第20页。
② 习近平：《在庆祝中国共产党成立95周年大会上的讲话》，《党建》2016年第7期。
③ 黄一兵：《坚持党对一切工作的领导》，《求是》2018年第2期。

报告指出,"以加强党的长期执政能力建设、先进性和纯洁性建设为主线"①。习近平总书记要求不断增强党自我净化、自我提高能力。可以说,全面净化党内生态,严格遵守党的政治纪律和政治规律,服从核心、维护核心就是服从大局、维护大局,就是最大的政治。如有研究者认为的,新时代坚持党对一切工作的领导,就要以牢牢掌握政治方向为逻辑前提。②

2. 以推进国家治理体系治理能力现代化为现实条件

新时代坚持党对一切工作的领导,实际上就是为了在社会主义制度和道路的基础上实现现代化,也就是实现社会主义现代化和中华民族伟大复兴。党的十九大提出,在全面建成小康社会的基础上,分两步实现目标,既体现历史发展的延续性,又符合实践发展的新要求。无疑,完成伟大使命迫切需要中国共产党的国家治理体系、治理能力与时俱进。一定意义上,这种政治领导力建设对于实现党的十九大理论创新、实现中华民族伟大复兴、推动党的政治建设具有重要意义。③

3. 中国共产党推进人类社会共同发展的充分必要条件

中国共产党是马克思主义的忠实继承者和建设者,又是世界上最大的政党,中国是世界上人口最多的社会主义国家。毫无疑问,无产阶级必须承担解放全人类的伟大使命,有责任实现马克思主义的最高理想,为全人类的解放服务。当然,也应当坚信中国共产党有这个能力和魄力。习近平总书记指出:"我们要把自己的事情做好,也要通过推动中国发展给世界创造更多机遇。"④ "坚持党对一切工作的领导"是中国智慧、中国方案的首要经验。在马克思对资产阶级核心价

---

① 习近平:《决胜全面建成小康社会 夺取新时代中国特色社会主义伟大胜利——在中国共产党第十九次全国代表大会上的报告》,人民出版社2017年版,第62页。

② 张士海、骆乾:《坚持党对一切工作领导的理论内涵与实践路径》,《东岳论丛》2019年第12期。

③ 何茜:《关于党的政治领导力建设的若干思考》,《云南行政学院学报》2019年第21(6)期。

④ 习近平:《携手建设更加美好的世界——在中国共产党与世界政党高层对话会上的主旨讲话》,《人民日报》2017年12月2日第2版。

值观的批判指引下，全球治理、政党合作与对话背景下，习近平关于"坚持党对一切工作的领导"的论述深度揭示了中国共产党推进人类社会有序和谐发展的充分必要条件，彰显了行动的内在逻辑力。这就是只要真正领会中国共产党治国理政的核心价值脉络和基点及实践认同，就会有"坚持党对一切工作的领导"的认同。同时，只有进行中国与西方主要发达国家资产阶级及其政党对人类发展的核心价值实践比较，才会真正认同"坚持党对一切工作的领导"的重大论断。

4. 维护意识形态安全、增强文化软实力的保证条件

习近平总书记多次强调指出，要建设具有强大凝聚力和引领力的社会主义意识形态。[①] 一些极端"新左派"的极端思潮，最终否定和动摇中国共产党的执政合法地位，严重挑战我国主流意识形态安全建设。成千上万的烈士为了革命胜利献出了宝贵的生命，中国人民的坚强不屈、奋起斗争，才使得新中国建立起来。新中国成立以后，党和人民又在社会主义建设和改革开放中不断地作出重大贡献和奉献。因此，维护意识形态安全、增强文化软实力是以满足坚持"党对一切工作领导"、实现中华民族伟大复兴中国梦为现实要求，积极应对来自世界挑战的必要保证条件。

（二）坚持党对一切工作领导的统一关系动力

1. 始终坚持党对一切工作领导的科学性和人民性的统一

习近平总书记强调，党的领导是最高政治力量，是中国特色社会主义的本质特征，是制度的最大优势。[②] 习近平总书记的这一重要论断丰富和发展了马克思主义政党的建设理论，深刻地反映了对中国共产党的领导与中国特色社会主义基本关系的认识达到了新的科学高度。

[①] 习近平：《决胜全面建成小康社会 夺取新时代中国特色社会主义伟大胜利——在中国共产党第十九次全国代表大会上的报告》，人民出版社2017年版，第41页。

[②] 同上书，第20页。

中国共产党是马克思主义的政党。马克思主义为人类社会发展指明科学道路,马克思主义追求并相信人的自由全面发展,最终的使命是实现共产主义,解放全人类。共产主义起源于欧洲,试验于苏俄,成长在中国。理论的产生不是一蹴而就的,而是经过几代人甚至更多的人不断丰富和完善,最终形成科学理论。坚持"党对一切工作的领导"无疑是顺应社会发展规律,统一于现代化国家实践的伟大世界历史进程。围绕实现民族复兴这个伟大事业,形成了新时代坚持党对一切工作的领导行动理念,丰富了社会主义现代化国家目标任务、布局、战略、步骤等的内涵。显然建设"富强、民主、文明、和谐、美丽"的社会主义现代化国家是立足于基本国情、国际地位而提出的科学命题。

毛泽东把"全心全意为人民服务"阐发为党的根本宗旨。[①] 为人民掌好权、用好权,要把这一宗旨作为党一切工作领导的出发点和归宿。习近平总书记指出,以人民为中心,不能只停留在口头上,要"多干让人民满意的好事实事"[②]。人民立场是党的根本立场和区别于其他政党的显著标志。从这些深刻的论述中,我们可以体悟出,中国共产党是代表谁、为了谁、依靠谁。

2. 始终坚持党对一切工作领导的历史性和实践性统一

邓小平指出,"没有共产党的领导,就没有社会主义道路"[③]。"要建设社会主义,没有共产党的领导是不可能的。我们的历史已经证明了这一点。"[④] 中国共产党在历史的选择中诞生。自 1840 年经历鸦片战争以来,中国一直受到帝国主义、官僚主义和资本主义三重压迫,民不聊生。近代以来像梁启超、孙中山等一大批仁人志士

---

① 李崇富、徐仲伟:《马克思主义中国化与中国共产党的 90 年》,中国社会科学出版社 2012 年版,第 338 页。
② 习近平:《在纪念朱德同志诞辰 130 周年座谈会上的讲话》,《人民日报》2016 年 11 月 30 日第 2 版。
③ 《邓小平文选》第 3 卷,人民出版社 1993 年版,第 242 页。
④ 同上书,第 208 页。

通过戊戌变法、辛亥革命等力图救亡图存，但由于自身阶级的局限性，未能代表人民的根本利益，无法动员最广大人民群众，最终以失败告终。"十月革命给中国送来了马克思主义，为苦难中的中国人民带来了曙光"。[①] 1921 年，中国共产党第一次代表大会召开，中国共产党成立。一个带领人民从被蹂躏走向胜利、从被压迫到独立的新型政党诞生。

中国共产党诞生于民族危难之时，历经考验，克服困难，不断发展、壮大。在长期革命、建设、改革的实践过程中，成为一个成熟的马克思主义的政党。正是由于中国共产党先进、成熟的执政能力和领导水平，在我国建设、改革过程中不断地走向胜利。所以，历史的实践已经系统、全面地证明：如果放弃党的领导，将会致使党的执政地位丧失。习近平总书记指出："历史已经并将继续证明，没有中国共产党的领导，民族复兴必然是空想。"[②] 中国共产党能够不辱使命，也因为"党对一切工作的领导"经得起历史的检验。

始终坚持"党对一切工作的领导"的历史性和实践性的统一，就要深刻认识和准确把握新时代中国特色社会主义的"变"与"不变"，也就是虽然我们的历史方位进入了新时代，发生了深刻的变化，但是我们的基本国情是没有变的；虽然新时代主要矛盾发生了变化，但是发展作为第一要务是没有变的；虽然我们的实践要求变了，但是新时代的实践主题没有变；虽然新时代面临的环境条件，无论是内是外都变了，但是中国共产党的初心和使命没有发生改变。[③] "不忘初心"，不忘中国共产党的性质，不忘中国共产党是干什么的，不忘中国共产党的宗旨，不忘中国共产党是为了谁，不忘党的思想，不忘马克思主义是中国共产党的科学信仰。永远把人民对美好生活的向往作

---

① 本书编写组编：《江泽民同志重要论述研究》，人民出版社 2002 年版，第 172 页。
② 《中国共产党第十九次全国代表大会文件汇编》，人民出版社 2017 年版，第 13 页。
③ 王军：《把握新时代的四个"变"与"不变"》，《求是》2017 年第 11 期。

为奋斗目标。①

(三) 坚持党对一切工作领导的治国理政动力路径

1. 以文化自信构筑新时代治国理政的精神动力

杨叔子院士曾经说,我们固然是需要先进的科学技术,落后就要挨打,但是他同时强调我们必须要有我们的民族文化、民族的精神,如果我们没有精神,那么发展就会异化,就会不打自垮,自愿地任人宰割而不知所以。② 新时代坚持党对一切工作的领导,我们要坚持"四个自信",而最根本的是文化,对自身文化的自信,这是最持久、最深沉、最基本的一种自信的力量。文化自信了,其实也是对一个国家、民族、政党和自身的文化价值的一种充分肯定,对我们的文化能力、文化生命力的坚定不移的信念。③

中华民族有着悠久的历史、古老的文明,创造了光辉灿烂的中华优秀传统文化,悠久的文明历史,从未中断过,这在世界上是绝无仅有的。历史上,中华民族可以说是多元一体、统一凝聚的,中华民族有着深厚的民族精神,比如说刚健、坚韧、自立、自强。中华民族历史上的优秀成果,包括精神成果和文化成果,都是今天发展中国特色社会主义的一个文化动力资源。以文化自信、构筑新时代治国理政的精神动力是遵循了社会历史发展的规律,是党从历史走向未来的力量之源。

中国共产党实现了对中华优秀传统文化、悠久文明的延续、传承、创新性发展。同时也要看到,中国特色社会主义以马克思主义为指导,因此不能把它简单地等同于是对传统文化的继承。文化自信来自于哪里?来自于中国革命、建设、改革,来自于中国特色社会主义

---

① 习近平:《在党的十九届一中全会上的讲话》,《求是》2018 年第 1 期。
② 汪青松等编:《杨叔子院士文化素质教育演讲录》,合肥工业大学出版社 2007 年版,第 118 页。
③ 云杉:《文化自觉文化自信文化自强——对繁荣发展中国特色社会主义文化的思考》(中),《红旗文稿》2010 年第 16 期。

建设事业中形成的文化。这些文化是代表人类文明的,是所有文化成果的一种继承和发展。这里,必须不能简单地以国别作为文化属性归属的标准,要看的是精神、实质,要看的是它是不是先进的代表人民利益的。西方文化并不全部都是糟粕,也有精华,要去其糟粕,取其精华,与中国传统文化相融合。但根本上,马克思主义文化则是引领中华文化新时代发展的发动机;对于西方文化应该加以吸收,扬长避短。不能用西方文化的标签,也不能用简单的中国传统文化作为标签来代替马克思主义。

2. 以文明发展自信彰显新时代治国理政强大的行动力

冷战结束后,世界呈多极化发展态势,一些新兴国家在国际舞台上日益发挥着重要作用,发达国家力量和发展中国家力量此消彼长。特别是 2008 年国际金融危机爆发,世界原有格局遭受重大冲击,以中国为代表的一些新兴大国在世界舞台上发挥着越来越重大的作用,原有的世界经济体系和治理格局发生较大变化。在以美国为首的西方发达国家,为了维护自己的既得利益,维护自身在国际上的主导地位,不断调整发展模式和对外战略,甚至不惜制造摩擦、争端。中国发展为世界第二大经济体,自然首当其冲,成为被西方发达国家牵制和打压的主要对象。

新时代文明发展自信,是中国共产党治国理政强大的行动力的根基,为治国理政的新时代文明发展实践提供至关重要的推动力,进而将党的治国理政动力充分地展现出来。具体来说,在生态文明方面,要将生态文明建设与国家经济建设摆在同等重要的位置之上,坚定不移地走"绿水青山就是金山银山"的发展之路。在网络文明方面,面对当今世界网络化发展进程的不断加快,网络文明建设,如网络舆论是确保我国治国理政有效监督、推动治国理政理念广泛传播、深入人心的重要条件,能够为推动新时代治国理政全面发展起到至关重要的作用。必须以网络意识形态安全的建设与完善为着眼点,强调安全文化建设水平,让网络不仅仅作为人与人之间沟通、交流的重要工具,同时也为推动社会经济、政治、文化、科技、军事等领域又好又快发展发挥出强大作用，确保中国共产党治国理政的动力最大化。

中国共产党治国理政的伟大世界历史进程就要开创发展新机遇，谋求发展新动力。①"坚持党对一切工作的领导"既是中国共产党提升全方位治理，也是有助于改善全球治理的重要保证。人类命运共同体理念体现了中国作为负责任大国的担当，也是中国向世界提供的一项重要的公共产品。②习近平总书记指出，世界各国人民应该为构建人类命运共同体而努力。③丝路文明是中国"一带一路"伟大倡议提出的历史前提，必须认识到丝路精神传承与弘扬的重要性，树立起中国的就是世界的发展新思想，将中国发展更好地融入世界发展之中，成为推动世界文明发展的重要力量，进而更好地承担起大国责任、履行大国义务，将治国理政的动力充分发挥出来。在促进人类共同交往文明方面，引领人类共同交往文明的有序和谐建设，夺取人类共同交往文明的话语权，展现并发挥出中国共产党治国理政不竭的动力，也为实现全人类可持续发展起到至关重要的推动作用。

总之，没有党的领导，就没有现代中国的一切。党的领导具有深厚的科学基础和充分的现实依据，是在历史中形成并由宪法一以贯之规定的。④中国共产党作为执政党，并不是一帆风顺，而是经过了艰苦的探索，反复实践从而形成了中国特色社会主义。党的成立不到100年，新中国成立70多年的短暂时间里取得了举世瞩目的辉煌成就，历史和实践充分证明中国共产党在不断发展、成熟，并将迸发出更加昂扬的生命力。中国特色社会主义必须坚定不移地前进，不断迈出新步伐、开辟新局面，必须加强党的领导，坚持党对一切工作的领

---

① 习近平：《开辟合作新起点，谋求发展新动力——在"一带一路"国际合作高峰论坛圆桌峰会上的开幕辞》，《光明日报》2017年5月16日第3版。
② 李向阳：《人类命运共同体理念为全球治理改革指明方向》，《经济参考报》2017年9月21日第8版。
③ 习近平：《在中国共产党与世界政党高层对话会上的主旨讲话》，《人民日报》2017年12月2日第2版。
④ 邵春保：《准确把握党的全面领导的深刻内涵》，《中国井冈山干部学院学报》2019年第12（05）期。

导。"共产党的领导就是我们的优越性。"[①] 只有在方方面面真正把党的领导贯彻下来,才能从根本上保证中国特色社会主义不会变色,不会走样,确保党在中国特色社会主义事业中的核心地位,为新的胜利提供根本政治保证,坚持根本方略和最高政治原则不动摇。

[①] 《邓小平文选》第3卷,人民出版社1993年版,第256页。

下篇
新时代文明发展动力因素的实践专题研究

第五章　可持续发展的文明、行动与文化动力因素

一　可持续发展的文明

(一) 可持续发展中的文明因素意蕴

文明范畴在无形中调节着生态、生存与生活，人们的每一种相互作用都是基于"建立文明"与"消除文明"的辩证之上，并形成一定的"文明势力范围"。正如有研究者认为的，"生态文明"是对人民的一种承诺，通过正确的技术和政策，以及所有人的环保意识的提高，转向绿色并不会减少经济的增长。在2016年的一次关于生态文明的采访中，新当选的世界自然保护联盟主席章新胜强调，生态文明是建立在商业文化基础上的全球愿景。这是一个以改造世界而不改变全球资本主义经济发展道路为目的的假想："生态文明意味着不消除工业文明的文明转型，因为这两者是相辅相成的。生态文明是从其在工业文明的基础上演变而来的。"[①]

因此，文明是人的活动的限度，也是一种力量，是人的本质力量对象化。人发展自己、实现自己，就是通过关系动力来发展自己、实

[①] Pang Qinghua, Pan Linlin and Zhao Yijing. 2016. "Shengtai wenmin linian ruhe zou xiang shijie-zhuanfang IUCN Zhang Xinsheng" ("How the idea of Ecological Civilization becomes global-an interview with Zhang Xinsheng from IUCN." Zhongguo Wangshi, http://xhpfm.mobile.zhongguowangshi.com：8091/v210/newshare/1177400? channel =. Accessed 18 October 2016.

现自己。人在改造世界的过程中改造着自身的交往关系，使自己成为有着自由自觉的自我意识的动力体存在。

可持续发展是具体的、历史的、变化的。可持续发展，要求发展主体必须和对象保持适当的距离，才能正确地解决这种"距离矛盾"，这是发展的关键。因此，可持续发展是有时间性和空间性的文明规定，如地域性、民族性。同一动力因素，对古代社会实践与现当代社会实践、东方社会实践与西方社会实践之所以会产生不同的关系动力效应，其原因正在于"时间空间"文明的变化导致产生不同的关系动力效应。

什么才能对可持续发展提供有意义的前景呢？可持续发展阶段是指与一定社会的、自然的距离结构组织相联系的"标记"。对可持续发展过程的人类共同安全与利益的距离分割，应该是基于不断增长达到某种离度临界值时的自然而然的结果，是系统在大势作用下的非平衡变动和非线性分岔。在行动、文化与文明的动力逻辑下，可持续发展的速度是由关系动力因素推动的。"关系动力"，在很大程度上就是通过创造文明而得以实现的。对象化（文明的形成）是关系动力发生的基础，也是关系动力实现时的实际状态。也就是说，在人类活动中，行动意识和对象意识的形成造成最初的文明感，而超越需求满足的文明规定则使人类成为主体，使人类从自然中分化出来。

人类共同安全与利益是可持续发展的价值承载。到20世纪末，我们对社会经济结构作为国际矛盾基础的认识不足。资本主义和社会主义只是工业社会的不同形式，代表着文化而不是经济对立：西方是个人的行动、个人主义和超自由，东方是精神、沉思、集体主义和服从权威。另外，研究东西方文化史必然会使我们看到，西方的唯物主义和理性主义在宗教、哲学、科学、伦理和审美文化形式上始终与可持续的理想主义传统共存。可持续发展是建立在人与自然、人与社会、人与人之间关系的发展，行动、文化与文明的动力逻辑模型为可持续发展动力提供了理论与具体实践操作条件，可持续发展也必然有其行动、文化与文明的动力逻辑及关系动力依赖。

总之，人类共同安全与利益乃是一切关系动力生成的逻辑，也是社会实践的原则。只有最大限度地发挥关系生态链整体的作用，才能实现可持续发展的人类共同安全与利益的目标和效果，要把可持续发展的人类共同安全与利益目标和生态文明的目标在社会实践中重新建构新的观念及行为方式。也就是说，在现代社会中，对可持续发展人类共同安全与利益关系评估应坚持动机论与后果论的统一，使可持续发展的成果真正成为人的福音。这体现着以什么样的关系动力机制实现和维护可持续发展的安全，体现着人类控制自然和改造社会的意志合理性和合目的性功能。

（二）"2030年可持续发展议程"开启全球文明发展新事业

可持续发展战略，是指实现可持续发展的行动计划和纲领，是国家在多个领域实现可持续发展的总称，它要使各方面的发展目标，尤其是社会、经济与生态、环境的目标相协调。实施可持续发展战略，是人类面临人口过剩、资源相对不足、环境退化等巨大挑战下的发展文明选择。由于贫困、饥饿、健康风险、性别平等，以及全世界生态系统和生物多样性的危机日益加剧，联合国在20世纪80年代初建立了一个独立委员会，以解决这些问题。1987年4月，世界环境与发展委员会（WCED）发布了《布伦特兰报告》[①]，其中包括到2000年实现可持续发展的战略。环境与发展问题纳入1989年12月22日联合国环境与发展会议通过的第44/228号决议。1992年在里约举行的联合国环境与发展会议中确认了可持续发展指标的重要性，其中通过了《21世纪议程》，以制定国家、区域和全球各级的指标。因此，可持续发展委员会（CSD）于1995年批准了其可持续发展指标工作计划。从那时起到2001年，CSD制定了两套指标，用于制定和实施可

---

① WCED, World Commission on Environment and Development, *Our Common Future, the Report of the Brundtland Commission*, Oxford University Press, 1987.

持续发展的国家指标。2007年启动了新的CSD指标修订版①，以支持发展中国家的可持续发展工作。2000年9月，大多数国家领导人通过了《联合国千年宣言》②，其中包括8项千年发展目标（MDGs）。联合国千年运动始于2002年，主要侧重于减少贫困，加强教育，促进赋予妇女权利，改善孕产妇健康和确保环境可持续发展。2015年9月25日，联合国可持续发展首脑会议通过了《2030年可持续发展议程》，到2030年将实现一套新的17项可持续发展目标（SDGs）。可以说，《2030年可持续发展议程》是由联合国全体会员国共同制定，凝聚了国际社会的最大共识；是为人类、地球与繁荣制订的行动计划。《2030年可持续发展议程》是塑造全球发展全局的枢纽，是发展中国家发展事业的实践保障，有利于各国携手并进、利益共享，参与、影响乃至塑造全球治理体系演进，满足各国人民对建设美好世界的崇高理想和不懈追求的文明发展事业需要。

全球化，既是一种概念，也是一种人类社会发展的必然过程。全球化目前有多种定义，一般意义上的全球化是指全球联系不断增强，人类生活在各国家、各地区的基础上的发展及全球意识的崛起。国与国之间、地区与地区之间、各种区域组织之间在政治、经济贸易上互相依存。习近平总书记指出，发展是新兴市场国家和发展中国家的第一要务。③我们要立足自身国情，把可持续发展议程同本国发展战略有效对接，持之以恒加以推进，探索出一条经济、社会、环境协调并进的可持续发展的全球文明发展新事业。

"2030年可持续发展议程"最令人感触至深的是联合国向中国提供援助，支持中国在社会、经济和人文等方面的全面发展。如今，中

---

① UN, United Nations, "Indicators of Sustainable Development: Guidelines and Methodologies", https://www.unece.org/fileadmin/DAM/stats/documents/2001/10/env/wp.27.e.pdf.

② UN, United Nations General Assembly, "Resolution 55/2 United Nations Millennium Declaration", http://www.un.org/millennium/declaration/ares552e.htm.

③ 习近平：《深化互利合作 促进共同发展——在新兴市场国家与发展中国家对话会上的发言》，《人民日报》2017年9月6日第3版。

国成功开辟了中国特色社会主义道路,成为了全球拥有极大影响力的国家,为世界的可持续发展文明事业贡献出自己的力量。习近平总书记指出,可持续发展不仅包括自己国家的可持续发展,作为一个大国,更要为世界众多国家的可持续发展做出自己的努力。落实可持续发展议程是当前国际发展合作的共同任务,也是国际社会的共同责任。实际上,习近平坚持运用辩证唯物主义和历史唯物主义的方法论,深入思考"世界怎么了,我们怎么办",努力探索在迈入一个以新发展文明及其行动理念为引领的可持续发展竞争模式构成的治理体系大变革的世界,开启全球可持续发展事业的新纪元。

二 可持续发展的行动理性与文化效应意蕴

(一) 可持续发展的行动理性

新时代文明发展状态一定意义上决定人的本质。这意味着人与自然的关系在新时代文明发展中的客观化,要经历一个观念化阶段,这是主观化的理由,但最终是客观的。人性自身的扩张调动一切可以调动的力量来不断推动和确立社会差异的发展,显示着自己的社会差异身份,通过无度的炫耀性生产,需要无度地消耗物品,无度的消耗需要无度的发展。无度的发展根本就是一种浪费,给自然和人类自身施加了巨大的负向影响。

新时代治国理政要实现好的、有意义的可持续发展,要求人们处理人与自然、人与社会、人与人之间的整体关系和谐,保持安全的距离。这种安全的利益状态与格局,是新时代文明发展共同体在新时代文明发展产出活动中与社会客体相互作用和相互制约,是共同体成员自身的观念和本质力量内化于发展的各种要素之中所形成的。作为辩证法的具体应用,具有时代性、历史性、科学性。是人们通过资本、资源、人力等多个复杂要素的组合,将之作为安全与利益的距离分割与弥合的跨越时空的文明发展诉求,以此来达到新时代文明发展的总体利益的最大化，发展正向价值的最大化、安全问题的最小化。

有序、和谐发展要建立在人与自然、人与社会、人与人之间关系的和谐发展，也即行动主体与社会客体以及行动关系动力一致的基础上，只有最大限度地发挥文明链整体的作用，才能实现可持续发展的安全与利益的目标和效果。在社会客体和行动主体两方面都存在距离的情况，表明可持续发展需要行动环节，可以在行动主体与社会客体之间插入与弥合某种距离，实现了主客体之间的交流和沟通，自我与对象融合为一，跨越时空的文明发展强度如何，一定程度上由行动决定。行动范畴更能揭示可持续发展活动的特殊性，在这种跨越时空的文明发展过程中，行动主体有着积极的能动作用。可以说是行动主体性在支配着这种"距离"感的生成，是行动主体在调配着这种"距离"的远近，进而让社会客体本身对接受者产生不同程度的影响，最终在可持续发展中表现行动主体性与社会客体性的统一。在这个过程中要处理好社会行动主体与行动客体距离的关系，既不失之距离过近，亦不失之距离过远，无论是在社会客体方面还是在行动主体方面，都各有两种失去距离的可能。社会客体方面的距离过大，可持续发展易失去真实；距离过小，则失去了社会客体与人的生活和可持续发展的区别。行动主体方面的距离过大，就失去了行动主体的感性；距离过小，则把生活当成发展的社会客体。这里保持"恰当的距离"需要行动主体从自己切身的利害关系中跳出来，在自己和客体与行动之间留出一定的距离，并在适当的距离上去处理自然、社会、人的距离。

就人与自然的关系依存于人类社会这一特点而言，则它的主观性显而易见。新时代文明发展一方面要从感性中出来，另一方面又不能脱离感性的动力因素。若就人与自然的关系依存于客观对象的特征，将其归结为客观存在的属性的话，那么它就是第一性的，不依人们意识为转移的客观存在了。所以，要加强发展的行动文化建设，要求人们具有高尚的生态信仰文化精神，要求当代国人从只有一个地球的角度来重新审视人与人、人与社会、人与自然的行动文化关系。在未来的跨越当代与后代的发展的行动文化选择中，人民生态利益的领域将继续拓展，绿色生活方式在日常生活中的比重也势必日益增大，这就需要通过教育、宣传，引导人们树立正确的发展文明的世界观、人生观和价值观的价值判断尺度，实现公平正义。科技是人与对象交往的一种方式。科技系统的发展是个复杂变化过程，科技提供了可能产生可持续发展动力的基础，成为了这个主客体调解的中介环节存在，使人从自然中分化出来，使其成为有距离的、自主的和自觉的存在。同时，与认识和实践对象有一定的距离，如心物之间、人与认识及实践对象之间应当保持一定的距离，这样才能使人摆脱功利的束缚，从极端实用世界中摆脱出来。因此，行动文化要有恰到好处的"距离极限"，认识到科技的风险并积极应对，对于人类以及生态发展具有至关重要的意义。

实际上，当今可持续发展中的科学精神和人文精神内在的一致性越来越被人们所认识，并在时代的发展中越来越为人们所自觉地推动，成为发展的时代潮流。正如马克思在一个半世纪之前所预料的那样："自然科学往后将包括关于人的科学，正像关于人的科学包括自然科学一样：这将是一门科学。"[①] 也正如乔治·萨顿所说："我们必须使科学人文主义化，最好是说明科学与人类其他活动的多种多样关系——科学与我们人类本性的关系。"[②] 因此，可持续发展不是拒绝或无视人与自然关系活动所应负的社会责任。人类对任何一项可持续发展的距离的跨越都应给予人文主义的关注，密切注视是否存在潜在的安全问题。

（二）可持续发展的文化效应意蕴

当今世界，人处在多元价值关系动力之中，人与自然、人与社会、人与人的关系达到空前的危机和冲突。其实就是一个关系动力生

[①] 《马克思恩格斯文集》第1卷，人民出版社2009年版，第194页。
[②] ［美］乔治·萨顿：《科学的生命》，商务印书馆1987年版，第51页。

态的异化问题,价值的一个重要体现就是"化人",关系动力价值是通过什么方式来"化人"的呢。要把人"化"向何处,是正面的"教化"还是对人性的"异化",必须进行关系动力价值实效研究,克服关系价值异化。

马克思说,"人直接地是自然存在物"①。作为自然的、有形体的、感性的、对象性的存在物,人和动物一样,是受动的、受制约的和受限制的存在物,也就是说,他的情欲的对象是作为不依赖于他的对象而在他之外存在着的,但这些对象是他的需要的对象。这是表现和证实他的本质力量所必要的、重要的对象。因此,人是一个在自身距离之外必须有感性的自然存在物作为维持和表现自己生命的对象性存在的关系动力体。

从关系动力视角的角度来说,"自然、宇宙等形象"可以概括为"非人形象",人与这些形象的关系即非人关系,两大基本"关系"之间的关系,即"人—人关系"与"人—非人关系"之间的关系,相互作用、相互纠结。在普遍贫困的时代,在物质匮乏的时代,再生产他们的肉体(维持生存)——这主要跟"人—物(作为物质性存在的人)关系"相关,物的动力因素在社会生活中特别突出。而在解决了物质匮乏问题的当代丰裕社会,"人的动力因素"、人—人关系凸显出来了,人与自然产生冲突甚至对立,严峻的社会现实即日益加剧的全球生态危机的强刺激,再次把"人—物自然关系"置于一种严峻的使人们不得不重新审视的"人—非人关系"之中。

马克思从理论视域中排除出去的只是"人—非人关系"中"人—神关系",同时他也引入了另一种"人—非人关系",即"人—物(自然)关系"。以"生产"为理论视角(生产主义)也就暗含着以"人—物(自然)关系"为视角。"人—非人关系"的凸显,其重要后果之一是再生产他们的"社会(文化)身份",而这主要在"人—

---

① 《马克思恩格斯文集》第 1 卷,人民出版社 2009 年版,第 209 页。

人关系"中进行。人的本质是社会关系的总和，人们对自然界的狭隘的关系制约着他们之间的狭隘的关系，所以要考察人类活动的另一个方面——人们对自然的作用制约着人对人的作用，以及"人—人关系"与"人—非人关系"这两大关系之间的相互制约之"关系"。

　　社会实践的双向对象化本质是"行动"和"文明"之间相互作用的对立统一的现实表现，是"人类生活得以实现的永恒的自然必然性"，是人类和人类社会得以生存和发展的永恒的客观基础。在一定的历史发展阶段，社会实践不可避免地会存在着某种形态和某种程度的生态价值异化现象，而现实世界里的一切生态价值异化现象都根源于人类的社会实践本身。在行动、文化与文明的动力逻辑的视角下来研究人的社会实践、人的自由，研究人与自然的关系发展，这必然导致对人的社会实践、人的自由以及社会的研究从抽象上升到具体。也即从行动、文化与文明的动力逻辑去研究关系动力生态，就是让每个人的创造能力和动力得到充分的体现，使人与自然、人与社会、人与人之间的整体关系活动消除对立，走向人、自然与社会的和谐。习近平把人与自然和谐共生提升到民族发展、生产力、生态文明新时代等高度来认识且多次强调："坚持人与自然和谐共生。建设生态文明是中华民族永续发展的千年大计。"[①]

　　可持续发展的文化效应逻辑要求对人、事物关系的整体认识，如果把握不好，处理不好人与事物的整体关系，出现种种冲突便不可避免。人与自然的这种对立给科学和哲学提出了一个尖锐的问题：人类怎样实现人与自然的可持续发展。所以，行动、文化与文明的动力逻辑与当下出现关系生态价值异化有着更为密切的现实关联，即全球范围内不见趋缓的社会冲突和生态价值异化（人—人之间的冲突和生态价值异化），日益加剧的生态冲突和生态价值异化（人—非人之间的冲突和生态价值异化），同时这两种冲突和生态价值异化又是复杂交

[①] 习近平：《决胜全面建成小康社会 夺取新时代中国特色社会主义伟大胜利——在中国共产党第十九次全国代表大会上的报告》，人民出版社2017年版，第23页。

织在一起的，这种复杂交织反过来又加强了这两种冲突和异化，产生了对我们这个星球来说生死攸关的影响。

党的十八大以来，习近平对人与自然的关系进行了深度的揭示，逐渐形成了较为系统完整的人与自然是生命共同体理念。这一理念以马克思主义生态文明理论为基础，植根于中国传统生态文化，立足于国际背景和我国现实国情，是马克思主义中国化的产物，具有科学性、理论性、实践性特质。这一思想丰富和发展了中国特色的生态文明建设理论，科学指引我国生态文明建设的推进，对促进全球生态文明建设的合作具有深厚的理论意义和现实意义。

改造自然是人的本性，是人与动物的根本区别之所在。人类为了改造自然，让自然为人而存在，曾不顾一切地向自然开战，造成生态失调、资源枯竭、环境污染。自然反过来报复人，给人带来恶劣的气候，带来疾病，带来文明的危机。习近平总书记明确指出："山水林田湖草是生命共同体，要统筹兼顾、整体施策、多措并举，全方位、全地域、全过程开展生态文明建设。"[1]"人与自然是生命共同体，人类必须尊重自然、顺应自然、保护自然。人类只有遵循自然规律才能有效防止在开发利用自然上走弯路，人类对大自然的伤害最终会伤及人类自身，这是无法抗拒的规律。"[2]

习近平总书记有关生命共同体的重要论述是在继承和发展马克思主义关于人与自然关系的理论，汲取中国传统生态文化的智慧，立足我国生态文明建设的实践而提出来的。从党的十七大报告首次提出生态文明建设，到党的十八大报告提出要把生态文明建设融入全过程全领域，再到党的十九大报告将生命共同体写入报告中，中国共产党把马克思主义与当代中国生态文明建设实践结合起来。在我国生态文明建设的实践中总结经验教训，提出人与自然是生命共

---

[1] 习近平：《坚决打好污染防治攻坚战 推动生态文明建设迈上新台阶》，《人民日报》2018年5月20日第1版。

[2] 习近平：《决胜全面建成小康社会 夺取新时代中国特色社会主义伟大胜利——在中国共产党第十九次全国代表大会上的报告》，人民出版社2017年版，第50页。

同体思想，指引我国生态文明建设奋斗的方向。习近平总书记强调，生态文明建设不仅有利于当代社会发展，还有利于人类社会永续发展，体现了"功在当代、利在千秋"。因此，在我国发展的总体布局中要有生态环境建设的内容，而且为了子孙后代，我们更要下决心保护生态环境，还原碧水蓝天。①习近平总书记指出："希望北京乃至全中国都能够蓝天常在、青山常在、绿水常在，让孩子们都生活在良好的生态环境之中，这也是中国梦中很重要的内容。"②"我们不能吃祖宗饭、断子孙路，用破坏性方式搞发展。绿水青山就是金山银山。我们应该遵循天人合一、道法自然的理念，寻求永续发展之路。"③绿水青山就是金山银山，要大力推进生态文明建设，生态文明是关系人民福祉、关乎民族未来的大计，是实现中华民族伟大复兴中国梦的重要内容。④着眼于人类未来长远文明发展的基础上，在建设生态文明这一中华民族永续发展的千年大计上，习近平提出了人与自然是生命共同体的论述，这一论述的提出无疑具有跨越时空的价值。

三 生态信仰文化与可持续发展

（一）可持续发展：生态、行动与信仰文化

今天，可持续发展中的生态问题所带来的各种风险，不是哪一个国家或哪一个民族的风险，而是人类共同的风险，需要世界各国的通力合作、积极应对。所以，要强调人类在可持续发展中对生态环境保护的自觉和自律，强调人与自然环境的相互依存、相互促进、共存共

---

① 《习近平谈治国理政》，外文出版社2014年版，第208页。
② 《为了中华民族永续发展——习近平总书记关心生态文明建设纪实》，《人民日报》2015年3月10日第1版。
③ 《习近平谈治国理政》第2卷，外文出版社2017年版，第544页。
④ 中共中央宣传部：《习近平总书记系列重要讲话读本》，学习出版社、人民出版社2014年版，第123页。

融，不能以牺牲生态环境为代价取得一时的发展与利益。

　　这样，在可持续发展过程中，本着对人类负责的态度有更加强烈的道德责任去关心他人和其他生命。从生态的循环来看，人死后其生命还会以另外的方式延续下去，这种特殊情形下的生态利益就是超常利益。一定意义上，超常利益是以人为中心的狭隘的利益的多级外延存在，它的空间更多的是信仰文化。实际上，可持续发展的利益与人类共同安全问题的解决是社会文化变迁的重要动力，向人们提供新的知识与信仰文化。信仰文化影响着人的生存和发展，反过来信仰文化问题的有效解决或构建合理的信仰文化形态有利于解决可持续发展中的人类共同安全与利益问题。

　　信仰文化是心灵的产物，不是宗教或政党的产物，宗教或政党只起了催化剂的作用。没有宗教和政党，人同样可以拥有信仰文化。信仰文化最根本的就是以自身意识所产生的一种爱，通过人的情绪、大脑所激发的无限的追求。

　　在关于信仰文化的传统理解中，信仰文化问题通常是扑朔迷离、难以捉摸的。其原因在于缺乏实在的现实生存、生活的关注，成为一种简单的与现实的人的生存、生活与生产等失之行动、文化与文明的动力逻辑的遥远存在。这也导致相当一部分国人既无宗教信仰文化亦无政治信仰文化，甚至没有好的人生信仰文化。

　　绿色发展要求构建一种好的人生信仰文化，这一概念标志着它与现实的一种距离关系动力分割的性质，表明了一种对事理的真实和心灵的真实的距离关系分割规定。真正的信仰文化，实质是人性中的自然、社会、文化、历史、价值等动力因素之间的一种有效平衡。这种平衡，划定了人类活动和获得信仰文化的界限。

　　当然，有一种是纯粹工具理性主义的"太近"的信仰文化，所谓信仰文化被等同于工具化、实用化等，也会失去信仰文化与人的生存的关系动力价值。形成了消费主义文化与价值观指导下的以占有性生存为基础的物役性生存信仰文化。按照工具理性的思维方式，其直接结果是造成了没有信仰文化。

真正的可持续发展必须是负载生态的利益与人类共同安全旨向的。被物质文明"囚禁"的人类灵魂是可悲的，在垃圾围城的包围中苟延残喘的城市文明是不道德的，以污染全球环境（乃至于太空环境）为代价、消耗地球资源为成本的工业文明是一种严重的生态犯罪。污染环境的同时就污染了自己的灵魂，破坏生态的同时也破坏了自己的心态，人类文明的困境在于"误入歧途"，迷失了方向，这些问题的原因在于其根本危机无法解决，那就是信仰文化危机。

生态以它自身的特点孕育和改变着信仰文化，绿色发展是信仰文化生活和信仰文化感受体验的边界的外在"限度"，就人类关于信仰文化思考的理论轨迹来看，基本上是忽视这一边界和限度的。这种信仰文化观引导更加关注人类生存于其中的"生态整体"，是大自然之于人类的神性般的恩典，是人类所有福祉的真实的来源和永恒的依托所在。

精神信念对可持续发展有很深的影响，理性要与感性相结合。法律不是万能的，需要文化的补充，要充分利用法律与文化两种机制，促进科技进步与文化的同步发展。可持续发展异化造成人的精神畸形甚至缺失，这既是可持续发展带来的负面作用，同时也是造成可持续发展异化的真正原因，必须召回人的精神，找回失去的文化信仰，这当然离不开发展，但发展必须是符合人性的发展，这是一个凭生活常识可以推论出来的道理。然而，当我们的财富是建立在对自然资源无限制的掠夺，从而导致许多日益严峻的生态与社会问题的时候；当我们将自己的享乐和对某种东西的私人性癖好建立在对动物的杀戮的基础上的时候；当我们失去了对于山川大地的敬畏，自私自利，不顾环境破坏的时候，无处不在的环境污染与深入灵魂的"心境污染"相表里，资源匮乏与精神匮乏相表里，气候异常与社会动荡相伴随，经济危机与生态危机将陷入恶性循环中，这只能增加更加深重的危机。

挽救人类的信仰文化危机是挽救生态危机的根本办法，只有树立合理的信仰文化才能实现绿色发展，纠正错误思想和虚伪观念。在绿色发展视域下,如果可持续发展缺少"生态"的动力维度,其发展必定是残缺不全的。从绿色发展的理念与实践出发,生态信仰文化关涉人类与其生存环境的永续存在和发展本身,生态信仰文化是"生态学革命"的精神洗礼和思想修养,是绿色发展的升华。生态信仰文化以尊重和保持生态环境为宗旨,以现代及未来人类继续发展为着眼点,它不仅仅是个人层面的道德行为和价值观念的问题,而且事关整个社会的道德取向和价值规范,事关整个人类发展的前途,是建设绿色发展的动力保证和思想前提。

人类的精神世界是有层次和境界的,与其他形态的信仰文化相比,生态信仰文化当属一种高层次的、高境界的合理形态,是"自然信仰文化"与"人本信仰文化"相统一的"整体信仰文化",既纠正了"人本信仰文化"的偏差,又赋予"人本信仰文化"以无穷的生命力。有了生态信仰文化,才能够自觉遵守生态道德,有利于造就伟大人格,实现伟大理想。同时,克服绿色发展的盲目性,避免重蹈工业文明的覆辙,践行生态信仰文化,回归人的本性天良,静以修身,俭以养德。当植根于这种信仰文化而生活时,就能自由和负责地接受他们在可持续发展中的任务,就能医治"凭借自然"而生活其中的困难环境。它将提供一种对生活的机会的扩大,增强责任,改善社会安全状况,大大地加强与精神健康相适应的物质繁荣,消除自然和人的异化,使人与自然、社会融为一体,从虚幻的自然主宰回归到真正的自然之子。没有生态信仰文化,任何绿色发展都可能是"隔靴搔痒",徒有其表,无济于事。

非生态的信仰文化,从"行动"的价值实效性来看,是非长久的非完型意义的、浅表层面的信仰文化,这就决定了可持续发展必须以合理的信仰文化为导向。信仰文化是一个距离分层、文化群落,是信仰文化与文化的关系动力形态,是信仰文化的价值导向自觉的有效载体,在很大程度上决定着信仰文化发展的方向。信仰文化的建构就是为了获得更大的关系动力,即要通过对存在的距离分割来合理调控信仰文化距离关系形成的动力,实现对理想与现实的距离差异关系的弥合。因此，信仰文化的价值实效应具有一种距离关系的强作用，就是差别最大、联系最紧的作用，是以主体自觉的行动、文化与文明的动力逻辑、关系动力为基础。

人总是隶属于他所处的历史情境和文化传统的。作为社会文化的子系统，"行动"的价值是一个生态、信仰文化与文化的关系动力系统，在这个系统中有着复杂的相互联系、相互依存、相互制约的关系。其关系动力的实现就是建立在多元信仰文化距离之间的内在的联系，使各种信仰文化甚至彼此矛盾的信仰文化相互融合、促进，"一分为多"与"合多为一"的辩证统一，体现了多元关系动力的整体性，实现了自然科学的逻辑理性和人文社科的情感关注构成密切的合理梯度分割关系。

在多元文化价值存在的现实下，"行动"的主流价值与多元化的不对称导致信仰文化信息不均匀，进行宏大目标与统一信仰文化的实现的教育活动风险与困难越来越大。重建道德，自觉自律，这是"行动"的价值的使命。如果没有生态教育和生态文化的普及，不能树立生态信仰文化，没有生态道德自觉自律，所谓的生态危机就无法从根本上解决，而绿色发展就很难名副其实。在现实的生态信仰文化形态中，以生态、信仰文化与文化"三元关系动力"审视"行动"的价值，意味着它对每一现实个体所具有的潜在制约性。

因此，"行动"的社会价值实效是主流"行动"的价值失范与失效控制和实效研究思维方式上的一个重要转换，非常有必要在"行动"，尤其是社会"行动"的价值实效过程中确立这种新的信仰文化范式。必须努力使一种保障安全、无害和可持续生活的生态信仰文化得到广泛的传播和深刻的支持，并将其原则转化为可持续发展的行动指南，使之与可持续发展融为一体，塑造人与自然、人与人、人与社会共生、良性循环、全面发展、持续繁荣为基本宗旨的"行动"的价值形态。

总之，可持续发展之所以造成诸多的问题，甚至人类文明有很多问题，其原因在于心病是万病之源，生态危机的根本原因就是信仰文化危机。现代人以占有和享乐为目的的生活方式根本的原因是非生态、反生态所导致的"生态动力维度"的缺失——生态信仰文化的疏离化，就是因为没有更好的信仰文化来整合可持续发展。

在可持续发展过程中，"行动"的价值的实效是促进社会全面发展的重要手段，也是社会全面发展的重要内容。正如有学者指出的，"科学精神与人文精神的融通，是文化发展的一个重要课题"①。"行动"的价值，作为一整体概念范畴实现了当代科学精神与人文精神的高度融通。行动的价值的构建应自觉找到"行动"与科学发展、社会进步之间的内在距离关系，建立起"行动"的价值与生活世界的关系动力机制。只有不断地将这种"行动"的价值转化为动力，收拾人心，克服痴心妄想，打破"名缰利锁"，回归自然，所谓返璞归真、返本归元，才能纠正文明的偏差，更好地投入到绿色发展的创造序列中去，以实现"行动"的价值的自觉性，实现人与生态共生。

（二）可持续发展的生态信仰文化必然性

发展风险，不是哪一个国家或哪一个民族的风险，而是人类共同的风险，需要世界各国的通力合作、积极应对。所以，要强调人类在可持续发展中对生态环境保护的自觉和自律，强调人与自然环境的相互依存、相互促进、共存共融，不能以牺牲生态环境为代价取得一时的发展与利益。

真正的发展必须是负载生态的利益与安全旨向的。在生态文明视域下，如果发展缺少"生态"的维度，必定是残缺不全的。从生态文明建设的理念与实践出发，人类的精神世界是有层次和境界的。

精神信念对生态文明发展有很深的影响，理性要与感性相结合。法律不是万能的，需要信仰的补充，要充分利用法律与信仰两种机制，促进科技进步与信仰的同步发展。发展异化造成人的精神畸形甚

---

① 郭国祥：《论科学精神与人文精神的当代融通》，《学术论坛》2005年第1期。

至缺失，这既是可持续发展带来的负面作用，同时也是造成当代与后代的生态文明发展异化的真正原因。

面对资源约束趋紧、环境污染严重、生态系统退化的严峻形势，急需转变人类自身的行为和生活方式，唤醒人们与自然和谐共生的生态文明意识，引导人们形成内心的生态信仰。让生态文明理念深深地扎根于人们心中，使人们从灵魂深处意识到保护环境就是保护人类自身，警醒人们直面自己和子孙后代生存的空间和生活方式，使人们自觉采取有利于人与自然和谐共生的可持续的、科学的、健康的绿色生活方式成为新时代治国理政的必然选择。

这就决定了跨越当代与后代的生态文明发展必须以合理的信仰文化为导向。人总是隶属于他所处的历史情境和文化传统的。在现实的生态信仰形态中，以生态、信仰与文化"三元关系"动力审视生态信仰文化，意味着它对每一现实个体所具有的潜在制约性。在可持续发展与生态文明发展过程中，只有不断地将这种生态信仰文化转化为动力，才能更好地投入到生态文明的创造序列中去，以实现信仰文化价值的自觉性，实现人与生态和谐共生。

作为社会文化的子系统，生态信仰文化是一个生态、信仰与文化的关系动力系统，在这个系统中有着复杂的相互联系、相互依存、相互制约的关系。塑造人与自然、人与人、人与社会和谐共生、良性循环、全面发展、持续繁荣为基本宗旨的生态信仰文化形态，必须努力使一种保障安全、无害和可持续生活的生态信仰得到广泛的传播和深刻的支持，并将其原则转化为跨越当代与后代的生态文明发展的行动指南，使之与跨越当代与后代的生态文明发展融为一体。因此，发展的"生态维度"的缺失——生态信仰的疏离化，就是因为没有更好的信仰文化来整合可持续发展。生态信仰文化价值的实现是促进可持续发展的重要内容。它是主流信仰文化价值失范和失效控制与实效研究思维方式上的一个重要转换，非常有必要在社会信仰文化，尤其是社会信仰文化价值实现过程中确立这种新的信仰文化范式。

四 生态文明与生态文化汇聚力

（一）生态文化价值汇聚力提升与生态文明

生态文化汇聚力作为一种内化的制约机制，在社会成员之间起到规范成员关系、维护社会秩序、实现共同利益的作用。马克思主义认为，社会存在决定社会意识，社会意识对社会存在具有能动的反作用。这时就要发挥生态文化汇聚力提升的伦理与道德功能的约束作用。如果没有道德伦理建设，只注重科学研究与自然开发，在生态发展上将导致我国整个道德伦理价值领域出现真空，就一定会影响到自然界的可持续发展。

现阶段，在生态环境法律未取得实质性突破，环境法约束乏力的情况下，发展主体的生态发展权利通过生态文化汇聚力提升的约束是当前最亟须实行的路径。这在现实中、在实践中对违反生态道德伦理的主体造成舆论压力与心理压力，绿色行动文化无论在内涵方面还是在外延方面，都不同于传统意义上的伦理。传统意义上的伦理是自然形成的而不是制定出来的，通常也不写进法律之中，它只存在于人们的常识和信念之中。传统意义上的伦理虽然也主张他律，但核心是自觉和自省，不是强制性的。由于生态保护问题的复杂性和紧迫性，生态文化汇聚力提升不仅要得到鼓励，而且要得到强制执行。因而，必须在"生态文化汇聚力提升"的原则下重视和加强环境政策、法律法规和制度建设与创新，对不负责任的行为进行监督与制裁，协商、制定具有实质性的合乎理性与道德要求的法律规定，引导人们转变道德观念，从而规范各发展主体行为，促进生态文明的公正。当然，要在根本上解决生态发展问题，使对生态文明的公正落实到实处，就必须坚持权利分配的制度公正，有了生态利益分配的运用，而没有与其相适应的制度，生态利益分配公正将没有保障，最终也不能实现生态发展。应该在制度层面进行建设与创新，对生态发展不公正的制度进行变革。但就目前情况来看，相关法律法规也存在一定的局限性，对于生态利益的分配公正要么现有的法律法规缺乏有关这方面的规定，要么虽然有了相关法律法规，但约束力有限，致使某些发展主体凌驾于法律之上的行为还依然存在。相关制度设计较多地是在维护强势发展主体的利益，而对于弱势主体被排除在法律制定之外，更谈不上对利益诉求的保护。生态文化价值汇聚力作为一种社会道德伦理维度，是内在的一种意向、一种行动驱动力，它赋予各种权利主体生态发展的担当意识，可以直接促使人产生与之相应的行动，自觉承担自身应承担的义务。

总之，推进生态文明，这就要求在进行生态发展的过程中，必须发展生态文化汇聚力价值的作用。不要忽视生态文化价值，要把两者协调起来，即用生态发展促进生态文化发展，并用生态文化发展约束人类的发展。

（二）以生态价值理念导向构建生态文化体系

建设生态文明是一场涉及生产方式、生活方式、思维方式和价值观念的革命性变革。[①] 在生态文明视域下，如果发展缺少了"生态价值"的维度，必定是残缺不全的、非完型意义的、浅表层面的发展。生态价值作为世界观和价值观的要素，是生态文化的实践自觉的方向和动力。在生态与行动文化价值的互动过程中，在生态文化价值话语创新与转换中，它以自身的特点孕育和改变着生态文化价值，理应成为一种高层次、高境界、合理形态的生态文化体系构建范式。

生态利益，作为人存续和生存需求的满足，是人与人关系的纽带，既有人作为存在而在伦理上所体现出的自在、自为性一面，又有人作为社会性存在而在伦理上呈现超越性的一面，人作为"种"的存续发展是人所面临的根本问题，追求更好的生存应该是人的最高利益。一方面表现为信仰自觉不断地从以往的自在、自为伦理中寻求生

[①] 中共中央宣传部：《习近平总书记系列重要讲话读本》，学习出版社、人民出版社2014年版，第1页。

态资源；另一方面则表现为信仰的自在、自为不断地转化为自在、自为、自觉。这无论是对一个社会、一个国家，还是对一个个体而言，都一定是一个整体过程。因此，应以生态价值的认知与实践为宗旨，将以和谐、友好、共赢的关系来建构人的生存方式，改变人与人、人与生态的对立状况，使个体从一种自我的、利己的、单向的满足，向和谐、完善的多向度发展转型与升级。人生是有限的，为着这一利益，很多的道理超越普通人的感知能力，用语言或理性在人们整体知识积累不够的情况下讲出来。所以，我们信仰了某些东西，作为"活着"的价值设定，这就昭示着以生态价值为价值导向构建生态文化体系的必然性，从而构成了现代人生存方式即构建生态文化体系的现实动力。

生态价值由于社会环境、教育价值导向、内容与方法等方面存在的制约因素而存在一定程度上的价值失效，影响了生态文明的针对性与实现。生态文化体系只有具有较强的包容性时才能提高在新时代下的存在和对社会主体的吸引力、认知与实践的支撑能力、知识贡献能力和学习服务能力。生态价值的实现与失效辩证意味着在这个过程中价值观和生活态度的距离影响着社会主体的现实的和长远的、隐性的生态意识形成，还代表一种特殊的关于世界的观点，培植着一种行动文化和生活哲学，直接关系其中人的性格、精神、意识、思想、言语和气质。以生态价值理念导向构建生态文化体系要求我们在生产生活方式上融入生态思维和生态理念，并在生存意义上确立生态价值观。这是建基于对工业伦理的非生态性的反思，是一种生态信仰自觉，是人为了追求更为完善和全面的发展而产生的人化需求与利益驱动所致。在作用路径上，它要实现行动文化自在、自为的自觉化，以行动文化自觉的反思品格与愿景建构引领生态伦理发展，从而使伦理不断融入生态思维和生态内容。

（三）以生态文化建设实现生态价值

在工业文明下，现代工业文化是在"促逼"意义上摆置了自然。

人将自身为一有机生命力比附于整个宇宙，再对这种被寄予的生命力进行顶礼膜拜，从而实现自我崇拜的行动文化，形成了以人为中心本位的信仰。人本位的信仰，把人自己与自然对立，人也把人与人对立，个体以一种自我为中心的方式显现在社会之中，个体与个体之外的关系仅仅被理解为一种实现自利即个人意义实现的手段和工具。最显著的特点是功利主义主宰下的原子主义、个人主义及主客二分思想。人之生存的应该维度——自然与人的和谐共生之关系，最终成为了对人之反动。工业文明中的非生态性，相当程度上就在于它极力塑造了一种匮乏感，人们为了满足这种匮乏感而向自然界索取，从而使作为处于社会关系之中的存在，在资本的驱动之下，"产品过剩"。于是，为了这种索取，在观念上把自然与人分隔开来并使之独立化、孤立化。技术在其中起到了重要作用，技术的祛魅功效在工业文明尤其是现代工业文明中得到了极大的彰显。它向自然提出蛮横的要求，要求自然提供本身能够被开采和贮藏的能量。生态文明成为了一个国家具有战略意义的发展的重要组成部分，失去生态价值维度的发展必定会给越来越紧张的生态安全带来负面影响。保护环境就是保护生产力，改善环境就是发展生产力。[1] 习近平总书记把人与自然和谐共生提升到民族发展、生产力、生态文明新时代等高度来认识且多次强调：坚持人与自然和谐共生，建设生态文明是中华民族永续发展的千年大计。[2]

习近平总书记指出，文化是一个国家、一个民族的灵魂，文化兴国运兴，文化强民族强，没有高度的文化自信，没有文化的繁荣兴盛，就没有中华民族伟大复兴。[3] 发展中国特色社会主义文化，要坚定文化自信，增强文化自觉，坚持走中国特色社会主义文化发

---

[1]《习近平谈治国理政》第2卷，外文出版社2017年版，第209页。
[2] 习近平：《决胜全面建成小康社会 夺取新时代中国特色社会主义伟大胜利——在中国共产党第十九次全国代表大会上的报告》，人民出版社2017年版，第23页。
[3] 习近平：《坚定文化自信 建设社会主义强国》，《求是》2019年6月15日第12期。

展道路，激发全民族文化创新创造活力，建设社会主义文化强国。生态文化显示了人性的尊严和价值。科学文化的兴起可以弥补人文文化对自然研究不足的缺陷，生态文化建设，则在充分认识这种关于人与自然和谐发展的思想基础上，正确运用自然规律，在发展过程中，不断修复自然乃至生态环境，实现了科学文化与人文文化的融合。

　　生态文化建设能够有效解决当前人类在社会发展中遇到的危机，最终实现人与自然的和谐共生、可持续发展。生态文化建设的重要目标在于将生态价值内化于主体心中，即一方面，价值的生成和获得，一定是关涉生态的。真正意义上的价值是对关涉现代生产生活、生存目的、"生态智慧"、"生态价值"的体认和实际践履，意味着一种关系动力的整体性实践逻辑。另一方面，人类真正意义上的价值感和价值体验，最终是以生态关系动力的整体性为总体性尺度的。在现实生活中，个体的幸福感不能脱离生态价值的创造与满足而存在，个体通过创造生态价值实现生态文化建设，当个体创造的生态价值对他人、对社会有着积极作用的时候，必然提高了生态文化建设的水平。从这个意义上讲，树立生态价值观，并不断积极地从事生态价值创造，是实现生态文明的保证。但是这种对未来美好的预计绝不是承认历史是一种铁律和宿命，而是必须依赖于主体的能动创造和自觉正确的选择。要更好发挥主观能动性、更有创造精神地推动发展。①

　　在生态文化建设中，主体的接受倾向受所处的社会文化因素的重要影响。以物质文化为中心的信仰诱使一部分社会主体在生活方式、消费方式、价值观念等方面与生态价值观难以产生共鸣，难以对话、沟通。这意味着，生态文化建设要从宏观领域不断向生活的微观领域拓展、渗透，与主体的生活世界的语境形成共同信仰关系动力的粘和基础。然而，当前我国社会发展中的生态价值没有得到应有的重视，

---

① 《习近平谈治国理政》第2卷，外文出版社2017年版，第249页。

甚至缺乏，导致了生态价值的弱化，纵容了社会主体对物欲、功利主义和工具价值的追求，使社会主体成了忙碌的物质逐利者，使社会主体价值世界"沙漠化"。因此，我国生态价值的实现客观要求建构以生态价值为导向的关系动力语境和表达形式，重构生态文化建设与社会生态整体关系的良性互动和对话。对话是一种能使"双方很快达到视野的融合，在融合中相互扩大眼界，使精神生活进入新的和更高的层次"的价值实现。

总之，价值观的重要体现就是"化人"。它是历史地凝结成的、自发地左右人的各种活动的稳定的生存方式，它是由人创造的，同时也塑造着人。习近平总书记指出："绿色发展和可持续发展的根本目的是改善人民生存环境和生活水平。"[①] 生态文化建设以天人和谐、社会发展、人类生态利益最大化、人类幸福最普遍为最高的衡量标准，体现人类共同的核心价值观，体现人类生态利益的最大化。生态文化建设要求确立人的对象性存在的本质，人的本位性被人与生态的和谐关系所替代，这在某种意义上是一种对自然崇拜的智慧"回归"。生态文化建设过程是一个获取文化能量，使用文化能量和转换文化能量的过程，生态文化建设不是对自然无知的膜拜，而是对生态价值观的虔诚，对优良生态系统的盼望。强调文化对生态价值养成与发展的作用，意味着生态文化建设是生态价值的有效驱动。这就要整合生态文化建设与行动文化、当代文化与古代文化、西方文化与东方文化的精髓，适应全球化的发展趋势，融世界优秀文化传统于一炉，能够彻底体现和高扬全球生态伦理精神。这种新文化会造就出热爱自然、热爱世界、热爱和平、热爱人类的新人类，创造和谐统一、全球一体化的新世界，是以生态价值实现为宗旨的"生命文化"、"和合文化"、"共利文化"、"大成文化"。它的提出和发展，正是解决生态危机的行动文化选择。

---

① 习近平：《携手推进亚洲绿色发展和可持续发展——在博鳌亚洲论坛2010年年会开幕式上的演讲》，《人民日报》2010年4月11日第1版。

五 绿色生活方式与绿色行动文化

党的十九大报告指出:"形成绿色发展方式和生活方式","倡导健康文明生活方式","倡导简约适度、绿色低碳的生活方式,反对奢侈浪费和不合理消费"。[①] 在 2018 年召开的全国生态环境保护大会上习近平总书记强调要形成绿色生活方式。随着我国改革开放进程的不断加深,我国社会主要矛盾已转化为人民日益增长的美好生活需要和不平衡不充分的发展之间的矛盾。人民对美好生活的需要日益强烈,绿色生活方式是实现绿色发展的重要实践途径,是满足人民美好生活需要的重要方面之一。非绿色生活方式不但没有提升人们的幸福感,反而使人们的身心健康受到危害,严重影响人们的生活质量,还是引发生态危机的重要原因,因此摒弃不合理的生活方式,倡导有益于环境保护和人的健康发展的绿色生活方式显得尤为紧迫。环境和资源的有限性决定了解决问题的关键还在于人自身,亟须转变人们的价值观念、生存态度和生活方式。深究导致不合理的生活方式的深层次原因则涉及人的信仰危机问题。绿色生活方式是实现绿色发展的重要途径,绿色行动文化是绿色发展的重要支撑,如何将二者统一起来,发挥二者合力,协同推进绿色发展是本书探讨的要旨。

(一)绿色生活方式与绿色行动文化协同构建的客观必然性

绿色发展的实质是实现人与自然和谐共生。生态危机的根源归根结底还在于人自身,在于人的活动及其行为,因此解决生态问题终究有赖于人们观念的转变,有赖于人们行为方式的转变。人的行为一旦失控,必然会引发严重的生态安全危机。美国学者哈丁提出"公地悲剧",深刻揭示出不恰当的行为模式所导致的严重后果,公地在人们

---

① 习近平:《决胜全面建成小康社会 夺取新时代中国特色社会主义伟大胜利——在中国共产党第十九次全国代表大会上的报告》,人民出版社 2017 年版,第 24、48、51 页。

疯狂的追求最大利益的同时逐步走向毁灭。为了避免"公地悲剧",必须转变人们的价值观念、变革人们的生活方式,使人们在实践中逐步养成生态行为的习惯。不容忽视的是随着经济和社会的发展,不合理的生活方式引起的生态环境问题越来越严重。如过度消费、奢侈浪费、挥霍性消费等现象依然存在,加剧了资源环境约束压力。

影响和制约人与自然关系最根本的因素是人的生活方式。[①] 生活方式即人如何生活的问题,倡导形成绿色生活方式是人的生活方式的重大变革。绿色生活方式是基于日益严峻的生态危机背景下而提出的关注生态维度、追求更加理想的生活方式。简言之,绿色生活方式是遵循低碳环保、简约适度、文明健康、可持续发展的原则,善待自然、谋求与自然和谐共生的新型生活方式,主张绿色、低碳、环保、节约,有利于节约资源和减少对自然生态环境的破坏。绿色生活方式不仅强调物质需求与人的精神需求有机融合,强调在满足人的基本的生存需求的基础上,更加注重精神生活的追求。现代生产方式和非绿色生活方式相互促进,以消耗大量资源为代价,给环境带来严重污染。以物质主义、消费主义为导向的生活方式强调对物质财富的无限追求,不仅难以实现,且失去了人的真正追求。倡导绿色生活方式不仅有利于促进人的全面发展,也有利于推进我国绿色发展的进程。首先,倡导绿色生活方式有利于促进人的身心健康和全面发展。人的健康是生命存在和社会发展的基本前提。随着自然环境的恶化,人的健康日益备受关注。现代意义上的健康并非局限于不生病,而是身体和精神层面都要达到健康状态。为了追求更舒适的生活,人类发明了各种各样的产品来解放人类的体力劳动,取代身体自身的抵抗机制。肥胖、糖尿病、高血脂等疾病已成为人类健康的主要威胁,事实上这在很大程度上与人们的非绿色生活方式密切相关。其次,倡导绿色生活方式有利于解决生态环境问题,推进绿色发展。长期以来不合理的生产生活方式加剧了资源环境的压力。在严峻的环境现实下人们逐渐认

---

① 张三元:《绿色发展与绿色生活方式的构建》,《山东社会科学》2018年第3期。

识到现有的生活方式不仅影响到自身生活质量，还对整个生态环境产生了严重的负面影响。绿色生活方式还将倒逼企业向绿色生产转型，倒逼产业结构的绿色转型，有利于资源节约和环境保护，促进绿色发展。

然而，正如有研究者认为的，长期以来，中国农村人口受教育程度低，环境意识特别薄弱。例如，安娜·洛拉-温赖特（Anna Lora-Wainwright）和她的同事们展示了农村居民是如何意识到污染对他们健康的负面影响的，在没有可行的替代选择或获得足够的经济补偿的情况下，他们可以故意选择接受这种风险。① 布赖恩·蒂尔特（Bryan Tilt）展示了工业工人是如何愿意容忍污染的，并不是因为他们不知道污染对健康的危害，而是因为抗议污染会威胁到他们的经济生活。② 邓燕华和杨国斌认为，村民们在决定是否抗议污染工业时，除了考虑经济因素外，还考虑到当地社区的关系。③ 人与动物最大的区别在于人是"具有有意识的生命活动"④。人们对自己的生活方式的选择是自觉的和能动的，信仰在其中起着无形的导向作用。实现绿色发展，要求人们转变价值观念，树立生态信仰。生态信仰是一切人类信仰的基础，是人类文明的本质特征。宽泛而言，生态信仰是个体对生态的心理感受和体验，表征人们对生存于自身的生活方式的生态觉悟和生态伦理自觉。正如冯光耀指出的："生态信仰是现代人类为应对生态危机产生的一种价值观念，不是对自然无知的膜拜，而是对生态价值观的虔诚，对优良生态系统的盼望。"⑤ 人们毫无节制地耗费物质财

---

① Lora-Wainwright, Anna, Yiyun Zhang, Yunmei Wu and Benjamin Van Rooij, "Learning to Live with Pollution: The Making of Environmental Subjects in a Chinese Industrialized Village", *The China Journal* 68 (July), 2012, 106 – 124.
② Tilt, Bryan, "Perceptions of Risk from Industrial Pollution in China: A Comparison of Occupational Groups", *Human Organization* 65 (2), 2006, 115 – 127.
③ Hathaway, Michael J., *Environmental Winds Making the Global in Southwest China*, Los Angeles: University of California Press, 2013.
④ 《马克思恩格斯文集》第 1 卷，人民出版社 2009 年版，第 162 页。
⑤ 冯光耀：《生态文明建设中的生态非理性向度》，《甘肃理论学刊》2011 年第 4 期。

富、自然资源,并且把消费视为人生的最高目的背后所秉持的是物质第一的价值观。"物质第一,成为对自然资源的无度索取,大量浪费和大量废弃的价值支撑。"① 急需转变人类自身的行为和生活方式,唤醒人与自然和谐共生的生命共同体意识,引导人们形成内心的生态信仰,培育绿色行动文化。

绿色行动文化是人们对人与自然的生态体悟,是生态所给予人们身心的感受,对人的影响是深层次的、持续性的,表达了人们对生存和生活方式的生态觉悟,旨在围绕实现人与自然和谐共生这一目标,引导人们正确认识自然、遵循自然的规律,自觉地保护自然,要求人们节制消费的欲望,追求自然的美。绿色行动文化并非先天形成,绿色行动文化是在人们的日常生活中逐步形成和发展的,同时也需要用在实践中形成的成果来培育。人们的生态体悟与日常生活密切相关,当人们在日常生活中切实感受到节约资源、保护生态环境的成就,从中获得满足感和幸福感,从而自觉践履节约资源、保护自然环境。

(二)绿色生活方式与绿色行动文化的关系动力

绿色生活方式是实现绿色发展的重要途径,绿色行动文化是绿色发展的重要支撑。倡导绿色生活方式与绿色行动文化建设二者皆是我国绿色发展的重要内容,二者存在密切的关系动力。

绿色行动文化提供了绿色生活方式的养成动力。绿色行动文化是人们对生存和生活方式的生态觉悟,主张节制人的欲望,在人的欲望和自然的限制之间寻求平衡。"绿色生活方式的要义是节制人的欲望"②,深刻地揭示出造成当前生活方式问题如果从人自身来找问题,关键在于人们日益膨胀的欲望。古往今来,思想家们一直主张人类应该控制自己的欲望。现代社会人们盲目追求欲望,在各种诱惑的背后

---

① 张劲松:《生活中的生态文明》,江苏人民出版社 2014 年版,第 44 页。
② 江晓原:《选择绿色生活方式的两难》,《绿叶》2009 年第 2 期。

人们苦恼不堪，以牺牲自然甚至自身健康为代价。而绿色行动文化主张节制人的欲望，使人从更高层次上获得满足，从生态价值的实现中确证人的自我价值。绿色行动文化主张从人与自然是生命共同体的角度审视自然，发现自然美，从而尊重自然、保护自然。人们在追求自然美的过程中得到满足，在实践中将这种生态价值追求内化于心中，使人们自觉践行低碳、环保、文明、健康的绿色生活方式。绿色行动文化认为人类与自然万物是休戚与共的生命共同体，破坏自然就是危害人类自身。因此，对人与自然和谐共生的追求使人们减少自身的生活方式给自然带来的影响和危害，自觉遵守生态伦理，履行生态责任。

绿色生活方式涵养和丰富绿色行动文化。倡导绿色生活方式，使人们逐步养成生态行为，在生态行为养成中深化对人与自然关系的认识，逐步形成绿色行动文化。在绿色生活方式的实践中，个人通过努力，给他人、给社会带来积极的作用，则会激发其进一步坚信自己的生态信仰，并朝着这个方向继续努力。同时，个人在践行绿色生活方式的过程中，通过努力，为生态环境的改善贡献自身的力量，体悟到自己所创造的生态价值对他人及社会有着积极的作用时，会提升个人的生态信仰水平。有利于绿色生活方式的绿色行动文化的本质在于对人的教化，使其外化于形，使人们在日常生活中能够自觉地践行绿色生活方式。可见，绿色行动文化是绿色生活方式的重要支撑，为绿色生活方式提供精神动力，指导人们在实践中自觉地践行绿色生活方式。

总之，绿色行动文化为绿色生活方式提供重要的动力支撑。绿色生活方式有助于培育、升华绿色行动文化。绿色生活方式与绿色行动文化的内在动力逻辑意味着，只有通过绿色行动文化的建设，使人真正理解人与自然的共生关系，才能树立尊重自然、顺应自然、保护自然的观念，倡导绿色生活方式才有持久的动力，在实践中不断得到巩固并传承下去。只要缺乏绿色行动文化的精神与价值观支撑，那么倡导绿色生活方式的实践终究是昙花一现，徒有其表。

（三）绿色生活方式与绿色行动文化行动视域

党的十八大以来，习近平总书记"开展一系列根本性、开创性、长远性工作"，"推动生态环境保护发生历史性、转折性、全局性变化"。[①] 同时，对当前所处的历史阶段有着清醒把握，作出生态文明建设面临"三期叠加"这一重大判断。"生态文明建设正处于压力叠加、负重前行的关键期，已进入提供更多优质生态产品以满足人民日益增长的优美生态环境需要的攻坚期，已到了有条件有能力解决生态环境问题的窗口期。"[②] 攻坚期同时也是重大机遇的"窗口期"，因此，我们需要满足广大人民群众对优美生态环境的需要，就必须努力以切实的行动文化实现人与自然和谐共生的生活方式，必须"咬紧牙关，爬过这个坡，迈过这道坎"[③]，在关口和困难面前不放松、加油干。

1. 增强绿色行动文化话语创制

绿色发展不能仅停留在认知层面，还需要在行动中实现，达到知行统一，要引导人们在实践中自觉地践履绿色生活方式，做到自觉地用绿色行动文化来指导行动。当前，文化传播来源广泛，可以比较、选择的信息很多。实际上，社会主体是一个不断与外界进行动态作用的、变化发展的存在，信息生态是联系社会主体与外部环境系统的中介存在。信息生态的价值是因人而异的，面对同样的行动文化环境，或经历同样的文化事件，不同的社会信仰信息生态所诱发的心理反应具有不同的特点，信息的接受也更依赖于社会主体的自觉能动性。在社会主流行动文化价值网络建构下，要化解、应对消极社会主流行动文化信息生态，积极开展有效的绿色行动文化话语的信息创制和心理咨询活动，给予在绿色行动文化上有困惑的社会主体以帮助、启发和

---

① 国纪平：《携手共建生态良好的地球美好家园》，《人民日报》2019年1月20日第3版。
② 王金南：《科学把握生态文明建设的新形势》，《求是》2018年第3期。
③ 顾仲阳：《坚决打好污染防治攻坚战推动生态文明建设迈上新台阶》，《人民日报》2018年5月20日第1版。

引导。让社会主体充分认识到绿色行动文化中的真善美和假恶丑，形成较为完善的生活是非评判能力，使社会主体真正成为自我发展和自我完善的绿色行动文化价值主体。

在这个过程中，我国的理论工作者要领导绿色行动文化话语创制的责任。具体来说，要探寻历史和现实的有关绿色行动文化的诸种思想和精神资源以及可能支持它的各种信仰体系、世界观和自然观，借鉴当代各种形式和内容的生态、信仰与文化理论。在研究中使历史与现实结合，实证与思辨结合，沟通自然科学与人文、社会科学，在多学科交叉互动和多角度观察分析的基础上综合创新。致力于探讨适合于中国国情的、能为最大多数人接受的绿色行动文化的各种理论要素，加强绿色行动文化的基础研究，建构有中国气派的绿色行动文化体系。同时，又紧密结合理论与应用，使理论面对现实问题的挑战，认真学习、宣传我国政府有关生态环境保护和建设的法律和文献，从思想上提高生态环境保护意识。对于政府来说，要对"绿色行动文化"的理论研究和应用研究给予大力支持。要在各级各类科研和教研项目中设立专项课题给予专款资助。要通过召开专家咨询会、研讨会、成果交流会和出版研究专著、论文集等方式对"绿色行动文化"的研究成果进行交流。大力支持深入开展环境国情、国策的调查研究与教育宣传，引导、营造良好信息生态。

2. 增强绿色行动文化与社会主流行动文化的契合性

培育绿色行动文化，让生态文明理念深深地扎根于人们心中，使人们从灵魂深处意识到保护环境就是保护人类自身，警醒人们直面自己和子孙后代生存的空间和生活方式，使人们自觉采取有利于人与自然和谐发展的可持续的、科学的、健康的绿色生活方式。这个过程中既要向内用力，也要向外用力。向内用力主要是要明确绿色行动文化建设目标，向外用力要营造良好的生态文明社会氛围，增强绿色行动文化与社会主流行动文化的契合性。

绿色行动文化构建的实效表现为社会主体头脑中产生的事实与客

体之间的一种接近度，是一种有中介的距离存在，或者说绿色行动文化构建要把"距离"看做沟通的屏障来控制、消解。因为，绿色行动文化导向的纵深发展会与将来的应用之间的距离关系越来越远。如果没有强大的动力激励，那么在绿色行动文化价值实现过程中，就不容易在差别很大的现象及问题中找到内在的联系和统一，使处于自由状态下的个体行动文化知识信息与整体距离的路径最短、联系最紧密，形成强烈的归属感和向心力。

"距离"作为一种逻辑的威力，已经影响到了话语传播活动过程，成为传播的客观环境。行动文化的距离阻隔意味着，不在一个层次上的人很难有共同的行动文化交流，变得越来越难以相互理解。从绿色行动文化所获得的其适应社会主流行动文化话语形式的样态、即二者的契合性来看，其信息的质与量上讲，客观上会发生三种情况：一是保持原社会主流行动文化的质与量。二是社会主流行动文化在传播中，经过多重传播中介使绿色行动文化具有更多的现实意义和价值，使绿色行动文化具有更丰富的内容和更有效的形式，从而发展了社会主流行动文化。三是与第二种情形相反，使社会主流行动文化的层次降低、价值受损，社会主流行动文化流失。因此，增强绿色行动文化与社会主流行动文化的契合性，就要在一个比较规范的行动文化群结构中，社会主流行动文化规定和引导着这个社会文化的发展，绿色行动文化要处于社会主流行动文化距离关系网络的顶端，绿色行动文化表现的是其作为社会主流行动文化的价值最大化实现。

3. 加强传播弘扬绿色行动文化氛围构建

习近平总书记在全国生态环境保护大会上指出："中华民族向来尊重自然、热爱自然，绵延5000多年的中华文明孕育着丰富的生态文化。"[①] 绿色生活方式的培育和绿色行动文化的构建需要营造良好

---

① 《习近平在全国生态环境大会上强调 推动生态文明建设迈上新台阶》，《人民日报》2018年5月20日第1版。

的生态文明社会氛围。实际上，传统媒体和社交媒体对环境问题（尤其是空气污染）的报道激增，[1] 然而，面对目前出现的各种生态环境问题，公众颇有抱怨，很少有人从自身剖析认识问题，显然，在公众中没有形成节约资源和保护环境的生态方式。为此，需要在全社会进行绿色行动文化教育，宣传绿色生活理念，营造有利于绿色生活方式形成、绿色行动文化培育的良好生态文明社会氛围。

其一，要加强绿色行动文化培育，引导人们形成稳定的生态信仰。"生态信仰的本质在于对人的规定和教化，它具有保守固化和超越革新的双重特性。"[2] 这可使人们达到自觉从全局审视整个生态环境和社会经济发展，而非仅仅追求个人的利益来规范以及约束自身的行为。达到"能对一切与环境相关的事物作出符合生态学的评价，用自觉的生态意识来保护整个生态环境有关的事物作出符合生态学的评价，以达到全人类的共同利益"[3]。实际上，绿色行动文化培育包含两个方面，一方面，信仰的生成以及获得一定是关乎涉及生态的。真正的生态信仰是现代人对生存方式、生活方式、"生态价值"、"生态智慧"的体悟、认知及践行。另一方面，个人在现实生活中通过创造生态价值从而实现生态信仰，当个人创造的生态价值对他人、对社会有着积极作用的时候，必然有利于提高其自身的生态信仰水平。

其二，建立绿色生活方式宣传联动机制，联合各部门、各单位的宣传，既要加大宣传力度，同时也要注意采取公众易于接受的宣传方式。泛在网络时代要充分把握网络时代的特征并进行有效利用。例如，绿色生活 APP 的开发，方便公众随时关注绿色生活的相关情况。

---

[1] Li, Hongtao, and Rune Svarverud., "When London Hit the Headlines: Historical Analogy and the Chinese Media Discourse on Air Pollution", *The China Quarterly*, Special Section "Human Dimensions of Air Pollution in China", 2017.

[2] 蔡东伟：《社会发展中的距离逻辑及关系动力》，社会科学文献出版社 2014 年版，第 139 页。

[3] 韩文辉、曹利军、李晓明：《可持续发展的生态伦理与生态理性》，《科学技术与辩证法》2002 年第 3 期。

通过各种方式向公众传播生态文明知识及生态价值理念，逐步增强公众的生态忧患意识与生态责任意识，让绿色生活理念成为人们生活方式选择的价值导向，绿色生活方式成为人们的坚定承诺。同时，还可以充分利用和挖掘公众身边的资源，建立绿色行动文化传播平台。如可以发挥图书馆、博物馆、文化馆等在传播绿色行动文化方面的作用。通过加强各级自然保护区、风景管理区、国家森林公园、湿地等绿色行动文化设施建设和管理，推进建设生态文明教育基地，使其成为培育、传播绿色行动文化的重要平台。

4. 发挥绿色生活方式与行动文化协同构建合力

充分发挥绿色生活方式与绿色行动文化二者的合力，使绿色发展具有深厚的思想基础和稳固的行动力就成为新时代伟大实践创新的必然要求。因此，倡导绿色生活方式与绿色行动文化协同建设需要国家、社会与个人的合力。国家是生态文明建设的主体，深处其中，肩负着首要生态责任和义务。同时，要发挥社会环保民间组织的作用。在众多的建设主体中，民间环保组织作为社会第三方力量在生态文明建设进程中发挥了重要的作用。在公众生态文明意识培育方面，民间环保组织发挥的作用不容小觑，它们开展各种生态文明宣传教育活动，用细微的环保行动和公众易于接受的方式宣传各种生态知识，积极倡导绿色、低碳、环保的生活方式。为此，要支持环保民间组织健康有序发展，引导其为生态文明建设贡献力量。绿色社区是公众践行绿色生活方式的重要生活空间。绿色社区创建重点在于通过大力动员居民参与、倡导绿色生活方式，引导居民树立节能环保理念，将社区建设成为人人节约资源、保护环境，倡导健康的、科学的、可持续的生活方式。构建绿色社区需要以政策来引导居民牢固树立生态文明理念，加强宣传力度，通过在社区内设置宣传栏、公告栏的方式展开宣传，在社区营造良好的有利于绿色生活方式形成的氛围。成立环保志愿者服务队，开展社区环境整治、绿化养护、科普生态文明科学知识等活动，逐渐形成绿色生活方式。当前要加强生态文明培育，强化公众环境意识，使之自觉践行绿色生活方式，让绿色生活方式内化于心，外化于形，将生态价值观内化于主体心中，并自觉进行绿色生活方式实践。引导公众从生活的细微之处做起，比如节约用水、用电、用纸等，养成良好的生活习惯。

第六章　新时代网络空间治理的行动、文明与文化选择

一　新时代网络空间文明治理行动与问题

互联网使社会元素如资本、信息、价值观、产品在世界范围内流动，使世界各国密切联系为一个整体。网络空间的虚拟性使得有许多网络窃听、网络攻击、网络犯罪、网络恐怖主义等导致的国家利益受到威胁的形势严峻。各国利益出现一荣俱荣、一损俱损的局面。依法开展网络空间治理，促使网络空间日渐清朗，正能量更加强劲，网络安全保障能力持续提升，走出一条中国特色互联网发展与治理之路，是中国为构建全球网络空间命运共同体贡献出的独特的中国方案。习近平总书记指出：国际社会应该在相互尊重、相互信任的基础上，加强对话合作，推动互联网全球治理体系变革，共同构建和平、安全、开放、合作的网络空间，建立多边、民主、透明的全球互联网治理体系。

（一）网络空间文明治理的新时代行动
1. 反对网络霸权强权

历史长河里，一些西方国家渗透着极端的霸权主义和冷战思维，正如历史一再表明过去200年的殖民主义、新殖民主义和帝国主义那样，1953年伊朗、1964年印度尼西亚和1973年智利的三个例子清楚

地说明了现代历史中"恶治"的真实本质。三者都引发了一种长期的"致命、法西斯式和恶治"的过程。这个过程是对人类、历史、治理和文明的侮辱；这都是由西方正式自称为文明的"民主政府"组织、提供和支持的，他们通过暴力的血腥军事政变推翻民主选举和合法的"好政府"。他们的新独裁者，如伊朗的沙阿、印度尼西亚的苏哈托和智利的皮诺切特，为他们的西方主人提供了良好的服务，通过实践"恶治"，镇压、侮辱和掠夺自己的人民，为他们的西方主人提供了很多国家财富。虽然现在是一个和平的年代，不过这种历史积淀下来的民族主义不会被磨灭。这种旧观念在网络空间投射，形成了网络霸权思想。

实际上，目前大多数顶级的根服务器只掌握在少数国家的手中，甚至是极个别国家。这些国家因为拥有着压倒性的网络信息技术优势，逐步忽视了互联网治理过程中的基础性资源分配权。有些国家一面去淡化网络空间主权的平等原则，另一面忽视双边原则，只顾及本国利益而忽视他国利益。如美国通过报刊、广播、电视三大新闻媒体大规模地输出文化产品的同时，又借助新兴的互联网技术加速了其文化霸权扩张的进程。根据2011年的统计数据，我国网民数量是世界上网民数量最多的国家，因为美国存在着这种文化渗透现象，让我们不得不提防美国"文化霸权"的扩张。

面对网络霸权现象的出现，我们的态度是坚决遏制。如通过参与跨境数据流动国际合作以及双边和多边谈判的形式来共同构建跨境数据流动规则，减少规则不同带来的风险，坚决抵制利用自身的网络信息技术优势肆意攫取他国的数据、信息资源和网络大数据的网络大国霸权行为。如制定自己的互联网安全发展战略应对来自国内和国际的双重挑战，坚持主权独立和主权平等，维护发展中国家的网络安全，落实网络空间发展权，真正地全面维护我国互联网的总体安全。

2. 共建网络空间命运共同体

习近平总书记在首届世界互联网大会贺词中指出，互联网在新一轮信息技术革命中成为创新驱动发展的先导力量，让世界各国紧密相连，成为了命运共同体，共同推动着人类社会的发展和进步。①"合则强，孤则弱"。习近平总书记在党的十九大报告中指出，中国秉承共商共建共享的全球治理观，积极参与全球治理体系改革和建设，不断贡献中国智慧和中国力量。随着互联网的高度普及，各国人民的连接越来越紧密。"网络命运共同体"就是习近平新时代中国特色社会主义思想在网络空间治理领域的精髓所在，也是新时期中国为世界和平与发展事业作出的重要贡献。互联网为双方或多方合作共赢提供了无限空间和先进手段，在经济、政治、文化等多个领域都起到良性作用。我们应该将网络空间人类命运共同体这一概念贯彻到底。只有合作，才能长久的发展。推行这一概念，并不是为了在当下网络时代的洪流中有一席之地的权宜之计，而是为了世界人民稳步前进的必然选择。新时代只有不断的交互连接才能稳定发展。这是世界发展的必然趋势。实际上，只有通过各国共建共享共同发展才能更好地共同抵御国际网络危险和构建更和谐的网络安全，让互联网产业发展更加兴旺。因此，"发展数字经济 促进开放共享——携手共建网络空间命运共同体"，绝不是应对网络安全挑战的权宜之计，而是为构建网络空间的命运共同体实现互利共赢的长久之策。共同构建"网络空间命运共同体"，这个网络空间全球治理的中国方案日益成为国际社会的广泛共识。

3. 构建网络意识形态风险防范机制

中国共产党在正确处理互联网技术与意识形态协调、共享发展方面积累了大量宝贵经验。其建立在实践基础上的互联网技术与意识形态协调、共享发展观开启了互联网技术与意识形态和谐共处的大门，必将把互联网发展和党的意识形态工作推向一个更高的境界，促进互联网技术的创新，而互联网技术创新成果和科学精神又成为党发展意识形态的思想资源和直接动力。习近平总书记指出，世界各国构建国

---

① 《习近平向首届世界互联网大会致贺词》，《人民日报》2014年11月20日第1版。

际互联网治理体系的前提应是相互尊重主权、平等互利。① 只有在尊重彼此核心利益，尊重各国自主选择的发展道路和社会制度的理念前提下，各国才能努力求同存异、聚同化异。此外，国家还应积极理顺网络监管的机构设置、职能划分和网络管辖权范围的立法，这有利于更好地行使网络管辖权，逐步建立网络可信身份管理系统，从而才能有力地保障数据主权和信息主权；在加强政府建设的同时，加大对群众和机构的宣传教育力度，提高他们的主权保障和网络安全意识。

当前，由网络信息的检测、分析、判断、预测组成的事前预警和事后反馈就是网络信息预警反馈机制。与此同时，通过建立网络意识形态预警反馈机制和网络自卫机制，我们可以预防网络强国利用其技术优势不断输送的意识形态和价值观。通过实施可信电子网络身份来实现网络内容管理和舆情监控，有利于建立网络海关、网络关防等措施，进一步减少网络造谣、诈骗、攻击等违法犯罪行为给社会和国家安全带来的危害。网络论坛的虚拟功能让网民建立了密切关系，给他们提供了高水平文化交流和思想交锋的舞台，同时也为专业理论工作者提供了广阔的思想原料，所以，要重视网络创作和主流意识形态的传播，吸收网络文化中合理科学的成分。

4. 保障信息化与经济之间相互促进

信息化水平的提高带来了经济增长所需的信息资源，进而大量的信息资源为区域经济的增长注入了能量。由于当今社会人口膨胀、环境污染、资源短缺以及能源枯竭等形势加剧，作为新兴的资源和生产要素的信息资源在促进现代经济发展中发挥的作用越来越重要。信息资源的获取是与经济增长呈正比的。现代经济的决定因素是多元的、多变的，只有置身于相对完善的资料体系，数据中心才能占领经济发展的先机，登上经济发展的高地，同样，信息化的逐渐完善也保障着经济发展具有充足的条件。如中国倡导和平、安全、开放、合作的网

---

① 习近平：《在第二届世界互联网大会开幕式上的讲话》，《人民日报》2015 年 12 月 17 日第 2 版。

络空间，呼吁各国制定符合本国国情的网络公共体系政策，更加重视互联网在促进经济发展方面的效果，积极地实施"互联网+"政策，从而鼓励更多行业搭上互联网的顺风车，促进产业的发展。通过在境内建设数据中心和存储数据来规范数据的跨境传输、存储、使用以及限制跨境数据的流动，借鉴欧盟、日本和俄罗斯等国家对数据保护的相关政策来建立适合我国的法律法规。

（二）新时代网络空间文明发展的问题

1. 我国网络空间治理文明能力有待提升

网络空间治理博弈理念的融合使得国际社会对网络空间治理的焦点转向了能力建设、最佳实践等可操作和可落实的领域，包括向信息发展中国家和信息不发达国家提供网络基础设施；提供与网络空间治理相关的技术、法律、政策等人才的培训；提供网络空间治理中会遇到的各种具体问题解决的最佳实践。这对于中国参与网络空间治理的国际战略提出了更高的要求，将给中国带来严峻的竞争压力。信息发达国家在上述领域的资源优势、人才优势短期内难以撼动，这不仅需要中国政府投入更多资源，也需要中国的互联网企业、行业协会、法律专家的共同和积极参与。未来中国须围绕加强网络主权的学术理论研究、制定全方位的网络空间大战略、构建网络平行基础设施、应对美国软性网络渗透与网络文化战及推动国际互联网治理转型等路径迈向网络强国。[①]

2. 国际网络空间治理文明话语权竞争激烈

网络空间建立在互联网基础之上，网络空间治理的基础也是互联网治理文明。全球化对网络安全的冲击是国家面临的不可忽视的挑战，全球性的资本、信息和人口的巨大流动性冲击了民族和国家既有的网络形态和认同基础。除此之外，西方传播技术相对发达，

---

① 高奇琦、陈建林：《中美网络主权观念的认知差异及竞合关系》，《国际论坛》2016年第5期。

具有一定的影响力，而中国的传播技术仍对话语表达的清晰度和接近性产生一定负面影响。网络空间治理博弈的趋势表明，ICANN、IETF 等国际组织对互联网关键资源的控制权不会受到政府和政府间组织的挑战。随着美国政府放弃对 ICANN 的控制权，后者将具有更大的独立性。谁掌握了网络媒体的话语权，谁就左右社会舆论和环境力量。当前，"西强我弱"仍然是网络新时代话语权的基本特点，这主要表现在：在全面开放、共享共治过程中，仍有信息流通不均衡现象的出现，国际领域呈现出一头沉的状况，中国话语的影响力显得微弱。中国面临的挑战是如何在其中趋利避害，既能够与潮流保持同步和对话关系，又始终坚持自己的独特认同和网络价值的存在、捍卫自己的网络安全。刘杨钺等在分析国际网络空间治理的未来时提到对中国而言，如何把握网络"再主权化"条件下国际网络空间治理的发展态势，是维护我国网络安全、构建有效的网络安全战略体系的重要内容。①

3. 网络空间治理文明理念的传播力和辐射量有待增强

如何促进国际合作，构建网络空间治理文明，首要的是要增进国与国之间的互信，习近平在和平共处五项原则发表 60 周年纪念大会的主旨讲话中指出："世界的命运必须由各国人民共同掌握，世界上的事情应该由各国政府和人民共同商量来办。"② 在全球网络空间治理方面，提出推进全球互联网治理体系变革、世界各国共同构建网络空间命运共同体的政策主张。他强调："国际社会应该在相互尊重、相互信任的基础上，加强对话合作，推动互联网全球治理体系变革，共同构建和平、安全、开放、合作的网络空间，建立多边、民主、透明的全球互联网治理体系。"③ 网络的全球性要求网络主权问题不能

---

① 刘杨钺、杨一心：《网络空间"再主权化"与国际网络治理的未来》，《国际论坛》2013 年第 11 期。

② 习近平：《弘扬和平共处五项原则建设合作共赢美好世界》，《人民日报》2014 年 6 月 29 日第 2 版。

③ 《习近平谈治国理政》第 2 卷，外文出版社 2017 年版，第 532 页。

仅靠一国的努力可以解决，需要依靠世界各国共同努力。坚持尊重网络主权，加快全球互联网建设，促进各国互联互通，推进国际互联网治理体制改革，实现全球网络空间治理的"善治"，使互联网发展真正惠及世界上所有国家，造福人类。可以说，西方主要发达国家（美国）遵循资本逻辑走向全球网络霸权的诉求必然终结，然而，大数据时代西方国家利用数据库进行意识形态渗透，对我国意识形态安全将产生巨大影响。比如，世界性大型数据库主要分布在具有浓厚西方价值观导向的欧美国家，有的国家利用大数据技术形成了一系列不利于我国发展的研究报告，干扰了正确话语导向。杨嵘均认为："虽然有一些国家已经开始对国内的网络空间进行治理，而且也已经发起了进行网络空间治理国际合作的呼求，然而多数国家对此呼吁的回应并不是非常积极。"① 因此，推动我国网络空间治理文明理念的传播力和辐射量任重而道远，有待增强。

二　新时代网络主权的治理理念与行动

（一）新时代网络主权的治理理念概述

网络安全是全球性挑战，没有哪个国家能够置身事外、独善其身，维护网络安全是国际社会的共同责任。② 冷战结束后，"美国主导的全球主义意识形态已经成为一种全球性的网络霸权"③。在此背景下，中国如何趋利避害，求同存异，发挥我国网络大国优势，既要做到维护主权，坚决维护国家网络安全，又能够与潮流合作对话，提升网络空间治理话语权。

每个国家的主权都必须受到尊重，不容侵犯。网络主权是国家主权

---

① 杨嵘均：《论网络空间治理国际合作面临的难题及其应对策略》，《南京工业大学学报》（社会科学版）2014 年第 4 期。
② 杜志朝、南玉霞：《网络主权与国家主权的关系探析》，《西南石油大学学报》（社会科学版）2014 年第 6 期。
③ 张颐武：《全球化时代如何捍卫网络主权》，《人民论坛》2016 年第 4 期。

的重要部分，同样须尊重，不受侵犯，各国有权维护本国的网络主权的独立性、完整性。习近平指出："应该尊重各国自主选择网络发展道路、网络管理模式、互联网公共政策和平等参与国际网络空间治理的权利。"①然而，国际上网络霸权主义依然存在，拥有先进网络技术的某些国家凭借自身的网络优势对他国进行大规模网络攻击、网络窃听等，严重损害他国网络主权，威胁他国国家安全。因此，尊重网络主权，深化合作，保障各国在网络空间的发展、参与和治理的平等权利，推进建立多边、民主、透明的全球互联网治理体系是各国的必然选择。习近平提出尊重网络主权，倡导构建网络空间命运共同体，建设有助于凝聚世界各国达成"最大公约数"，深化国与国之间的合作，为世界各国共同参与全球网络空间治理提供价值认同、理念认同。

网络主权承载着人类促进互联网治理体系变革、实现公平正义的愿景。鉴于网络空间治理存在的不公平、不合理的严峻事实，习近平深刻洞察时代的重大变革，高瞻远瞩地提出构建网络空间命运共同体，描绘了网络时代世界发展的愿景，为全球网络空间治理提供了中国方案，贡献了中国智慧。

环顾现实，由于不合理的互联网国际治理体系，以美国为首的网络技术强国的全球监控，以及全球网络犯罪的日益蔓延，严重影响了他国的安全，侵犯了公民的隐私，使得许多被监控对象的国家安全处于极度危险之中。以美国为首的网络强国在网络主权问题方面持双重标准。一方面，以全球互联网是全球公共领域为由，主张网络自由，否定网络空间主权；另一方面，却借网络自由之名对他国进行网络侵略。斯诺登事件充分暴露了美国的网络霸权主义。针对互联网发展面临的严峻挑战，习近平明确提出尊重网络主权原则，坚决反对网络霸权，这对于中国维护网络安全以及全球互联网治理都具有重要的价值。然而，一些批评网络主权理念的人认为，主权是近现代世界体系

---

① 习近平：《在第二届世界互联网大会开幕式上的讲话》，《人民日报》2015年12月17日第2版。

的独有特征,而全球化等进程日渐改变了这一基本特征,认为在信息网络时代主张网络主权已变得越来越不合时宜,不符合时代潮流。在国际上,由于众所周知的原因,长期以来,以美国为首的网络强国在网络主权问题上采取了双重标准。鉴于此,近年来习近平在国际场合多次主张呼吁各国要尊重网络主权。北京大学教授张颐武认为:"这里的关键问题是如何面对一种以美国为中心的新全球主义意识形态的挑战,并且在开放和灵活地面对世界的同时,追求一种自己的网络策略。"①

价值理念能在人们的头脑中长期存在并持久发挥作用,因此维护网络主权首要的是加强网络主权价值理念的传播。无论是我国建设网络强国的战略,还是我国经济社会的全面发展,维护网络主权这一价值理念的有效确立和广泛传播,对实践的展开都具有重要的指向意义。无论是从国际法则还是网络发展面临的现实境遇而言,我们必须认识到网络主权存在的合理性和现实必然性,网络主权是国家主权在网络空间的延伸,是国家主权的重要组成部分。网络主权是维护国家网络安全的前提,关涉国家安全。诚如美国软权力之父约瑟夫·奈指出的:"网络时代的到来同时也为主权国家创造了新的权力边界,为发展中国家提供了成熟的机遇。"②

坚持网络主权,反映以创新为核心的新时代精神现代性价值理念的共同意趣是"坚持独立自主,反对霸权主义",反映了中国共产党构建国际政治经济新秩序的理论与实践历程、经验,马克思主义价值观、中国共产党"反霸权"理念以及互联网技术发展这三个方面均为习近平总书记有关网络主权的重要论述的动力源。

习近平总书记有关网络主权的重要论述既强调顶层设计,把网络信息工作置于中国特色社会主义事业总布局中,又强调要齐抓共管,统筹建立完善的法律法规、体制机制。网络信息工作要健康发展离不

---

① 张颐武:《全球化时代如何捍卫网络主权》,《人民论坛》2016年第4期。
② [美]约瑟夫·奈:《论权力》,王吉美译,中信出版集团2015年版。

开法律制度的规约,而鉴于网络空间的特性,如何实施和适用法律面临一系列困境,而网络主权的提出使网络空间立法成为理所当然,也为已有法律适用于网络空间提供了理论支撑。在第二届世界互联网大会上,习近平向世界各国提出了五点主张:加快全球网络基础设施建设;打造网上文化交流共享平台;推动网络经济创新发展;保障网络安全;构建互联网治理体系。[1] 中国主办世界互联网大会,为全球互联网的治理提供了平台,有利于全球互联网的健康发展。

(二) 新时代网络主权治理行动的主要内容

"网络主权是国家主权在网络时代的发展,是国家主权在网络空间的表现形式,本质上属于国家主权的一部分。"[2] 如何把握网络"再主权化"条件下国际网络空间治理的发展态势,是维护我国网络安全、构建有效的网络安全战略体系的重要内容。当前网络虚拟空间已超越国家有形的地理边疆界限,非传统国家安全问题凸显。有关网络空间主权的主张与政策实践伴随着网络主权的维护、网络安全的忧虑、网络话语权的争夺、网络恐怖主义的威胁。正如有学者所言,"没有网络安全解决方案,就没有网络空间上的国家主权和国家安全"[3]。网络安全影响到了政治、经济、社会发展的各个方面,这就意味着要保证网络空间能够推动国际和平。[4]

1. 信息主权不被侵犯

互联网时代下,国家主权的重要内容之一就是信息主权。它是国家主权的思想发展。无论一个国家的技术多么先进,都无法随意侵犯其他国家的信息主权。信息主权必须在互联网时代得到尊重。有关网

---

[1] 习近平:《在第二届世界互联网大会开幕式上的讲话》,《人民日报》2015年12月17日第2版。

[2] 同上。

[3] 吴承泽:《美国网络安全与网络战政策探析》,硕士学位论文,吉林大学,2013年。

[4] 《网络空间治理求同存异 "中国声音" 渐获国际认同》(http://snapshot.sogoucdn.com/webs)。

络空间的国际治理，大多数发达国家坚持"网络自由"论，将网络空间视为"全球公域"。目前国际上颇具影响的方案就是多方利益相关网络空间治理文明模式，即让各国政府、私营部门、民间团体以及互联网用户等能平等参与网络空间治理文明讨论，并对全球互联网治理文明提出一些解决方案，以推动全球互联网平稳发展为大多数发展中国家坚持的国家多边主义治理模式。而有关网络主权原则的正当性，国内学者多从网络虚拟空间的主权性质探讨网络空间国家主权存在的正当性及合理性，坚持网络主权原则。西方多数学者将自由主义、个人主义延伸到网络虚拟空间，坚持人权高于主权以保障个人自由等主张。

习近平总书记认为，"尊重网络主权"是促进世界互联网治理体制改革的根本原则。习近平总书记指出，联合国宪章中确立了主权平等原则，它是现今国际关系的基本规范，涵盖了国家间交流的所有领域，其原则和精神同样也应适用于网络领域。[1] 虽然互联网高度全球化，但每个国家在信息领域的主权和利益都不会受到侵犯。互联网技术的进一步发展不应以违反其他国家信息主权为基础。[2] 所谓"信息主权不被侵犯"就是不应侵犯每个国家在信息领域的主权和利益，互联网技术的进一步发展不应侵犯其他国家的信息主权。我国出台的《国家安全法》就第一次明确了网络空间主权原则，并从法律制度的层面，进一步详细地划分出了网络空间主权在法律上的保障，为"制网权"提供了"有法可依"。

2. 维护信息安全

一个大国不仅是一个拥有大片领土的国家，也是一个对世界和平负有重大责任、贡献更多智慧、为世界和平发展和世界人民的幸福作出更多贡献的国家。正如习近平主席在巴西提出的信息安全概

---

[1] 《中俄协作推进信息网络空间发展联合声明有哪些重大意义》，凤凰资讯（http://news.ifeng.com/a/20160628/49252440_0.shtml）。

[2] 许志华：《网络空间的全球治理：信息主权的模式建构》，《学术交流》2017 年第 12 期。

念一样,中国对互联网治理和信息安全领域是负有责任的。2014年7月16日,在巴西国会上,习近平主席发表题为"促进传统友谊和共同合作的新领导"的演讲指出,互联网的快速发展正在为国家主权、安全和发展的利益提出新的挑战。所有国家都应重视网络安全问题。①

维护信息安全,已经成为全球各国必须提上日程的事情。在信息领域,与任何其他合法领域一样,没有多种标准,所有国家都有权依法维护自己的信息安全。② 一个国家的信息安全不应受到其他国家安全的破坏。国际社会必须共同努力,在相互尊重和信任的基础上,在积极有效的国际合作基础上开展网络空间开放、和平、安全与合作,并建立一个多边、透明和民主的国际互联网治理体系。③ 基于未来的世界,包容度的针对性高,应该显示平等、和平的精神。习近平总书记对网络空间安全领域的一系列理念,是用全球"智慧"分享中国的现代管理智慧。因此,面对互联网我们要懂得兴利除弊。换句话说,我们要改进、完善全球互联网治理体系,从而更好地维护信息安全。

3. 以人民为中心维护信息利益

在全球范围内,不同的国情、不同的历史文化背景、不同的互联网发展程度等种种因素,使网络空间在各个方面几乎完全受发达国家的影响,尤其是在其"信息霸权"形势下,出现了"信息富国"以及"信息穷国"的分化。不可否认,在深刻改变人们生活方式、促进社会进步、加速"地球村"形成等方面,互联网的确作出了巨大贡献,但是我们同样无法忽视互联网世界带来的隐患。尤其是近几年来,互联网在全球范围内飞速发展的同时,诸如网络攻击、网络窃听、信息流言等恶性事件也层出不穷,因此引起了国际上的争议。对

---

① 《习近平主席在巴西谈互联网治理》,《中国信息安全》2014年第8期。
② 周群:《基于信息主权的网络空间治理模式研究》,《图书馆》2018年第9期。
③ 李希光:《习近平的互联网治理思维》,《人民论坛》2016年第4期。

全球的普通网民来说，这些恶性事件也引起了不小的恐慌，甚至使普通网民从互联网的使用者变成了"受害者"。更重要的是，此类事件持续发酵，并没有得到妥善解决。除安全、隐私等问题之外，发展不均衡、资源分配不均、技术风险等，都给互联网蒙上了一层神秘而让人不知所措的面纱。

我国立足经济和社会发展的进程，贯彻落实"以人民为中心"，打破因循守旧的思维方式，在科学技术上实现创新，加快创新人才队伍建设，以不断提高、保障和改善网络质量为目标，进一步强化和创新网络安全治理。加强各国之间网络沟通、深化网络合作，共同建立一个紧密、务实、高效等各方面功能更加突出的网络空间，使人民真切感受到创新所带来的利益。

4. 构建网络空间命运共同体

随着全球化的深入，世界各国的关系比以往任何时候都更紧密，形成了一个庞大而复杂的统一体。国家与国家、个人与个人之间关系日益交织的积累、叠加和整合，产生巨大的整体合力，这不仅可以促进人类文明的跨越式代际发展，还可能导致全球社会诚信、系统性失败甚至崩溃。面对如此网络环境的复杂性，迫切需要改变世界仅由一两个国家主导的旧观念，并通过更具包容性的体制和机制促进可持续的共同发展。在互联网第二次世界大会开幕式的讲话中，习近平总书记强调，在推进全球互联网治理体制改革的过程中，必须保持和平与安全，必须促进开放，密切合作，互信互利。

通过反复阐释和实践探索，这一理念获得了世界各国的认同，产生了巨大的国际影响。究其原因，根本在于它鲜明地反映了两个"构建"思想内含的中国特色。两个"构建"分别指的是构建人类命运共同体和构建网络空间安全命运共同体。网络空间的属性包括连通性、公平性、开放性、多样性和多极性，本质上与"和谐"的概念相似。两个"构建"从和平的主题出发，促进发展，促进公平正义，实现互利共赢的命运。这些理念是立足于世界潮流和时代潮流的应对策略，这些表达既以中国传统理念为思想背景，又是基于当前的国际环境，并且结合网络的现状和特点,是一种创造性的延续和发展。积极地反映了中国传统思想的"世界之旅"。它是坚持尊重多样性的世界文明,相互进行文明的沟通,跨越文明的障碍,中国网络空间"包容性"概念的丰富扩展。现阶段,由于国际金融危机的不断深化和扩大,反全球化、保守主义、民粹主义、孤立主义等不自由的带有偏见的思想开始在世界范围内出现,阻碍了世界经济的复苏,侵蚀了世界经济的基础,不利于世界政治的良性互动发展。构建网络空间命运共同体思想必将推动经济全球化走向更加开放、包容与和平发展的方向。

三 践行网络空间治理的动力因素

(一) 网络空间治理的文化效应

1. 习近平总书记关于互信共治的网络治理文化论述

2018年11月7日,第五届世界互联网大会在浙江省乌镇召开。本次大会的主题是"创造互信共治的数字世界",号召世界各国共同建设网络空间命运共同体。[①] 习近平总书记向大会发来贺信,发出"中国声音"。他指出,世界各国虽然国情各异、面临的现实挑战不同、互联网的发展程度和阶段也有差别。但是世界各国推进数字经济发展的利益是一样的,促进网络空间治理的需求也是相符合的,应对网络安全的挑战的愿望是相互一致的。因此呼吁世界各国深化合作,求同存异,在相互尊重、相互信任的基础上,走出一条互信共治的网络之路,以实现新型网络时代下的平等互利和共同发展,进一步保障各国的网络主权。

2014年11月19日,习近平总书记在致"互联互通、共享共治"为主题的首届世界互联网大会贺词[②]时提出,"让国际社会越来越成

[①] 《第五届世界互联网大会 创造互信共治的数字世界》(http://www.sohu.com/a/256969845_470054)。

[②] 《习近平总书记14次阐释互联网建设 发展成果要惠及13亿人》,新闻中心(http://www.china.com.cn/news/txt/2016-04/20/conten)。

为你中有我、我中有你的命运共同体"①。世界各国已经逐步形成"携手共建网络空间"的共识，产生共识后就会有合作，势必产生行动。中国一直在寻找和探索能够在全球范围内促进互联网健康发展的治理体系，并致力于构建关于互联网运用、管理的基本准则。拥有高度全球化特征的互联网，不应该成为各国之间互相伤害的"利器"，而是维护世界和平、保障各国利益的工具。国际社会应共同努力，在相互信任，尊重其他国家主权，共同管理网络空间，监督网络空间安全的基础上加强各国间的合作。

随着互联网、人工智能、大数据等的迅猛发展，万物互联的态势越来越明显，同时风险也越来越大。此外，新一代信息基础设施的建设，是实现互联网从消费型向产业型转型转变的关键因素，更是实现网络主权的根本保证。而就网络的基础设施建设而言，由于各个国家的发展状况不同，建设的质量和数量上都差距悬殊。由此导致的网络主权的掌握力度就不一样。面对可能随时出现的网络安全、网络恐怖主义、网络主权问题以及其他网络威胁，各国应以"网络空间命运共同体"为理念。我们应该在相互尊重和信任的基础上加强对话与合作，推动全球化改革在网络治理的领域实施。使数字化的地球村实现互信与共同治理，而不是在网络主权上歧视小国。世界互联网和网络空间有着共同的命运。这是各国人民的共同愿望，也是国际社会促进网络空间连通性和共同治理，以及保障网络主权的共同责任。

那么，实现"互联互通，共建共享共治"需要我们付出哪些努力呢？通过互联网发展的脉络来看，实现这一目标的当务之急是搭建"两大平台"：一是搭建互联互通平台，互联互通的基础是信息共享。只有做到信息共享、即时沟通，才能够增进世界各国之间的了解，进而促进双方产生信任，使之务实合作，打造更为紧密的命运共同体。由此看来，建设互联网信息平台迫在眉睫，世界各国通过互联网及相

---

① 《习近平向首届世界互联网大会致贺词》（http://www.scio.gov.cn/zxbd/tt/Document/1459297/1459297.htm）。

关领域技术，展开合作与相互支持，将先进资源和技术拿出来，以实现全球资源共享，培养更多相关领域优秀人才的愿景。二是构建共建共享共治平台。网络安全并非个人或某个企业所面临的问题，而是全球性问题，全球范围内构建网络空间命运共同体的根本目的，事实上也是为了防止网络空间的各种违法犯罪行为。

因此，国际上要充分利用现有优质资源和先进技术，为搭建各种相关平台而努力，通过平台的作用，深化政治、经贸、文化等方面的往来，针对跨境经济合作、打击犯罪等一系列事件积极应对，推动国际上的合作纵向发展。与此同时，互联网的发展使得国际社会迫切需要认真回应、寻求共同治理，从而实现共赢。习近平指出，从国内的角度，中国正在积极推动互联网的发展与优化建设，努力使14亿中国人受益。从国际的角度，中国愿与各国一道，在相互尊重和信任的原则下深化国际合作，互相尊重网络主权，共同维护国际网络的安全。[①]

2. 习近平总书记关于开放创新合作的大国网络治理文化论述

习近平指出关于网络主权问题，中美两大网络大国应加强交流与合作，相互对抗与网络摩擦是非常不合理也是目光短浅的。两国打击网络犯罪的部门应该达成重要共识，同意加强恶性案件的调查和网络安全信息的共享，建立共同防范网络犯罪及相关事宜的高层对话机制，以及制定新的电话热线，促进网络安全监督对话、中美之间的执法和安全合作稳步发展。双方应继续深化合作，打击跨国网络犯罪、网络恐怖主义和网络安全、追踪逃犯、追回赃物、控制毒品，努力建立可持续的中美执法合作，为网络主权安全作出积极贡献。

2016年，第三次中美高层关于打击网络犯罪及相关问题的联合对话在华盛顿召开。在美国政府管理变革的背景下，中美网络安全执法合作备受国际范围的关注。2016年12月8日，在华盛顿发布了一份会议

---

① 习近平：《在第二届世界互联网大会开幕式上的讲话》，《人民日报》2015年12月17日第2版。

的联合结果清单。中美双方重新强调了将继续合作调查和惩治来自中国或美国的网络犯罪行为和恶意网络活动，并停止使用网络窃取知识产权，以帮助企业或商业部门获得竞争优势。在网络保护领域，中国和美国同意通过各自网络中清除恶意软件、修补漏洞和普及网络保护最佳实践等策略，努力促进网络空间的安全性环境。建议定期分享恶意软件样本、恶意的 IP 地址、漏洞分析报告以及其他的网络保护信息。制定标准操作程序，指导网络保护合作。继续讨论关键基础设施的建设，并确保及时援助受到破坏的关键基础设施的网络安全事件。

实际上，中国是国际网络安全的坚定捍卫者，同时也是受到国际网络黑客攻击的受害者。中国政府绝对不会通过任何形式和手段，参与、支持或者鼓励任何人盗窃商业机密。政府网络黑客以及商业网络盗窃，都是非法和犯罪行为，应根据法律和相关国际公约进行防范和严厉打击。我们不仅要制定信息和网络技术研发的综合战略，努力解决将科研成果转化为有效部署的问题。同时还有必要及时制定立法计划，以改进适用于国际互联网基础设施与信息内容管理的建设和保护的法律法规，以此方式治理网络空间。

（二）网络空间治理的行动机制

践行网络空间治理的动力机制遵循社会发展的总的规律，在内驱机制、外推机制与合力机制等三大动力机制的有机整合运行中，助推人们识知、理解、认同、自觉践行习近平总书记有关网络空间治理的重要论述。

1. 以满足人的内在需求为核心的内驱机制

我国坚持以人民为中心，满足人的内在需求为核心的内驱机制是践行网络主权思想的基本要求。党和国家要一切从群众利益出发，为人民服务，丰富媒体媒介传播平台，在利用自媒体媒介传播正能量的过程中，广大主流媒体应当增强传播内容的丰富性，积极主动全方位地提供、传播信息，加强自媒体媒介中正面信息的覆盖范围。随着传播媒介的丰富和发展，政府信息公开的载体也会不断得到完善。要重视在网络主权方面的社会突发事件的信息公开，让互联网的主角地位更加突出。各级政府网站、政务微博可以建立互动平台，成为民生、民情、民意的反映平台，使其从单向"推力"演变成双向"合力"。由此，增强政府与社会的互动。提高党和政府对网络主权传播的支持力是基石，不仅为人民网络主权观提供依据，也为我国经济、文化等多方面发展做好奠基。同时，高度重视网络主权方面的网络文化产业发展，推动社会重视网络主权。通过文化产品的消费加以影响、扩大国内网络主权方面的文化产品消费成为拉动文化生产、促进网络文化产业持续走强的内驱动力，从而在经济协调发展、社会取得进步的同时，使网络主权论得到充分传播。

2. 以制度与人才保障为支撑的外推机制

以制度为支撑，以人才为保障，用创新外推机制促进习近平总书记有关网络空间治理的重要论述深入人心，走向国际。中国应在网络主权论"知识化"、"文化化"行动方略指导下，理顺体制和机制，积极向ICANN等国际非政府组织输送人才，鼓励互联网企业、行业组织和学术机构积极参与ICANN、IETF、互联网架构委员会（Internet Architecture Board，IAB）等机构的人才选拔，以此来提升在互联网国际组织中的代表性和发言权，提高中国对互联网治理文明的影响力。并客观全面展现中国互联网的发展现状和未来的态势，结合世界各国的发展实力和发展特点，去糙取精，拓宽参与网络空间治理国际化的广度，提升国际话语权。

3. 网络空间治理的动力要素合力机制

践行网络空间治理的动力要素是指以其动力源为构成基础、旨在促进动力机制有效运行的必要因素。基于马克思主义价值观、中国"反霸权"理念及互联网发展总趋势，可将其动力要素归纳为三个力：党和国家的领导力、社会氛围的推动力以及公民诚信道德素质形成的执行力。在领导力、推动力以及执行力各自发挥作用的基础上形成合力，指向"国家—社会—公民"三位一体系统的营造，助推习近平总书记有关网络空间治理重要论述的有效践行。

第六章 新时代网络空间治理的行动、文明与文化选择 | 161

党和国家领导力的发挥兼具合目的性与合规律性,并在培育和践行诚信价值观的过程中起着统摄作用。其源于中国特色社会主义全面发展的目标追求及人类社会发展总趋势,促进着每一个体内在诚信基因的激活。人是文化主体,同时又是文化的对象。人生存于世界上,也就意味着人在文化中。增强网络主权宣传标语、广告等文化传播,增强群众网络主权意识,让网络空间治理的传播文化以有形与无形共同构成生命生活的文化环境。无论是价值理念在广大公众心目中的确立,还是其通过转化为一系列的制度得以实现,通过开展公民网络安全培训,增强多级中介与多级反馈,可以更好地实现在双向流动中取得的预期效果,以此打造网络安全文化环境。互联网进程较快,意味着实践在发展中必须把新的实践与新的发展融入网络主权论"大众化"行动过程当中,发动各个组织进行网络传播、实践活动,让网络安全深入人心。

(三) 网络空间治理的行动文化动力

文化环境是文化的软性表达。人是文化主体,同时又是文化的对象。人生存于世界上,也就意味着人在文化中。中国共产党及其建立的中华人民共和国之所以能够在很短时间内获得天下公众的普遍认同,原因是多方面的,其中的重要政治传播因素是通过文化环境的营建加以熏陶。习近平总书记有关网络空间治理的重要论述将以有形与无形共同构成一个个体生命生活的文化环境,其所倡导的价值、信仰与意义的表达可以采用隐性的方式融入文化环境中,通过其潜在的长期熏陶使其价值观如"润物细无声"般慢慢地渗透到人的思想深处,使其教化、接受与认同。契合新时代要求的网络空间治理论述弘扬传播这一特定的价值观的表达与诉求,需要植根于行动文化动力,从狭隘的政治宣教变成文化熏陶,从强制灌输到润雨无声,从硬性说教到软性感化,最后达成价值观的接受、认同与信仰,以维护网络空间文明新秩序,网络主流价值信息传播的安全。在信息社会,网络信息传播与消费的多级中介与多级反馈可以得到更好的实现,而传播只有通过反馈，在双向流动中才能取得预期的效果。

而"文化化"便是价值信息与信息互构背景下，通过文化产品的消费加以影响是新时代国家主流政治传播发展的必然诉求，也是当代中国政治传播大众化发展的重要路径。网络文化产业的高速发展依赖于文化生产投资和国内文化产品消费的强力驱动。随着中国经济进入新常态，长期依赖投资的文明发展的道路将不可持续，扩大国内文化产品消费成为拉动文化生产、促进网络文化产业持续走强的内驱动力，从而使网络空间治理论述得到充分传播。通过文化环境的营建加以熏陶。这种"文化化"的行动文化动力必须契合新时代受众的特点和制度的强化。符合马克思主义价值观与网络主权论弘扬传播要求，适应政治文明与全球治理演化趋势的全新挑战。在受众接受、认同与信仰网络主权论的基础上，通过制度文化的构建加以强化，使其在形成文化的刚性表达后更好地贯彻落实到治国理政上。社会制度就是文化的刚性表达，就人的社会性生存来说，"社会制度是个体生存的硬性环境，每个人的生活都受其社会制度所制约与影响"。在中国，继习近平网络主权论的提出，还颁布了《中华人民共和国网络安全法》，且已施行。《联合国宪章》确立的主权平等原则是当代国际关系的基本准则，其原则和精神也应该适用于网络空间。

概括来说，习近平网络空间治理行动文化策略可以从以下三个方面入手。

一是提升网络空间治理战略国际化的高度。提高中国战略国际化的高度，有利于中国站在国家、民族和人民的立场上，从国家、民族和人民的根本利益出发，实现网络主权论兼顾眼前与长远、局部与全局、集体与国家利益的有机统一。

建立中国国际网络空间战略的基本路径符合中国整体对外战略所强调的国际体系一体化和国际体制改革与宏观经济目标的推动。首先，在国际上传播中国"和"文化，推动互联互通新发展。且在优化网络文化产业国际化发展环境的同时，创新管理方式，完善产业政策，激发网络文化市场活力，拓宽网络文化产品国际化传播渠道和落地空间，扩大和引导网络文化消费。① 其次，走出去参与国际战略合作作为国家未来发展的长期战略，并抓紧制定一系列支持中国网络主权观走出去的政策。切实提出解决不合理的国际互联网治理现状使得各国网络主权得不到充分尊重的问题，使各国之间平等共享互联网发展成果。

二是强化网络治理法律机制塑造力。基于互联网发展的历史与现实、机遇与挑战，国家发展战略需要，采用网络主权论的"知识化"、"文化化"行动方略，强化国际网络治理法律机制的塑造性。在互联网上建立法律知识的能力，并将能力转化为参与网络空间全球治理和复杂治理博弈的影响。通过参与国际网络空间的创建，在网络的安全性和开放性之间寻求平衡，维护自己的权利和合法利益，避免过度安全的负面影响。加强网络权力战略与国际网络空间战略的互动，形成互帮互助的网络空间战略体系。强化国际网络治理法律机制的塑造性，进一步揭示西方主要发达国家（美国）遵循资本逻辑走向全球网络霸权诉求的必然，把握习近平对网络主权的时代阐述所具有的能够协调绝大多数国家、政党、人民利益的实践品质的历史命运定向。

三是增强网络空间利益共享活跃度。中国向世界倡导"共享共治"理念，为当前世界经济问题开出了治理的"中国药方"，在得到广泛价值认同的同时，通过网络主权论"知识化"、"媒体化"进一步增强国际利益共享的活跃力。② 现阶段我国还需要加强对重大前沿性国际问题的理解力和判断力，通过为网络安全、网络犯罪、能力建设、网络经济、网络文化、数字鸿沟等问题解决提供多方接受的方案；通过对他国内部议题"媒体化"，加强理解力和发言权，为他国内部政治发展提供合理化建议和方案等。增强国际利益共享的活跃性，加强沟通和协调，照顾彼此利益关切，并将"共享共治"的核

---

① 张颐武：《全球化时代如何捍卫网络主权》，《人民论坛》2016 年第 4 期。
② 桑林峰：《网络主权彰显国家主权》，《解放军报》2015 年 5 月 20 日第 6 版。

心价值理念凝聚广泛认同，推动"共享共治"的核心价值实践走向未来。

四 推进新时代网络意识形态安全治理行动研究

（一）新时代网络意识形态安全治理行动研究目标

习近平总书记多次指出，互联网已经成为舆论斗争的主战场。这个战场直接关系我国意识形态安全和政权安全。在十九大报告中习近平总书记作出了"加强互联网内容建设，建立网络综合治理体系，营造清朗的网络空间"的重要论述。[①] 网络已经不仅仅是舆论传播、舆论斗争、信息传递、信息交流和信息扩散的工具，在一定意义上关系着政党政权的生死存亡。"没有网络安全就没有国家安全，没有信息化就没有现代化"。[②] 网络在深刻改变着人们的生产、生活方式的同时，其自身的社会属性和意识形态属性也在逐步显现出来。习近平总书记有关网络意识形态安全的论述是习近平新时代中国特色社会主义思想的重要组成，是如何用好、管好互联网，构建安全稳定繁荣的网络空间，实现网络空间命运共同体的必然选择，社会主义意识形态治理能力现代化建设的根本遵循。实际上，随着大国博弈，核心价值体系冲突，以及中国的世界舞台地位，一些国外势力，如发达资本主义国家通过网络途径对发展中国家的意识形态进行渗透。习近平有关网络意识形态安全的重要论述是新时代中国方案、中国智慧从认知层面到现实实践，协调中国与西方发达国家（美国）互联网安全、核心价值与利益关系研究和政策构建的核心前提，是捍卫我国网络意识形态安全的必然遵循。同时，从学理上对习近平总书记有关网络意识形

[①] 习近平：《在中国共产党第十九次全国代表大会上的讲话》，《人民日报》2017年10月28日第5版。

[②] 习近平：《在中央网络安全和信息化领导小组第一次会议上的讲话》，《人民日报》2014年2月28日第1版。

态安全重要论述的命题加以证明、塑形和定性。着重探讨中国与西方主要发达资本主义国家意识形态的核心价值观及其实践理念比较下的网络意识形态安全治理脉络和基点，适应政治文明与全球治理演化趋势与意识形态安全新挑战，提升国际制度性话语权的学理探索。

因此，新时代网络意识形态安全治理行动研究目标要深入探讨、凝练阐发习近平关于网络意识形态安全的重要论述为核心，围绕维护网络意识形态安全的实践必要性和实践可行性，彰显新时代网络意识形态安全治理行动的科学性。习近平总书记有关意识形态安全的重要论述是一个包涵社会主义核心价值体系和支撑体系在内的有机整体，其之形成与发展坐落在文化自信的培基里。相关深入研究应更加注重国际比较，把习近平总书记有关网络意识形态安全的重要论述研究拓展到顺应全球化新趋势、全球网络空间治理实践中去，深刻把握"价值信息化"和"信息价值化"的辩证态势。具体通过当代中西（如美国）网络意识形态的核心价值观实践理念脉络和基点，比较揭示习近平总书记有关网络意识形态安全重要论述对新时代治国理政命题的世界意义。从认识层面到实践层面既注重探索问题讨论的理论研究方法，亦应有相关实践案例分析，因为，中国智慧、中国方案的弘扬必须具体化、实践化。当前，凝练、阐发习近平总书记有关网络意识形态安全重要论述是新时代治国理政命题的内容框架体系，凝聚国际传播弘扬习近平总书记有关网络意识形态安全重要论述新时代治国理政命题的"生命力"、"逻辑力"与"感染力"。应尝试改变过于讲客观困难、以长期处于社会主义初级阶段的话语与西方发达国家现状比较的传统思维。以正向传播，必须加强维护国家安全、构建网络空间命运共同体、新秩序的网络意识形态安全的科学性的关键载体薄弱环节研究。推进习近平总书记有关网络意识形态安全的重要论述研究的国际视野，从认识层面到实践层面的研究。创新提升中国国际形象的证据与话语选择，阐发"共享包容"的中国新时代精神的核心价值实践理念的内涵，大力揭示中国在参与全球治理中的主导地位，有的放矢，展示中国软硬实力。

(二) 网络意识形态安全的研究现状

基于网络新时代新特征，习近平总书记提出了网络意识形态安全的重大命题及系列阐述，而成为世界性的时代课题，备受国内国际社会瞩目，引起了国内外专家学者广泛关注、共鸣与多维解读。

1. 网络意识形态安全提出的新时代背景

意识形态作为国家的精神内核和灵魂，像军事、经济、科学、文化、信息一样都成为权力资源，促进了国家有机体的常态运行。若一国意识形态处于不安全的状态，则该国的安全就会遭受威胁，就会制约甚至阻碍国家和平发展的历史进程。① 以互联网为载体的新媒体的迅猛发展给意识形态建设环境带来革命性变化，使得意识形态结构也会随着信息流动的增加遭遇质疑、挑战，消解了国家对传播渠道的垄断，削弱了国家在意识形态的主导地位。② 对世界来说如何避免全球网络空间成为不安全、不稳定的来源，促进国家间的战略信任与有效合作，这不仅是责任，也是历史赋予当代世界的使命和机遇。③ 纽约大学斯特恩商学院教授保罗·罗默认为："网络空间机遇与挑战并存，在自由和秩序之间应当寻求平衡。"④

2. 网络意识形态安全的多维解读

概括来说相关研究大多从维护网络安全，推进全球互联网安全治理体系变革，构建网络空间命运共同体，以及培育践行社会主义核心价值观等维度展开解读阐释。如布鲁金斯学会约翰·桑顿中国中心主任李成说，习近平主席对国际秩序，包括网络安全秩序，正在建立自己一整套的思维，不是要完全取代或者颠覆性地取代现有一些框架，

---

① 茅晓嵩：《和平发展视域下的国家意识形态安全》，《学海》2013 年第 2 期。
② 沈逸：《新媒体环境中的主流价值观塑造》（http://finance.ifeng.com/a/20130902/10580102_0.shtml）。
③ 《社会各界持续热议习近平主席互联网大会重要讲话》（http://www.gov.cn/xinwen/2015-12/18/content_5025692.htm）。
④ 《"中国声音"开启互联网发展新篇章》（http://news.cntv.cn/2015/12/17/ARTI1450316711655192.shtml）。

第六章　新时代网络空间治理的行动、文明与文化选择

而是更多意识到要改善、要兴建一些框架。① 著名时事评论员雷希颖表示，习近平主席"互联网全球治理体系"表达了对当前由西方国家主导的旧体系、秩序进行变革的诉求，高瞻远瞩地给出了符合大多数国家意愿和利益的变革原则和主张。② 郑永年认为，要构建互联网安全治理体系，中美两个大国应当负有最大责任。③ 互联网之父罗伯特·卡恩说："互联网是没有国界的，没有一个统一的管理机构，所有人共同承担责任。"④ 赵丹认为，网络话语权视角下社会主义核心价值观传播研究，不仅有利于更好地实现社会主义核心价值观的培育和践行，同时也贯彻和执行了习近平关于网络系列讲话的精神。⑤

3. 网络意识形态安全的内涵与特征研究

习近平总书记有关网络意识形态安全的重要论述发展了马克思主义的意识形态理论，丰富了中国特色社会主义理论，促进了马克思主义大众化进程。⑥ 有研究者认为，习近平在不同场合多次讲话中阐明了新时期我国网络意识形态建设的重要性、对策和路径。第一，阐明网络意识形态建设的重要地位。第二，创新网络宣传新方式，坚持弘扬主旋律。第三，强化网络意识形态治理，构建良好网络生态。⑦ 左路平认为，习近平关于意识形态理论新论述的鲜明的理论特点概括起来是合法性为中心的特点，坚持创新性与继承性，即对马克思主义、毛泽东思想以及邓小平理论等党的既有意识形态理论的继承关系。⑧

---

① 《展现了中国在互联网治理方面的勇气和担当》（http：//www. wenming. cn/specials/zxdj/xjp/gdfx/201512/t20151228_ 3048736. shtml）。
② 《习近平的"中国方案"引国内外热议》（http：//www. ce. cn/cysc/tech/gd2012/201512/19/t20151219_ 7669784. shtml）。
③ 《浙江在线：互联网有秩序才有真的自由》（http：//www. cac. gov. cn/2015 – 12/17/c_ 1117627429. htm）。
④ 同上。
⑤ 赵丹：《网络话语权视角下社会主义核心价值观传播》，硕士学位论文，江苏师范大学，2017年。
⑥ 王文慧、秦书生：《习近平的意识形态战略思想探析》，《理论与改革》2016年第1期。
⑦ 周其江：《习近平意识形态建设思想研究》，硕士学位论文，云南师范大学，2017年。
⑧ 左路平：《习近平意识形态建设思想研究》，硕士学位论文，江苏师范大学，2017年。

4. 网络意识形态安全的深化研究问题

学者们一致认为以"问题"为视角研究背景，从方法论角度，从发展脉络的角度阐释，也即必须把党的十八大以来习近平在不同时段、不同场合发表的关于网络意识形态安全的重要讲话综合起来加以概括和研究。还有研究者强调信息革命下的媒介环境背景研究，认为必须立足于当前快速发展的国内外形势，结合信息革命推动下日益多元的传播媒介和不断变化的舆论环境，把握意识形态建设论述的精神实质，赋予其时代特色。① 另外，还有学者指出，必须立足于当下经济全球化深入发展后正处于大变革中快速发展的国内外形势，立足于社会思想多元化背景下快速变迁的人们思想状况和需求，要探讨习近平创新党的意识形态工作的背景，围绕党的意识形态工作的基本逻辑、国内外大势和党内现实情况进行研究。②

综上所述，当前研究大多数为简单复述习近平总书记的原话，无论是进行理论阐释、经验总结和路径探索，乃至话语表达体系，都需要新的理论研究框架进行全面、系统的理论阐释和研究。结合复杂的国际国内背景，结合意识形态工作的极端重要性，彰显习近平网络意识形态安全的治理论述是顺应时代前进潮流，中国贡献给世界的中国智慧、中国方案等的探讨仍需深入逻辑证明研究，并且需要加强对当代中国与西方主要发达资本主义国家意识形态的核心价值观实践理念比较，进而深入研究习近平总书记有关网络意识形态安全的重要论述。

因此，推进新时代网络意识形态安全治理行动研究要着重以习近平总书记对网络意识形态安全治理行动"何以可行"之问的解决入手。即重点研究习近平总书记关于网络意识形态安全的行动可行性论述，以及全球意识形态挑战、网络安全治理背景下习近平总书记网络

---

① 雷骐瑜：《十八大以来习近平关于党的意识形态建设思想研究》，硕士学位论文，中共广东省委党校，2017年。

② 洪光东、王永贵：《当前习近平意识形态建设新思想研究的进展与思考》，《广西社会科学》2014年第8期。

意识形态安全论合法性的科学性。而其中的研究难点在于中国与西方主要发达资本主义国家意识形态的核心价值观实践理念比较、凝练、阐发习近平总书记以维护网络意识形态安全、构建网络空间命运共同体，实现沟通、共识、合作新秩序为实践价值意蕴的网络意识形态安全理论体系及科学方法论。

当前我们需要坚持问题导向，以全面把握习近平总书记有关网络意识形态安全重要论述的新时代治国理政命题为切入，包括如何准确把握网络意识形态安全论述的宏观体系框架、实践品质、精神实质及实践意蕴，以及如何深度挖掘中国与西方主要发达国家（尤其是美国）核心价值实践理念比较下的网络意识形态治理脉络和基点，进而科学证明习近平总书记有关网络意识形态安全的重要论述对以西方资产阶级核心价值观及其实践理念为标志的网络霸权的超越以及未来主导，从而使全球网络霸权统治将成为历史。如何揭示全球网络空间治理背景下习近平总书记有关网络意识形态安全重要论述的科学性？如何传播弘扬习近平总书记有关网络意识形态安全的重要论述新时代治国理政命题？等等为具体问题展开相关创新研究。

（三）构建新时代网络意识形态安全治理行动研究框架

1. 构建新时代网络意识形态安全治理行动框架体系研究

习近平总书记从国际国内的新形势、新变化出发，在把握网络意识形态安全规律的基础上，基于网络意识形态安全面临的挑战、问题和风险，对网络意识形态安全问题作出新阐述和新论断。进而指明了维护网络意识形态安全的战略路径和策略，以鲜明的时代性、战略性、针对性、科学性勾画出网络意识形态安全的逻辑框架。因此，基于网络意识形态安全发展的历史与现实、机遇与挑战，国家发展战略需要、总体国家安全观等，构建新时代网络意识形态安全论述的核心体系框架。即说明网络意识形态安全思想内蕴社会主义核心价值体系与总体国家安全的多层映射互构契合（一致）关系，所具有的以时代精神，以共同构建和平、安全、开放、合作的网络空间，建立多边、民主、透明的全球互联网安全治理体系,实现互联网发展平衡、规则健全、秩序合理的新秩序为核心思想体系的宏观框架。具体研究要包含习近平总书记有关网络意识形态安全重要论述的新时代治国理政命题背景的价值方位、核心要义、精神实质、实践意蕴、策略体系,以及国际战略思想等。

2. 构建新时代网络意识形态安全治理行动必要性研究框架

当今世界,种族战争、文化战争及分裂战争等对抗活动更多地涉及民族情感、文化传统、价值观念和社会环境等因素。其中,网络成为敌对势力进行意识形态渗透的重要工具。学者们普遍认为西方国家的信息霸权对我国主流意识形态安全构成严重威胁。习近平总书记对网络意识形态领域一系列重大而紧迫的理论和现实问题作出了全面的理论回答,从而勾画出了关于加强网络意识形态安全工作的实践必要性框架。以我国网络意识形态安全面临的国内外挑战与机遇,结合中国共产党在领导意识形态工作中正确处理互联网技术发展与意识形态关系的历史演变、实际应用,"网络空间命运共同体"战略的核心价值诉求、具体案例分析,是讨论构建内含意识形态底蕴和功能的网络空间命运共同体、互联网发展新秩序的实践必要性的应有之义。

3. 构建新时代网络意识形态安全治理行动可行性框架研究

习近平总书记对网络意识形态安全治理"何以可行"之问的解决是以中国与西方主要发达资本主义国家构建网络空间命运共同体、新秩序的国家意识形态核心价值实践,价值与信息互构多元化态势下网络意识形态有序和谐发展的充分、必要条件分析为逻辑前提。即只要真正领会作为马克思主义意识形态理论新时代发展的习近平意识形态观的核心价值脉络和基点及实践认同,就可以有效维护网络意识形态安全。同时,只有进行中国与西方主要发达资本主义国家构建网络空间文明新秩序的国家意识形态的核心价值实践比较,才会真正认同习近平总书记有关网络意识形态安全的重要论述。我们要以"意识形态安全理论"、"全球网络空间治理理论"、"社会主义文化自信"、"网络空间主权理论"等展开问题研究,以期深入论证分析新时代网络意识形态安全的实践可行性,既坚持又创新了马克思主义意识形态安全理论,既继承了中国共产党的意识形态安全理念精华,又反映新时代现代性价值理念的共同精神;既为互联网技术发展指明了方向,又为中国意识形态软实力、制度性话语权提供了新时代实践坐标和中西方比较优势的价值。

4. 构建新时代网络意识形态安全治理行动的国际战略命题框架的科学性研究

习近平总书记有关网络意识形态安全的重要论述是对中国共产党正确处理互联网技术与意识形态协调、共享发展方面所积累的宝贵经验的继承与创新,是中国对国际互联网安全治理思想体系的重要理论贡献与方案,体现了以中国智慧为代表的发展中国家在维护网络意识形态安全基础上开展国际互联网安全治理的意愿。新时代网络意识形态安全国际战略命题框架的科学性就在于基于绝大多数国家利益与认同优势的科学方法论,体现了新时代网络空间命运共同体精神。所以,我们要在马克思对资产阶级价值观的批判指引下,深刻分析资本主义核心价值观的历史局限性,具体比较分析大国战略博弈下网络空间治理实践理念的异同,"中国方案"精神本质、特征及其深远影响,揭示西方主要发达资本主义国家遵循资本逻辑走向全球网络霸权诉求的必然;把握习近平总书记有关网络意识形态安全重要论述所具有的能够协调绝大多数国家、政党、人民利益的实践品质的历史命运定向。

第七章　丝路文明愿景的新时代行动文化动力

一　丝路文明愿景的行动文化价值意蕴与动力条件

（一）"一带一路"倡议下丝路文明的行动文化价值意蕴

中国提出"一带一路"倡议并在其建设过程中，不仅主导了"一带一路"倡议与发展，并在沿线各国之间资金、技术、信息、人力资源方面的国际间规模快速流通作出不懈的努力，为推动沿线各国和地区的经济发展、多边合作交流作出了巨大的贡献。为人类深度融合的发展之势，以及构建起同呼吸、共命运的发展局面提供实践平台。同时还为不同文明、不同文化之间交流互鉴树立了典范，这也正是丝路文明的行动文化价值弘扬的深刻体现。正如有国外研究者认为的，它将加大对国际秩序的贡献。"一带一路"被公开解释为一种应对全球公共产品生产不足的工具，预计它将整合而不是"瓦解整个系统或重新开始"[1]。通过将"一带一路"描绘成一个新的"全球治理

---

[1] Xi, J. P., "Towards a Community of Common Destiny and Anew Future for Asia", 28 March [online; cited July 2017]. Available from: [EB/OL] http://english.boaoforum.org/hynew/19353.jhtml.

愿景",旨在"维护正义"并拒绝"零和游戏冷战思维"。① 它寻求加强中国的道德吸引力,有效地建议在"一带一路"倡议下实施多种政策,这将更适合于构建一个跨越"单极时代"的国际体系②,但一个前提是追求卡雷尔·瓦萨克设想的发展议程:"发展权、享有健康和生态平衡环境的权利、享有和平的权利和拥有人类共同遗产的权利。"③

1. 以"一带一路"设施联通展现丝路文明更高层次的互利共赢意蕴

"一带一路"倡议是国际顶层合作倡议,是中国在 21 世纪为推进世界各领域多边合作交流提出的伟大倡议。当今时代是全球化发展的时代,互联网已经实现了各地域、各领域的全覆盖,这也是造成当今世界经济发展形态,以及世界经济表征发生了具有颠覆性变化的主要原因。其间,最为明显的表现就是"一带一路"沿线各国加大了大型互联网设施建设的力度,形成了沿线各国的供应链和价值链,这也为建立全球经济共同体打下了坚实的基础。纵观沿线各国的供应链和价值链,其中的采购原材料、制成中间产品和最终产品、产品销售等要素则是与之相对应的,进而形成了一体化的经济体系,也让沿线各国能够成为生命共同体。在"一带一路"倡议之下,国家与国家之间的合作不再有国境线一说,只会有优势互补、多方共赢的合作,这恰恰是丝路文明更为直观、更高层次上的展现。在此期间,中国与沿线各国、各地区之间的投资、贸易、文化往来的标准及机制对接加以明确,并在 2018 年颁布了《标准联通共建"一带一路"行动计划 (2018—2020 年)》,无论是从战略规划、基础设施建设方面,还是从

---

① Yang, J., "Study and Implement General Secretary Xi Jinping's Thought on Diplomacy in a Deep-going way and Keep Writing New Chapters of Major-country Diplomacy with Distinctive Chinese Features", 17 July [online; cited July 2017]. Available from: [EB/OL] http://news.xinhuanet.com/english/2017-07/19/c_136456009.htm.

② Krauthammer, C., "The Unipolar Moment Revisited", *The National Interest*, Vol. 70, 2002, pp. 5-18.

③ Vasak, K., "A 30-year Struggle: The Sustained Efforts to Give Force of Law to the Universal Declaration of Human Rights", *UNESCO Courier*, November, 1977, pp. 29-32.

海洋开发、产能最大化、对外贸易、节能减排等多方面都进行了标准化合作的新部署,这为丝路文明的传承注入了新鲜的血液和动力。从积极响应"一带一路"倡议的国家和地区来看,大多数国家和地区都是处于工业相对不发达的阶段,如果没有"一带一路"合作倡议,这些国家融入全球价值链和供应链的难度非常大。而正是"一带一路"倡议的提出,为这些沿线国家带来了新的契机,各国家和地区之间的资源优势能够形成共享的同时,资源的流动性与重组性得到了前所未有的增强,世界的财富结构以及产业结构也会发生变化,更加趋于平衡,这正是丝路文明中互利共赢思想更高层次的展现。

2. 以"一带一路"民心相通推进丝路文明的和谐友善、文化文明包容互鉴

古代丝绸之路的形成目的在于加强中国与西域各国之间的经济、文化往来,满足中国与西域各国人民在物质、文化方面的需要,丝路文明中和谐友善、文化包容等特征非常明确。当今时代,中国提出"一带一路"合作倡议,"一带"不单纯是指古代丝绸之路这一条经济带,同时也是指多民族文化、多宗教组织、多种文明相交融的一条文化带。纵观古代丝绸之路的沿线国家,不仅包括东亚的中华文明,还包括南亚的印度文明、中东的阿拉伯文明以及欧洲文明,文化差异极大但是统统融合到了一起,形成了文化相包容的交往模式。在该交往模式中,既能实现尊重各种文明,同时还形成了各种文明之间的相互碰撞,创造出了众多的文化新元素,从而形成了和谐友善、文化包容的局面。正是由于不同文明之间存在密切的接触、互补取代了压制、相互借鉴与尊重,从而也就形成了人类文明的融会贯通、一荣俱荣、一损俱损、荣辱与共的丝路文明,这也是推动各国经济、文化领域取得共同发展的基础所在。

3. 以"一带一路"和平发展展现丝路文明更深层次的永恒价值

在欧亚大陆内部,一些国家一直处于长期战乱、纷争的状态,其中就包括很多古丝绸之路所经过的国家。这些国家由于长期遭受到战火纷争的洗礼,导致了欧亚大陆长期以来不能形成联动、互通

的资源体系，商流、资金流、信息流、人力资源流动完全处于不集中、断开的状态之下，昔日的古丝绸之路不再繁华，经济发展也不再欣欣向荣。人们追求平等互助、互惠互利、和谐发展的心情愈加强烈，和平共处、深度合作也已经成为了古丝路沿线国家梦寐以求的愿望。自二战结束以来，欧亚大陆的经济、政治、文化又经历了冷战阶段，政治格局、经济格局、文化格局也随之发生了演变，民族纷争、战乱以及相互隔离已经成为当时的重要历史背景。而随着1991年12月25日苏联解体，共同合作、共同发展的愿望以及呼声越来越强烈，经济全球化已经成为冷战结束后世界经济发展的新方向。中国也在这一时期认识到加强古丝路沿线各国的经济合作是推动经济全球化的根本渠道，能够助推世界多极化发展新格局的形成。为此，早在2013年9月和10月，中国就提出了"一带一路"倡议，该倡议也被定为国家顶层合作倡议，同时也被世界认定为改变社会经济、文化发展潮流的提议。

中国在"一带一路"倡议中扮演着主导者、促进者、组织者的角色，尤其是在2018年，不仅召开了博鳌亚洲论坛年会、上合组织青岛峰会、中非合作论坛北京峰会，还组织举办了首届中国国际进口博览会，主导者、组织者、推动者的角色尽显无疑，展现出中国大力弘扬丝路文明的决心。显然，"一带一路"的中国对外和平共处原则是人类追求永恒价值最为直观的体现。"一带一路"倡议之所以能够作为中国顶层合作倡议，最为根本的原因在于中国在推动世界经济发展，以及推动经济全球化发展中的大国责任，是完成人类互通、互助的一项重要举措，能够帮助古丝绸之路沿线各国能够从民族分裂走向合作共赢的发展道路，并最终建立一个商品、信息，乃至资金、人力资源快速而又高效流通的市场体系。这样显然能够为人类社会走向高度开放、高度共赢、高度合作的道路打下坚实的基础，同时也能够为人类社会走向共同繁荣、共同富强提供强有力的推动作用。通过以上的论述，不难看出"一带一路"倡议更加直接地表达出人类对和平发展、永恒价值不懈追求的美好愿望。

同时，也体现出全球范围内形成深层合作、平等互助、互惠互利、互信共赢、共同发展新格局的一系列战略措施，这也是古代丝路文明的更深层次展现。

（二）丝路文明愿景的动力条件选择

1."一带一路"以文化平等践行文化自信

"一带一路"不仅是政治经济上的，更是我们连接过去、现在和未来，连接中国和世界，将东方和西方连接为一个整体的发展倡议。改变东方文明从属于西方文明，大陆文明从属于海洋文明的文明格局。一个民族的文化自信植根于对自己优秀传统文化的了解、信任和珍惜，对核心价值体系的依恋。我们的文化自信是道路自信、制度自信、理论自信的基础，经得起历史和人民的考验，也是"一带一路"所深深植根的文化底蕴。马克思主义认为，"物质生活的生产方式制约着整个社会生活、政治生活和精神生活"①。文化自信作为文化和精神生活的集合，无疑是建立在物质生活水平之上的。因此，以国家实力作为支撑，提出全球性的合作倡议，力图让广大沿线国家通力合作，共同铸就美好蓝图。这无疑表明了"和平合作、开放包容、互学互鉴、互利共赢"的丝路文明不仅源自古丝绸之路，更是我国已经站在世界舞台中央，同时在国际事务中占据重要地位，在革命和改革开放建设以来的经验总结，"一带一路"所蕴含的文化自信蕴含在字里行间，也是被实践检验过的发展经验。

现代文化观来源于经验性明显的多元文化②，它们的定性在于个性和独特性。③ 今天，我们不能把文化说成是统一的、同质化的，没

---

① 《马克思恩格斯选集》第2卷，人民出版社1995年版，第32页。
② Erez, M., & Earley, P. C., *Culture, Self-identity, and Work*, Oxford, UK: Oxford Scholarship Online, 2011.
③ Liu, M., "Same Path, Different Experience: Culture's Inflluence on Attribution, Emotion, and Interaction Goals in Negotiation", *Journal of Asian Pacifific Communication*, 22 (1), 2012, 97e119.

有每个民族特有的界限和特征。如今，每一种文化都享有独立存在和发展的权利，文化研究坚持所有文化平等的原则，不仅消除任何非主流的种族中心主义，而且消除任何单一文化对领导地位的任何主张。[①] 文化本质上不是一元论，而是多元主义的，这是当前文化研究中普遍存在的一种心态。在文化多元化的条件下，人们对自己的历史、文化和文化史的兴趣有了显著的提高。这种兴趣反映出人们认识到人的命运与其文化的命运之间存在着深刻的联系。

因此，我们所追求的文化自信不是狭隘的自信，而是平等的自信。我们对自己的文明充满自信，对不同的文明报以尊敬，平等相待。文化自信在一开始就融入了平等的因素，以平等作为最大公约数，以期能够在对外交往中最大程度地减少因误会和差距而产生的阻力。世界文化发展百花齐放百家争鸣，不同的文明和平共处相互包容是最终的目标。可以说文化平等是文化自信的前提，文化平等又是文化自信的最终目标。

丝路文明的弘扬需要以文化平等作为基础，在文化平等的条件下，减少跨文化交流的阻力，以期达到民心相通，文化平等可以说是丝路文明弘扬的实践路径之一。应该说，20世纪下半叶以来，各国人民之间的国际文化合作原则得到了广泛的国际认可，并体现在1966年联合国教科文组织第十四届大会[②]通过的"国际文化合作原则宣言"中。"宣言"宣布了文化的平等及其平等价值。这体现在文化的独特性、相互尊重文化和人民的必要性以及不容许歧视等方面。联合国教科文组织2001年"世界文化多样性宣言"[③]再次确认，必须保护文化多样性，将其作为人类文明发展的基础，并确保其最广泛意义上的未来。这些宣

[①] Tsvetkova, N., & Antonova, I., "American Cinema in France and the USSR: Constructing Two Models of Cultural Inflfluence in Open and Closed Societies", *Journal of Cold War Studies*, 17 (4), 2015.

[②] UNESCO, "Declaration of the Principles of International Cultural Cooperation", In Records of the General Conference: Fourteenth Session, Paris, 1967.

[③] UNESCO, *UNESCO Universal Declaration on Cultural Diversity*, Paris, France: Author, 2002.

言是国际公认的文件，为各国在文化间相互作用和人类共同交往文明政策提供了基础，目的是形成各国人民之间的互动关系。因此，丝路文明是我们从古丝绸之路中得到的宝贵经验，更是我们几千年来历经风雨改革发展所得出来的经验总结。文化自信需要有文化平等作为前提支撑，丝路文明的弘扬奠基于我们对自己文化的高度自信，对于一个覆盖全球的合作性倡议，我们有实力更有自信能够推动全球的发展和文明的交融。

2. 以文明平等推进丝路文明愿景

党的十八大以来，习近平深化和拓展了马克思主义文明观，成为习近平新时代中国特色社会主义思想的重要组成部分。从观念维度上，习近平指出要坚持文明无高低优劣之分，尊重文明多样性、强化文明平等性、增强文明包容性。[1]

习近平总书记指出，"文明是平等的，人类文明因平等才有交流互鉴的前提"。每个国家、每个民族的文明都有自己的长处和优点，都具有自己的价值。两者都值得尊重，值得珍惜。在《文明交流互鉴是推动人类文明进步和世界和平发展的重要动力》[2]一文中，习近平总书记用他自己的经验澄清了要了解各种文明的真谛，必须秉持平等、谦虚的态度的真理。

文明是平等的吗？"甘瓜抱苦蒂，美枣生荆棘。"世界上没有完美的东西。同样，世界上没有完美的文明。习近平深刻指出，傲慢和偏见是对人类文明相互交流的最大障碍。[3]历史和现实一再表明，居高临下地对待一个文明，不仅不能了解这个文明，同时也与它不兼容。只能放弃霸权思维，放下虚假的居高临下的优势，打破文明的隔阂，以平等的心态对待所有的文明，并积极从其他文明的优秀成果中相互

---

[1] 胡守勇:《习近平新时代文明交流互鉴思想的三维解读》,《中共福建省委党校学报》2018年第6期。

[2] 《文明交流互鉴是推动人类文明进步和世界和平发展的重要动力》（http://www.qstheory.cn/dukan/qs/2019-05/01/c_1124440781.htm）。

[3] 《交流互鉴，亚洲文明谱新篇》,《人民日报》2019年5月15日第6版。

学习的基础上，尊重多样文明才能实现可持续发展和进步。实际上，无论是中国古代文明、希腊文明、罗马文明、埃及文明、两河文明、印度文明等，或目前的亚洲文明、非洲文明、欧洲文明、美洲文明、大洋洲文明，等等，都是人类智慧的积累，在人类文明的发展中起到了不可替代的作用。人为地将文明划分成三六九等搞唯我独尊、文明歧视，只会制造文明、文化矛盾与冲突，阻碍人类文明前进的步伐，最终也会伤及自己，导致自身封闭与孤立。

新时代，经济全球化使人类命运比以往任何时候都更加紧密。人类命运共同体的建构必须放弃"你输我赢、赢者通吃"的零和博弈思维。相互理解，相互尊重，平等对待，树立了双赢、多赢、共赢的新时代理念才能更好地促进不同文明的共同发展和进步，增进人类的共同福祉与共同命运。显然，在人类社会中的每个文明都彰显着思想之美、生命之美、创造之美。每个文明都有其独特的意义，都是人类的精神财富，非要说一种文明比另一种文明优越，并不符合事实，不可能得到全世界人民的认可。文明的本质应当是各种关系的和谐共存，这是中国文化的核心、普遍原理和根本价值观。①

丝绸之路作为各国经济文化的交流平台在古代就是连接东西方的重要纽带。古代的丝绸之路以一种近乎弘扬国威的姿态表现大国实力，现在"一带一路"作为不同民族文化宗教互相碰撞交融的舞台，不仅承载了沿线国家共同发展的美好愿望，顺应了时代发展的趋势和全球化的要求。文明平等的实践理念是"一带一路"的重要基础，"一带一路"不是中国的独奏，而是世界的合奏。在世界文化多样化的背景下，"一带一路"以开放合作和谐包容的思想与其他国家进行合作，实现共同发展。"一带一路"所推崇的，并不是中国文化独树一帜，而是一种各美其美、美美与共的思想，有利于构建人类命运共同体，促进世界的和平与发展。所以，要以文明平等促进文明交流，以文化交流促进"民心相通"，消解文明之间的误解，力图最大程度

---

① 乔清举：《关于文明的本质的思考》，《中原文化研究》2017年第5期。

上减少文明冲突，增进文化交流，实现文明之间的有效沟通，通过社会心理因素带动民心相通。

二 社会主义核心价值体系与丝路文明愿景

（一）坚持社会主义核心价值体系的丝路文明含蕴

作为时事与重要理论热点，"一带一路"倡议与建设、坚持社会主义核心价值体系，弘扬传承丝路文明，备受国际社会瞩目，而成为世界性的新时代课题。坚持社会主义核心价值体系方略，传承弘扬丝路文明是中国国家价值与利益关系研究和政策设计的核心内容，彰显了中国道路从认知层面到现实实践，从中国的到世界的价值意义。以此为契机、范例展开相关研究是当前学术研究的重要使命。

在党的十九大报告中，习近平总书记提出，要坚持社会主义核心价值体系方略，培育和践行社会主义核心价值观，推动中华优秀传统文化创造性转化、创新性发展，不忘本来、吸收外来、面向未来，更好构筑中国精神、中国价值、中国力量。[①] 当今世界正在迈入一个以核心价值体系为实践引领的全球竞争模式构成的世界，然而，当前全球治理仍处于以霸权为色彩的西方核心价值体系之下。2013 年以来，中国成功倡议"一带一路"建设，积极践行中国社会主义核心价值观，传承和弘扬丝路文明"和平合作，开放包容，互学互鉴，互利共赢"的核心价值观实践理念，意味着新时代中国核心价值实践对以西方核心价值体系下的霸权实践显现出新优势与魅力。事实上，坚持社会主义核心价值体系的丝路文明愿景在将来或许成为人类的共同核心价值向往，对西方资产阶级核心价值实践理念的优势会越来越明显，并将成为主导。因此，深入揭示坚持社会主义核心价值体系的丝路文

---

① 习近平：《决胜全面建成小康社会 夺取新时代中国特色社会主义伟大胜利——在中国共产党第十九次全国代表大会上的报告》，人民出版社 2017 年版，第 23 页。

明含蕴是中西方核心价值实践理念比较下深刻领会和准确贯彻落实习近平新时代中国特色社会主义思想根本遵循的实践需要。其重要意义有利于增强中华文化软实力、中国制度性话语权；有利于反对西方普世价值，敢于在中西方核心价值体系比较中始终继续保持自信；有利于传承弘扬丝路文明、"一带一路"建设的持续胜利推进，从倡议层面转向伟大实践，引导世界治理体系变革，构建人类命运共同体，引领未来世界和平发展的实践进程。

然而，丝路文明何以得到形塑和定性？传承和弘扬丝路文明的核心价值理念何以在将来成为人类的共同核心价值向往？具体揭示丝路文明的形成与新时代核心价值含蕴及其在社会主义核心价值体系中的地位，总结中国在全球治理体系变革、构建人类命运共同体、"一带一路"倡议与建设过程中传承和弘扬丝路文明，积极践行坚持社会主义核心价值体系的重大方略实践经验与启示等问题，国内外相关研究还没有给予充足的关注。因此，系列重要论题无论在理论阐述、凝练总结等方面仍需创新相关研究。

（二）创新核心价值体系推动丝路文明愿景研究

1. 研究目标

研究目标旨在全球治理体系变革、构建人类命运共同体、"一带一路"倡议与建设背景下，深度研究新时代核心价值实践含蕴与新时代丝路文明愿景的形成，揭示丝路文明愿景在社会主义核心价值体系中的实践价值地位，及其与坚持社会主义核心价值体系的深度关联与融合机理。新时代中国坚持社会主义核心价值体系、弘扬丝路文明的实践经验总结及启示，进而展现以核心价值为引领的全球竞争下，中国秉承开放、包容、共商共建共享的核心价值理念，成功倡议"一带一路"，坚持社会主义核心价值体系的影响力、感召力与创造力。

2. 研究内容

（1）新时代核心价值实践含蕴与新时代丝路文明愿景的形成研究

习近平总书记指出："千百年来，丝绸之路承载的和平合作、开放包容、互学互鉴、互利共赢精神薪火相传。"① 丝绸之路作为开放、交流、兼容、融合的历史符号,其内蕴的丝路文明核心价值含蕴为当今世界发展提供了可借鉴的价值观和文化视角。当前,"一带一路"倡议已经成为发展指向,作为实现人类命运共同体的动力之源,对"一带一路"倡议的价值认同,在思想文化伦理层面,则表现为丝路文明的形成。结合历史与现实,重点以习近平总书记的系列重要论述为依据,创新中国构建全球治理机制、中国方案,增强国际话语权、软实力,深度凝聚丝路文明的核心价值含蕴,解读与阐发丝路文明愿景的形成。

(2) 丝路文明愿景在社会主义核心价值体系中的实践价值地位研究

人类每向前迈进一步,都与整个社会精神文化的进步紧密相连。在新的世界发展形势面前,国与国之间的竞争不只是武力和经济实力的竞争,而逐步演变成"软实力"的竞争。精神文化已经成为国力强弱的重要体现。伟大时代、伟大实践决定了丝路文明必然成为社会主义核心价值体系的题中应有之义;结合"一带一路"倡议,完整总结社会主义核心价值体系的内容,也势必要将丝路文明纳入其中。无疑,丝路文明有助于推进社会主义核心价值体系的完善,丰富新时代内涵,有利于形成广泛、持久的社会主流意识形态。因此,我们要结合中华民族伟大复兴、"一带一路"构建人类命运共同体,引导世界精神文化的发展方向,创新探讨丝路文明在坚持社会主义核心价值体系中的价值地位。

(3) 坚持社会主义核心价值体系在丝路文明愿景中的实践功能研究

我国作为社会主义国家,"社会主义核心价值体系"就必然要在弘扬丝路文明、"一带一路"建设中占据核心地位,并借助繁荣和发展社会主义先进文化,在"五通",尤其是"民心相通"中不断发扬光大。实际上,当下世界利益格局和利益群体都在深刻的调整之中,

---

① 习近平:《在"一带一路"国际合作高峰论坛开幕式上的演讲》,《人民日报》2017年5月15日第3版。

各种思想观念都深刻影响着人类的发展进步，以社会主义核心价值体系为指引，不但能够最大限度地保护我国文化主权和文化安全以及意识形态安全，还能充分发挥社会主义先进文化在中国构建全球治理机制、中国方案、增强国际话语权、软实力过程中的影响力、感召力和吸引力。同时，只有坚持践行社会主义核心价值体系，弘扬丝路文明，"一带一路"建设才能实现正确引领。因此，要说明坚持社会主义核心价值体系是弘扬丝路文明、"一带一路"建设的思想内核，为"一带一路"指明了方向，提供强大动力的功能。

（4）丝路文明愿景与坚持社会主义核心价值体系的实践融合机理

当今世界正在迈入一个以核心价值为引领的全球化竞争模式构成的世界，谁能成功构建当代核心价值实践理念，谁就引领未来世界的和平发展。在当前全球治理仍处于以霸权为色彩的西方核心价值体系之下，顺应全球化新趋势，应对复苏乏力的全球经济形势和纷繁复杂的国际以及地区局面，必将催生出一种崭新的当代核心价值体系实践理念。中西方核心价值实践理念比较下中国传承和弘扬丝路文明，积极践行社会主义核心价值观，开放、包容、共商共建共享，成功倡议"一带一路"，是弘扬丝路文明与坚持社会主义核心价值体系相互融合的必要性、重要性、可行性与科学合理性机理的重要根据与内涵。所以，创新相关研究需要从四个方面开展相关融合机理研究：即弘扬丝路文明与马克思主义意识形态相融合，在大力弘扬丝路文明的同时深化马克思主义理论的研究与建设；弘扬丝路文明与民族精神、时代精神相融合，在社会主义核心价值体系当中，构筑中国精神、中国价值和中国力量；弘扬丝路文明与思想道德建设相融合，铸牢凝心聚力、戮力前行的信仰与理想信念；弘扬丝路文明与文化自信相融合，大力发展社会主义先进文化，推动社会主义文化大繁荣大发展等。

（5）弘扬丝路文明愿景与坚持社会主义核心价值体系的实践经验与启示研究

实践经验意味着社会主义核心价值体系是中国特色社会主义事

业长期坚持的方略。我们要将弘扬丝路文明纳入社会主义核心价值体系当中，增加其内涵、扩展其外延，使之更具强大影响力、感召力与创造力。一是扩大坚持社会主义核心价值体系、弘扬丝路文明的思想影响力。持续用中国理论研究与话语体系对中国实践和中国道路进行解读，保证中华民族能够不断为世界发展作出更多的贡献，强化社会主义核心价值的话语权与影响力。二是实现坚持社会主义核心价值体系、弘扬丝路文明的实践感召力。"一带一路"建设中，坚持社会主义核心价值实践理念及其影响力、推动构建人类命运共同体，展示社会主义文化实力和文化魅力，提升实现社会主义核心价值体系感召力。三是发掘坚持社会主义核心价值体系、弘扬丝路文明的创造力。实现本土融合与文化再造，在传承、创新和互惠的同时，形成对社会主义核心价值体系的高度认同。因此，中国传承和弘扬丝路文明，积极践行社会主义核心价值观，开放、包容、共商共建共享，成功倡议"一带一路"，启示着中国坚持社会主义核心价值体系，催生出一种崭新的当代核心价值实践理念，意味着以西方资产阶级核心价值及其实践理念为标志的全球霸权治理实践理念将会成为历史终结。

三 文化软实力与"一带一路"倡议下的中国精神定向

"一带一路"倡议是中国贡献给世界的有重大价值的公共产品。习近平总书记指出，世界各国人民的美好梦想相通，欢迎沿线国家搭乘中国发展的快车、便车。[①] 随着中国与"一带一路"沿线国家关系的演进和不断升级，中西方文明发展的核心价值观冲突、大国博弈，应对其中深层次矛盾、悖论、两难，以中国文化软实力向全球传播弘

---

① 《习近平出席博鳌亚洲论坛2015年年会开幕式并发表主旨演讲 迈向命运共同体 开创亚洲新未来》，《人民日报》2015年3月24日第3版。

扬中国精神的新时代文明发展的实践理念，就成为精准诠释与释放推进"一带一路"向深向实发展最大的"精神公约数"，构建命运共同体的必然选择。

（一）"一带一路"倡议下的中国精神定向意蕴

"一带一路"倡议下提升中国文化软实力是协调中国与沿线国家价值与利益关系研究和政策构建的核心前提。"一带一路"所承载的中国精神必成为人类文明发展、构建命运共同体的价值向往，需要得到证明、塑形和定性，保护、传承与交流；深入探讨中国精神建构的科学性，对中国精神进行定向与重塑，凝练、阐发中国精神的宏观框架、科学意蕴，彰显中国精神建构的重要性、必要性、优越性，有利于"一带一路"倡议下彰显中国国家核心价值观的世界意义，是中国文化软实力从认知层面到现实实践，从中国的到世界的必由之路，有利于"一带一路"建设中应对传统与非传统安全风险，适应人类文明与全球治理演化趋势与意识形态安全新挑战，争取和增强中国在全球治理中的合法性诉求，成就负责任的大国文明发展实践。因此，我们以此为契机与实证范例展开中国精神定向的价值观建构就具有重大的战略价值。

概括来说，"一带一路"倡议下的中国精神定向意蕴有四个方面。一是，"一带一路"倡议下的中国精神是有着复杂客观时空运动的价值体。中国精神的再生、建构要以核心价值的多层映射互构的价值契合（一致）关系为基础，其中基于民族精神与时代精神的文明发展是实现中国精神的宏观建构框架。在"价值信息化"和"信息价值化"态势下，提升文化软实力的关键与优势在于用世界通用语言，由特殊性和民族性上升到普遍性和人类性，精准传播出中国精神在推进人类文明发展、构建命运共同体意识中的共同价值。二是，"一带一路"建设表明了一个有着深厚文明底蕴的大国在价值追求上重焕中国精神的新时代文明发展实践理念，是中华民族优秀的历史文明传承、厚重的现实文明展开和充实的未来文明理想的三位文明一体。"一带一路"倡议下的中国精神是一个开放性表述，展示出一种不同于西方资产阶级核心价值观及其实践理念的文明发展新模式，从而超越西方资产阶级文明发展的全球霸权，凝聚中国和世界和平力量的生长。三是，中国精神的建构必须具体化、实践化。阐发"一带一路"倡议下"共享包容"的中国精神推进人类文明发展的核心价值实践理念的内涵，是当代中国精神及其教育研究的新取向。对外传播内容归根结底是一种核心价值理念。必须加强中国精神的对外传播的关键载体薄弱环节，超越以往中国精神教育的话语选择。四是，当前应大力揭示中国"一带一路"倡议在参与全球治理中的主导地位，尝试改变过于讲客观困难、以长期处于社会主义初级阶段的话语与西方发达国家现状比较的传统思维，而代以正向传播，有的放矢，展示中国软硬实力，破除对西方核心价值观的崇拜，激发中国精神自信和核心价值观认同。

总之，在"一带一路"倡议下，基于中西方文明发展的脉络和基点比较，凝练、阐发"一带一路"倡议下的中国精神的定向意蕴，是推进中国精神研究的国际视野，把提升中国文化软实力问题从认识层面转向实践层面研究，并获得国际社会认同与践行，彰显中国文化软实力的重要性、科学性、必要性、可行性、实效性与实践性的必然选择。我们要以"一带一路"倡议下中国精神建构的科学性问题为切入，深度挖掘中西方文明发展的脉络和基点，准确把握中国精神建构与弘扬的宏观框架、科学意蕴、实践品质、精神本质，进而科学证明对以西方资产阶级核心价值观及其实践理念为标志的霸权实践的超越以及未来主导，而全球霸权统治将成为历史。重点分析并解决"一带一路"倡议下彰显中国文化软实力的优越性、重要性、必要性，中国精神建构的科学性问题，奠定提升中国文化软实力话语体系的立论基础。

(二) 创新文化软实力推进"一带一路"倡议下的中国精神定向研究

1. 创新文化软实力推进"一带一路"倡议下的中国精神定向的科学性及方法论研究

科学性问题是中国精神定向建构合法性的前提问题预设。"一带一路"倡议下中国精神建构的科学性在于中西方文明发展的核心价值观及其实践理念脉络和基点比较下的历史定位优势及其建构的科学方法论。因此，基于马克思对资产阶级价值观的批判，深刻分析资本主义核心价值观的历史局限性。要从政治、经济、文化、安全观、外交关系和全球治理等多维度比较分析揭示西方国家遵循资本逻辑走向霸权诉求的必然，中国精神所具有的凝聚实践共识，能够协调沿线国家、政党、人民利益，具有普遍性、包容性、基础性、开放性和多样性的实践品质，把握其历史命运定向。说明在协调沿线国家政党、宗教信仰、价值体系或意识形态的关系中正确处理中西、今古、理念与实在，实现改造、互证、借鉴、超越与创新的中国精神的科学建构方法论。

2. 创新文化软实力推进"一带一路"倡议下的中国精神定向的必要性及内容研究

可基于"一带一路"历史与现实、机遇与挑战，国家发展战略需要，分析说明凝练、阐发"一带一路"倡议下的中国精神的重要性与必要性。基于习近平关于中国精神的讲话，和平共处外交政策，"亲诚惠容"的周边外交理念等，构建以民族精神与时代精神为文明发展的中国精神的宏观框架。选择马克思主义的世界历史理论、和谐世界理论和人类文明发展、构建命运共同体思想，具体结合千年以来包括张骞"凿空西域"、郑和"七下西洋"的丝路精神，以及全球治理的"中国方案"等，阐释和平合作、开放、文明互学互鉴、"共享包容"的中国精神的深刻新时代文明发展实践理念。

3. 创新文化软实力推进"一带一路"倡议下的中国精神定向的可行性研究

中国精神弘扬"何以可能"之问的解决以全球价值与信息互构及多元化态势下对外传播的充分、必要条件分析为逻辑前提。只要真正对中西核心价值观脉络和基点比较下我国文化软实力所秉持的国家精神实践认同，就可以有效实现中国精神的有效定向。同时，只有进行中国文化软实力与西方价值观实践理念比较，才会有真正的对中国精神，以及文明发展的核心价值观实践理念的认同。因此，我们要以"全球化理论"、"人类文化相通、文明相容理论"、"政治价值生成理论"、"国家利益轴心理论"、"传播的中心与边缘理论"等展开相关可行性问题研究。深入论证分析"一带一路"倡议下，中国精神既坚持又创新了马克思主义价值理论；既继承了中华文明核心价值观的精华，又反映现代性价值理念的共同意趣；既为转化、锻造国家核心价值观及其实践理念指明了方向，又为中国软实力、制度性话语权提供了新的时代坐标的精神本质和中西方比较优势。

4. 创新文化软实力推进"一带一路"倡议下的中国精神定向的实践与行动研究

具体分析行动中的核心价值、体系（行动者、领域、规则和工具）和绩效等主要成分，着重分析如何统筹国内国外、虚拟与现实，在历史纵向、国际横向比较中，社会信息化下从认知和行为维度进行传播，认知发展真相，通过增强信念、价值认同、鼓励、实践，讲好、传播好中国故事。主动应对欧美日以及"一带一路"沿线存在的包括岛礁问题、涉疆暴恐等挑战，塑造党和国家形象，在"特定受众"（国家、政党）传播过程中实现特殊性和普遍性、经验与规范、价值理性和工具理性的统一，提升话语权。具体分析在"五通"，重点在"民心相通"中把中国精神转换为条件化、情景化的价值目标，实现对沿线国家、合作伙伴、项目、智库、个人、企业、民间组织等的弘扬传播"定义权"和"议程设置"。

四　价值与信息互构背景下弘扬丝路文明

（一）丝路文明传播弘扬的问题本质

人类文明一定意义上呈现多元、异质的趋势，统一的、宏大文明话语面临极大的困难。在风云激荡的大变革时代，丝路文明宣传的内容与新形势相对迟滞，方式、方法都远不能适应形势的发展和变化。丝路文明的传播如何才能不导致反感，增强吸引力、实效性，从而凝聚人心，实现民心相通，是"一带一路"倡议成功推进的重要课题。

丝路文明传播弘扬问题是一个"发展"问题。要从全球以及我国文明发展与价值观变革进程来开展有针对性的问题研究。信息社会下，任何传播都是一个价值信息距离分层与价值信息群落中的一大价值信息距离性存在。丝路文明传播弘扬是一个社会信息传播弘扬问题。作为一个大价值信息距离性存在，个体对其所占有的价值信息总是不足的。因此，信息社会下，在丝路文明传播弘扬的进程中，所内含的大价值信息距离关系及其动力存在本质，决定了主体对丝路文明传播弘扬的占有存在是一个价值信息距离分割及其关系动力问题。人们由于思想、文化、情感、专业背景、成长经历、立场观点等的差异与多元，导致价值观上的多元化，这是互联网、全球化背景下形成的客观现实。丝路文明传播、弘扬和践行过程中要把不同价值形态连在一起，形成一种包含大价值信息距离、大的价值信息梯度，能激励主体大的情感势，从而产生强大价值认同的动力。

丝路文明传播弘扬和践行方法创新的关键在于主体间的平等、沟通，尊重主体，调动接受者的主动性和积极性。在丝路文明传播弘扬中，传者与受者都是主体，信息社会下，社交平台、关系网络，宣传和话语创新，要实现差别化、层次化、立体化变革，体现时代性、民族性与文化传统。

当前，信息社会下丝路文明传播弘扬要充分利用现代传媒构建一个和谐、宽容的社会信息舆论环境。通过网络，如博客、论坛、个人主页等，收集对丝路文明传播弘扬与创新的期待与看法，收集关于丝路文明的观点，如实效性、理想中的丝路文明宣传与状态等进行定量与定性研究。从而找出丝路文明传播弘扬宣传和话语创新的入口、线索、方法与着力点，形成丝路文明传播弘扬话语与创新的理论。然后，基于试验的实证结果反馈，形成一套丝路文明宣传方案，拟定可操作性的细则。

（二）阅读方式的变革促进丝路文明弘扬践行

阅读方式是从符号中获得意义及借助于文本实现信息传递过程中呈现出来的总体模式和基本特征。阅读方式可有不同的分类，如果从阅读的途径和方式层面看，其介质大致经历如下轨迹：最初是从绳子、陶片，到竹简、卷轴、锦帛，再到纸质，到数字化，与此相应的是史前社会、农业文明、工业社会与信息社会。针对新的阅读方式的出现，学者提出了跨媒体、全媒体的概念。当前，传统媒体与全媒体之间日益融合互通，形成了包括报纸、广播、电视、网络、手机等各个不同方式的媒体的并存的格局。众多研究者还认为，网络信息阅读、手机阅读、电子阅读器、多媒体宣传与方式等已经成为人们的主导阅读方式。互联网上的大容量阅读正在改变大脑，触发了一场思维创新革命。当前，学界普遍认为智能手机加快了阅读方式的变革，概括来说，相关研究形成了如下观点：屏幕阅读和在线阅读是历史的必然选择，是对媒介新生态的自调适。阅读方式变革带来了阅读多元化、快捷性、个性化等诸多优势，未来的发展是传统的纸质阅读方式将被取代。在全媒体环境下，阅读的内容依然是决定性因素，等等。阅读方式具有生产性、渗透性特征，在一定程度上标志着"生产"能力。阅读方式的变革，作为一种生产性概念，凭借它那普遍性的"生产力"品格，全面刷新着人们的一般认识方式和生活方式，开辟了一种新的文明。

当前，阅读环境的开放性和多元性，阅读方式的变革还使丝路文明弘扬传播势在必行，给丝路文明弘扬践行带来了挑战与机遇，这迫切需要加强创新工作的研究。同时，如何更契合丝路文明弘扬践行需求也是阅读方式变革的研究重点。

因此，阅读方式的变革必将对丝路文明弘扬传播宣传和模式带来思维方式、理念与方法等方面的深远影响。在全媒体阅读方式下主客二分的培养模式已经不适应时代要求，而是基于或内蕴着平等对话、交流"开放的"培养模式。丝路文明弘扬传播应是面向个体的个性化模式,这种模式是开放性和生成性的,强调互动与对话。所以,阅读方式对丝路文明弘扬践行有重要意义。信息时代的丝路文明弘扬传播培养模式创新问题将成为今后研究的重点。

第八章 人类共同交往文明的行动逻辑与行动文化

习近平明确指出："应对共同挑战、迈向美好未来，既需要经济科技力量，也需要文化文明力量。"[①] 的确，世界多极化、经济全球化、文化多样化、社会信息化的深入发展为人类社会带来希望与机遇的同时，国际形势的不稳定性不确定性更加突出。人类社会面临治理赤字、信任赤字、和平赤字、发展赤字等多重危机，危机背后是价值冲突、文化冲突。因此，积极开展世界各国文明的平等对话、交流互鉴，为人类共同交往文明的有序发展与行动文化选择提供文明智慧与思想力量，应当成为世界各国的共同责任。

一 人类共同交往文明的行动逻辑

（一）人类共同交往实践中的文明和文化

自古以来，各国人民之间的共同交往关系在社会生活和国家生活中占有重要地位。在人类文明的多样性的基础上，各领域的交往交流成为历史演变、社会发展的一个强有力的动力源泉。民族形成、国家建设、民族文化发展以及经济的发展，所有这些都与人类共同交往关系密切相关。所有的民族和国家都被卷入一个密集的分支关系网络

---

① 习近平：《深化文明交流互鉴 共建亚洲命运共同体》，《人民日报》2019年5月16日第2版。

中，这个网络由不同的相互作用组成，在当代全球化背景下，这一点尤为明显。今天，人类交往手段的不断发展，交往形式的不断扩大，信息与技术的可靠性和稳定性，为科技成果、思想和艺术品的国际交流提供了无限的机会。各种文化之间的相互作用几乎是非中介的，而且在其轨道上涉及人口中的广大群体，从精英阶层到主流阶层，在各个层面发展联系。文化间相互影响的过程加深了，移民流动已成为大规模流动。我们注意到，在国际关系理论对正在发生的变化及其影响的分析和预测方面，其客观必要性急剧增加，这些变化迅速改变着人们的日常生活和社会团体活动。这一进程在整个20世纪不断演变，并在21世纪加速。

从人类共同交往实践现象的构成情况看，对象化（文明和文化距离的形成）是人类共同交往实践发生的基础。也就是说，距离的存在是人类共同交往实践实现时的实际状态，跨距离关系是人类共同交往实践现象发生的根本原因。

人在改造共同交往实践的过程中改造着自身，使自己成为有着自由自觉的、有文明和文化距离性的自我意识的存在。人类共同交往实践发生的前提关键在于现实处境是否与自身的现实及目前的对象拉开一定的文明和文化距离，这种距离感的形成也无疑是共同交往实践发生的必然机制。换句话说，行动是人类从自然中分化出来成为社会"类的存在物"的关键。没有行动的文明和文化距离因素，人类共同交往实践便不复存在；距离范畴应是人类共同交往实践研究的中心。距离范畴表征时空关系动力因素记载和呈现的方式，是过程与结构的统一。文明和文化距离的自觉起于物与我的区分。除了存在文明与文化的"空间距离"和"时间距离"外，还存在另一种"心理距离"。距离关系在同一关系层面上，反映着"量变"的特征；在不同层次上的表征，反映着"质变"的特征。需要注意的是，行动文化的文明和文化距离关系的可变性是普遍存在的，变化因人、地、事而异。具体来说，可变性是指人类共同交往实践要保持恰到好处的距离，人类共同交往实践可以随主体文明和文化距离的能力大小而变化。古代实践与现当代实践、东方实践与西方实践之所以会产生不同的人类共同交往实践效应,其原因正在于文明与文化"时间空间"距离的变化产生不同的人类共同交往实践效应。还要看到,人类共同交往文明和文化距离变化的相对稳定性。人类共同交往实践具有社会性,是依存于人类社会实践的产物。马克思主义唯物史观认为,在劳动实践和交往中形成的社会关系是人的类本质的体现。① 社会实践提供了可能产生人类共同交往实践的一个基础,理想的交往关系动力必须保持对于行动文化的动力逻辑刺激的敏感与文明和文化距离的积极回应,形成共同交往关系动力的粘和基础。

实质上,人类共同交往的文明和文化距离的丧失或消减就是与自由的融合。距离的调解能力是决定人能否实现人类共同交往实践的一个关键,此时的文明和文化距离是作为一种在行动、文明与文化"三元一致"的强关系动力中抽象和纯化的结果,将之作为距离的创造与自我文明和文化距离的超越,从一个层次到另一个层次的跨距离实现着人的价值。这样人类共同交往实践是超越文明和文化距离之后站在一定的距离之外的产物。一定意义上,对文明和文化距离的超越是人类共同交往实践发生的前提。主体在文明与文化利益分配格局中的社会分化程度越来越高,强愈强,弱愈弱,主体之间交往关系动力水平上的社会分化日益加剧。实力决定了对人类共同交往实践的占有,实践的每一阶段都试着寻求文明与文化感。交往关系的同质化问题实际上是与对方保持同一个文明和文化距离,成了远离主体生活与情感的流水线的格式化生产。当代人类共同交往实践的扩张,是由文明和文化距离抑制作用后所制造出来的。比如,在现实生活中,没有客观化的文明和文化距离存在,就缺少共同交往实践的中介传达、表现的过程,文明和文化距离就产生了一种对自由的"障碍",而恰恰是障碍在实践中将自由转化为现实。

---

① 王军、董祥宾:《习近平共同价值思想研究述评》,《三峡大学学报》(人文社会科学版)2017 年第 1 期。

第八章　人类共同交往文明的行动逻辑与行动文化　　195

尤其是在遇到文明和文化距离阻碍时，"障碍"本身就促成了自由的生成。这种交往实践是建立在自由只有一定距离才显露的理解上，从而使主体对现实的文明和文化距离超越追求间离开来。正是通过这种间离，有序发展的距离关系在于它赋予各种现实生活动力因素以一定秩序，使人对现实的超越的自由本质方可成为实践占有。人类共同交往文明的超越与自由本质才能彰显出来。

因此，人类共同交往文明的有序发展中，人类共同交往实践只有与其他主体保持一定的文明和文化距离，保持一种恰到好处的"距离极限"，才能进入人类共同交往实践状态，从而实现人类共同交往。人类交往实践中文明和文化距离关系的不对称增加了交往关系的不平衡风险。这样，跨距离弥合对人类共同交往实践的需求越来越复杂。如果没有实现对距离的恰当分割对接，就不能实现行动、文化与文明的关系动力。正确地解决这种文明和文化距离因素的矛盾是人类共同交往实践活动的关键。

（二）人类命运共同体的文明互鉴动力机制

人类共同交往的关键是形成人类共同价值，即以人类主体的共同需要为基础形成的价值选择和价值实践。这就需要遵循文明的规则与秩序，沿着文明的大道，遵循人类文明的发展规律，正确处理好人类共同价值与国家价值、区域价值、个体价值之间的关系，广泛开展跨国界、跨时空、跨文明的交往活动，从价值共识上建立起文化文明互鉴的观念。

雅斯贝尔斯认为，东西方文明相互作用和相互影响的状态有利于人格的形成。[①] 在这种互动中，雅斯贝尔斯看到了存在主义最难解决的问题之一：自由和任意性之间的关系。其中一个很难与另一个在公共生活中区分开来，这就造成了一个困难的困境：要么是官僚主义社会的正式合理化，要么是没有自由的空间。他反对理性摧毁社会本

---

① Jaspers, K., *Die Geistige Situation der Zeit. Berlin*, Germany: De Gruyter, 1932.

身。雅斯贝尔斯本人通过对来自东方的个体存在的内在自由和来自西方的心理外部调节功能的综合解决了这一问题。① 在文化的综合上，雅斯贝尔斯设想了不同文明之间相互作用的前景。

两极格局瓦解后，文明冲突论的提出在引起广泛争议的同时更是将文明共生关系上升至人类面临的共同课题。② 对不同文明应当秉持什么态度？习近平在2019年第9期《求是》杂志发表的《文明交流互鉴是推动人类文明进步和世界和平发展的重要动力》一文，对此进行了深刻阐述。习近平指出，应该推动不同文明相互尊重、和谐共处，让文明交流互鉴成为增进各国人民友谊的桥梁、推动人类社会进步的动力、维护世界和平的纽带。这一主张尊重世界文明的多样性，强调各文明互鉴共进，通过文明交流增进共识、推动人类社会繁荣进步，反映了中华文化追求和平、和谐，建设大同世界的理想，反映了人类社会发展潮流和诉求，是各国人民共同追求美好生活的必由之路。③

古往今来，过着幸福美好的生活一直是人类的梦想。已经持续了几千年发展的文明史，人类创造了辉煌的成就，但战争和冲突从未走远。世界已经经历了无数苦难，付出了惨痛的代价。历史一再证明，没有人类交往文明，人类将彼此分离。如果没有对人类文明相互尊重，将很难和平共处。当今世界正在经历百年未有之大变局。世界多极化、经济全球化深入发展，社会信息化、文化多样化持续推进，人类文明已经发展到了历史的又一高峰。与此同时，人类也都处在面临无尽的挑战和风险越来越大的时代。习近平多次强调人类命运共同体的建设。其核心是倡导互助、合作和双赢，寻求相互理解和相互学习

---

① Jaspers, K., *Vom Ursprung und Ziel der Geschichte. Zürich*, Switzerland: Artemis, 1949.

② 吴吉韵：《人类命运共同体的建构——基于文明冲突论的反思》，《南方论刊》2019年第2期。

③ 张茂荣：《以交流互鉴推动人类文明发展进步》（http://www.chinanews.com/gn/2019/05 - 17/8839459.shtml）。

的新局面，寻求共同利益和共同价值观的新意义，寻求各国共同努力解决多样化挑战和实现包容性发展的新途径。这一重要思想植根于中华文明的沃土，呼应当代时代的节奏，合理有效地回答"建设一个什么样的世界、如何建设这个世界"的根本问题。

人类只有一个地球，在一个世界上每一个国家相通则共进，相闭则各退。人类共同交往文明将重塑一个新型的国际关系和国际秩序。"和而不同"才是最好的相处之道。"和"是多元统一的整体，包含着"不同"，包含着差异，包含着创新，所以生生不息。不同文明之间应当相互尊重、包容互鉴，在历史的启迪和现实的昭示中，以多样共存超越文明优越，以和谐共生超越文明冲突，以交融共享超越文明隔阂，以繁荣共进超越文明固化。[①] 如果我们真正坚持对话和协商，合作共赢，全球利益分配会更加均衡，而全球治理体系将更加公正、合理。

在首届亚洲文明对话大会上，外方领导人在开幕式上致辞时表示，要加强文明之间沟通对话和交流互鉴，只有这样，才能实现世界的持久和平和人类的繁荣进步。所谓"文明冲突论"十分错误，将破坏甚至切断文明沟通的桥梁。[②] 中国文明和世界文明高度关联，世界发展离不开中国，中国文明发展同样离不开世界。中国将一以贯之地坚持对外开放的基本国策，构建全方位新格局，深度融入对外开放的基本国策。党的十八大报告指出，中国将始终不渝地奉行互利共赢的开放战略，通过深化合作促进世界文明强劲、可持续、平稳增长。中国致力于缩小南北差距，支持发展中国家增强自主发展能力。中国将加强同主要文明体政策协调，通过协商妥善解决经贸摩擦。中国坚持权利和义务相平衡，积极参与全球文明治理，推动贸易和投资自由化便利化。2013 年 9 月 7 日，习近平在纳扎尔巴耶夫大学发表共同建设"丝绸之路经济带"的演讲，提出共同建设

[①] 《亚洲文明对话大会 2019 北京共识（全文）》（http：//www.2019cdac.com/2019-05/24/c_1210143249.htm）。

[②] 《倡导交流互鉴，反对"文明冲突"——亚洲文明对话大会外方领导人致辞金句》（http：//www.2019cdac.com/2019-05/15/c_1210135179.htm）。

丝绸之路。同年10月3日，习近平在印度尼西亚国会演讲时提出共同建设21世纪海上丝绸之路。由此，"一带一路"形成。2015年3月，国家发改委、外交部、商务部共同发布了《推动共建丝绸之路经济带和21世纪海上丝绸之路的愿景与行动》的文件。文件指出，"一带一路"建设是一项系统工程，要坚持共商、共建、共享原则，积极推进沿线国家发展战略的相互对接。通过政策沟通、设施联通、贸易畅通、资金融通、民心相通等领域的密切合作，使得中国在经济、政治、文化等领域与世界深度融合。"一带一路"确立参与全球文明治理主导权的目标，构建体现国家战略利益与意志的高水平、开放型文明的新体系、新机制和新优势；整合全球资源、谋划合作共赢的文明战略、制定国际贸易规则，这是中国参与全球文明治理的文明互鉴新境界。

党的十八大以来，习近平总书记推动扩大开放、全面提升开放型文明发展水平，既体现了他积极促进世界经济合作发展的思想，也彰显了中国作为负责任大国的胸怀。习近平总书记主动把握和平、发展、合作、共赢的国际大势，从容统筹国际国内两个大局，主动参与全球文明治理，形成了多元开放的文明互鉴新格局。

（三）人类共同交往文明的有序发展行动理性

文献中普遍认为，公共外交有助于实现外交政策目标和促进国家利益。最常见的研究重点是舆论、国家形象和态度—行为研究，这些研究在一定程度上是有帮助的。然而，这些定量研究未能深入把握公共外交的定性方面，"如何"这样做的问题尚未得到充分处理。习近平深刻指出："应该维护各国各民族文明多样性，加强相互交流、相互学习、相互借鉴，而不应该相互隔膜、相互排斥、相互取代，这样世界文明之园才能万紫千红、生机盎然。"[1] 正如国外有研究者指出

---

[1] 习近平：《在纪念孔子诞辰2565周年国际学术研讨会暨国际儒学联合会第五届会员大会开幕会上的讲话》，《人民日报》2014年9月25日第2版。

的，霸权在中国语境中具有消极的内涵，中国有着根深蒂固的"反霸权主义外交政策取向"①。文明相互包容、协调。有序发展的人类共同交往文明动力建构要重视、加强和实现在维护健康、高雅、文明上的人类共同交往文明动力主旋律的前提下，实现不同多元关系的、体现出多样性的文明相互包容、协调。正如习近平提出的文明交流互鉴要秉持的态度，即要坚持文明多彩、文明平等、文明包容的观点。针对西方学者提出的所谓"文明冲突论"，习近平提出以交流互鉴为核心的新文明观。新文明观倡导"要尊重世界文明多样性，以文明交流超越文明隔阂、文明互鉴超越文明冲突、文明共存超越文明优越"②。要实现交往主体在交往关系中的情感关注与逻辑理性的统一，避免产生根深蒂固的势不两立。

应该说，全球一体交往文明的实现必须从思想和行动上认同主流文明，继而激发关系主体的发展潜质，使其得到完善。与多元、非主流要有密切的合理梯度分割，以使个性的发展不再与主流要求截然对立，而是一个互相融通、共生共长的过程。同时，各种相互矛盾的相互融合、促进，"一分为多"与"合多为一"。这体现出在人类共同交往文明动力中，以关系主体为重心，充分地理解关系主体，尊重关系主体，给以足够的展示空间，满足关系主体多样性、多元化的合理要求。

一定意义上，网络的出现需要"脱离"旧的共同交往文明动力模式，但现实社会的共同交往动力形式不是完全适用于网络交往。问题在于人们过于强调网络与现实两种新、旧共同交往文明动力运行模式的二元对立式的划分。当前，我们要对自由网络所宣传的自由关系范式持谨慎态度，要把网络空间中的选择与权力的运作区别开来，加强适应网络、多元共同交往文明动力要求的关系主体动力环节，这就需

---

① Leverett, F. and B. Wu, "The New Silk Road and China's Evolving Grand Strategy", *The China Journal*, Vol. 77, 2016, pp. 110 – 32.
② 习近平：《决胜全面建成小康社会 夺取新时代中国特色社会主义伟大胜利——在中国共产党第十九次全国代表大会上的报告》，人民出版社2017年版，第59页。

要在网络交往文明动力生态中合理引导。"各国应该加强沟通交流，完善网络空间对话协商机制，研究制定全球互联网治理规则，使全球互联网治理体系更加公正合理，能够反映大多数国家的意愿和利益。"①

让"城市社区"成为以交往关系主体为重心，促进主体对主流价值的心理与实践认同，实现主体价值与利益，成为人类共同交往文明有序发展的突破口。社会分工，使交换成为必需并且逐渐频繁起来。城市是市场交往关系的载体，作为经济活动的指挥枢纽和市场中心，城市主导世界的地位牢固确立，在人类共同交往文明现实中的重要性愈益增强。城市对人类共同交往文明的价值表现在聚集效应、比较利益效应、资源稀缺压力效应等。具体来说，城市对人类共同交往文明的积极的效应有：①交往的速度；②加强了城市人口交往之间的联系与互动；③城市增强了人类共同交往文明的推力；④增大了人类共同交往文明的引力；⑤开拓创立了一种新的人类共同交往文明观。城市社区既是城市的一个组成部分，同时有着较强的独立性，它在交往关系中的地位决定了它是人类共同交往文明动力建构的一个不可忽视的重要方面、关键条件之一。然而，当前城市正处于多重维度的深度危机之中。一是城市人口急剧增多爆满，这是一个需要全球关注和帮助的全球性挑战。另一个问题是日益加剧的贫困和城市化进程，其后果是健康状况不佳、环境恶化、贩运儿童和人口以及剥削。在交往关系中，以"城市社区"为主要空间，培育健康有益、积极向上、团结的交往关系有重要的意义。城市社区在人类共同交往文明动力中的作用发挥与"需求连带"有关。在此机制下，关系动力体不断繁殖与链接，如此逐层连带，动力效应是不可逆转的，要积极创造良好的环境和条件。应丰富"社区交往关系"的内容和形式，让"城市社区"成为以交往关系主体为重心，健康的城市交往文明必须彻底改革以城乡隔离为特征的体制，实现人口自由流动，为全面的人类共同交往文

---

① 安静：《网络主权原则是全球网络治理的必然选择》，《红旗文稿》2016 年第 4 期。

明扫清障碍。这就要探索实践主流交往关系的新理念，实现城市社区工作创新。

（四）人类共同交往关系的文化效应动力模式

治理和公共行政与人类文明一样古老，起源于这片古老的亚洲大陆。从政府和公共行政到今天的治理和行政或管理，这两个概念都发生了重大变化。事实上，以治理代替公共行政已成为全球学术界和从业者的一种流行趋势。治理过程，不是以一个训诫者、命令者的角色来面对自己的工作和主体，主动将原有的管、堵、压的单向支配式的人类共同交往实践模式转化为真正意义上的人类共同交往实践。这要求交往主体拿出一颗真诚的友善之心实现与主体面对面的共治和信任交往，把眼光从看管和规训转到对主体发展上来。这样才能让交往主体细心以察，热心以助，让人类共同交往实践焕发出对文明的无比的热情，更好地引导和帮助而不是训诫和责罚。打碎横亘在人类共同交往关系模式的文明与文化交往障碍，走向直接无间的"相遇"。

国际或全球化力量构成健全治理的强大层面。特别是在掠夺性全球化的时代，不仅是联合国及其分散在世界各地的各种机构和组织，如国际劳工局、世界粮食组织、世界卫生组织、世界银行、国际货币基金组织和世界贸易组织等，也有许多政府组织，如美援署和经合组织，以及关注环境、贫困、健康和饥饿、人权和不公正问题的非政府和基层全球运动组织。这些组织有的可能是"反全球化"和"地域主义"全球运动的一部分，代表着全球化的对立面；从交往关系动力视角来看，人类共同交往关系模式有两种：一是"我—你们"关系动力模式，另一个是"我—我们"强交往文化效应动力模式。在"我—你们"的关系模式中，"你们"，作为客体，只是"我"作为管理者，认识、利用或控制的对象。这是一种对立的关系。而"我—我们"的关系模式则是人类共同交往文明应有的一种真实的基本关系模式。人类共同交往文明是一种为"我们"而存在的关系。整个社会存在都是我的客体，构成一个我与社会之间的主客体关系。"我—我们"的关系是应有的一种真实的基本关系，当"我们"相遇时，"我们"以"我们"的整个存在，"我们"的全部生命，"我们"的本性来接近"我们"。"我—我们"强交往文化效应动力则是相互的，关系之经纬交相织连，关系之平行线欣然相会。也就是说"我们"之间是相互的关系，在交互中实现了相遇，在相互的沟通与接触过程中，彼此敞开心扉坦诚以对，从而使得"我们"在实现于关系中敞亮自身。这种相互、相遇之中实质昭示了在相互信任中促进各自的发展。

当前，政府的角色发生了迅速的变化。它是这个时代的核心问题之一。这一变化以及治理和管理进程已成为加速全球化时代的标志，无论其定义如何，国家与政府的传统和历史作用已经改变，政府性质的变化也改变了治理和行政程序的性质，使世界各地政府的治理、职能和制度基础发生了深刻变革。

因此，新时代治国理政成果共享是基于"我—我们"的关系共治与信任关系，是"我们"之间最直接的、交互的、活生生的相遇关系。共治和信任能让交往主体自觉放弃和克服那些粗暴的手段和恶劣的态度及冰冷的说教面孔，让人类共同交往真心以待。因为共治和信任能让人类共同交往主体当做一个完整的、独立的人来看待，而不仅仅当做对象和构建的"物"去看待。人同自然之间首先形成主客体关系，自然作为客体。此种关系是改造与被改造的关系。理解人与人的关系就不能用这种人与物的关系来理解。

新时代治国理政成果共享和共治的特点从另一个角度体现出"我们"的一种相容性的特点。在"我—我们"强交往文化效应动力世界里，"我们"均在对方出现的同时而将自身与对方统一，化为强交往文化效应动力体。在"我—我们"世界里表现出无间性，人类共同交往文明的帮助和指导是发自内心地建立在相互信任的基础上的，人类共同交往文明为了帮助公众获得充分的发展，把公众看作是完整的人，不把公众视为一系列的属性或需要的单纯集合，而把公众作为整

第八章 人类共同交往文明的行动逻辑与行动文化 | 203

体。强调双方真正的共治，对"对方"的"敞开"和"接纳"，把对方作为"我们"而交往。如此，在"我—我们"强交往文化效应动力中"我们"显现为我们的行动性。"我们"相遇，人格之存在依赖于其进入与其他人格的关系，是自然融合之精神形式。"我"步入与"我们"的直接关系里，"我们"实现"我们"；与公众交往关系既是被择者又是选择者，全球治理者既是施动者又是受动者，显现为"我们"的行动性和平等人格。

然而，相对于"我—我们"强交往文化效应动力，"我—你们"关系世界则表现出一种孤独性和异己性、排他性的特点。流连于事物之表面而感知它们，所缺少的就是建立在关系动力所言及的这种无间。在"我—你们"关系之中，"你们"从"我们"中异化、退缩出来，成为一个单向度的功能体，成为被经验物、利用物。"我"捕获它们，占有它们，仅仅表现为与"我"产生关联的一切都沦为了"我"的经验、利用的对象，是"你们"满足"我"之利益、需要、欲求的工具。相对于"我—我们"强交往文化效应动力，"我—你们"关系表现为一种间接性。"我"与"你们"之世界乃是充斥功利目的、阻碍的世界，其间没有直接的平等相遇，"我"只能通过纷繁复杂的"中介"，方可抵及"遥远"的"你们"之世界，从而"我—你们"的交往关系表现出一种疏离性、对立性。人类共同交往文明只有建立"我—我们"的关系，只有通过共治和信任来化"你们"为"我们"，在"我—我们"新时代治国理政成果共享的情景里，才能有大的交往关系动力来改变紧张的现实状况。

总之，"我—我们"源于自然的融合，而"我—你们"关系源于分离。新时代治国理政成果共享、信任、共治和相容的"我—我们"强交往文化效应动力的突出特点是无间性。也就是说"我—我们"之间是一种直接相通的，一种面对面的存在与豁达的没有隔阂与偏见的关系表现。对于人类共同交往文明来说，应当采用正确的、真实的"我—我们"交往关系模式去挖掘公众的最大发展潜能，实现有效全球普遍交往文明。

二　人类共同交往文明的安全悖论应对

(一) 人类共同交往文明发展中的安全悖论

所谓的"悖论",指的就是被认为荒谬的理论。同时,"悖论"也可以成为"逆论"或"佯谬"。悖论在人类命运共同体发展进程中会存在于各个领域。悖论产生的原因相对复杂,是由于客观事物的辩证本性,与形而上学的主观思维、方法之间形成形式化特性上的矛盾,进而这一矛盾表现出了观点上的荒谬,人类命运共同体发展中安全悖论新命题形成的原因自然也是如此。

1. 技术安全悖论是安全悖论的重要时代特征

技术安全悖论是因为技术安全绝对性与相对性的辩证本性之间存在冲突所形成的。在安全悖论的多重叠加因素中,"技术绝对的安全性"这一特性,显然与哲学上的辩证观点相悖,因为世界范围内实际存在的事物并没有绝对的,自然也不会存在绝对的安全性。伴随技术的快速发展,在建工程以及以运行的工程规模正在不断增大,必须面对安全问题,绝对安全在总体国家安全中至关重要。但是这往往是极端的表现,并不能真正实现,这显然与总体国家安全,以及政治领域发展的客观事实相违背。因为,在技术社会,只能通过按照最为严格的标准来执行安全,但是无法彻底消除潜在的安全隐患。这主要是因为客观本源中,存在着技术异化。所谓的"技术异化"指的就是将技术作为改造和控制自然的主要手段,达到满足想要达到的目的,同时,技术反而成为异己力量来反对技术本身。而这也恰恰是毁灭自己的重要手段,是技术"二重性"这一本质所导致的一种技术时代悖论。

2. 生态悖论是构成安全悖论因素新命题的重要环节

自然生态是人们赖以生存的基本环境,是人类社会一切发展的根源,也是人类从事一切生产劳动的基础所在。人类要善于利用自然生态来谋求幸福,要善于维护自然生态来追求可持续发展。

人类谋求发展,首先应该考虑到会对自然、生态造成哪些影响,对人类生命安全会有哪些损害。可是一切实践的产生都是为了改变自然生态，造成了自然界中发生了某种变化，甚至自然界也会随之受到破坏，破坏性是一切政治手段所不能控制和挽回的。这显然不利于维护生态平衡、追求可持续发展。

不得不承认的一点就是所有的实践体系中都会伴有一定的反生态本质。当利用实践手段来从事一切生产劳动的过程里，实践手段必然会对生态平衡造成一定程度上的破坏。如果一味地追求维护自然生态，那么实践手段本身就失去了本应具有的意义。这正是实践与生态平衡发展之间所存在的矛盾，这一矛盾久而久之就形成了生态悖论。这样，生态悖论就会成为安全悖论因素新命题形成中的重要一环。

3. 舆情悖论是构成安全悖论因素的认知因素

伴随网络技术的飞速发展，微信、微博、论坛已经成为了解社会、把握社会动态的主要渠道，也是公众表达自身想法和观点最为便捷的途径。特别是最近几年中，以微信、微博、论坛为主体的社会舆论传播渠道，对于政治生活秩序，以及社会稳定发展的影响日益突出。一些影响较大的、波及范围较广的社会舆情事件往往在网络中的影响非常大。为此，网络平台在社会监管中的作用也充分地展现出来。可是，在网络环境中，一些舆情信息在接受、处理、传播过程中，会放大、扭曲事实真相。这样人们在风险认知方面必然会受到一定的不良影响，进而导致人们在舆情信息方面上的认知会出现不同程度的偏差，导致总体国家安全过程中出现诸多的不良社会影响。这样也就生成了舆情悖论，也就是舆情信息所造成的最终影响与最初的事件影响相悖。无论是在国际还是在国内势必会引起高度的关注和热议。在这样的背景之下，社会毫无疑问已经进入到高风险社会，人们的安全需求程度也会随之提高。可以说，风险社会背景下，人们的安全需要与安全认知水平不能保持在统一水平线上，所以人们的心理恐慌就会日益加剧，人们的安全需求也会被不断地放大。由此可以得出，这一因素也就成为了舆情悖论因素的主体动因，于是，舆情悖论是构成安全悖论因素新命题的认知因素。

4. 政策悖论是构成安全悖论因素新命题的战略导向因素

一定意义上，安全悖论因素治理是在走国家主导型路线，政府为之提供的政策支撑是总体国家安全观视域下安全悖论因素治理的关键。当前，政策中一些针对技术研发、技术利用机构的约束性政策存在一定的欠缺。这显然不能满足总体国家安全的迫切需要，进而衍生出总体国家安全政策悖论。政策制定与执行的线性思维是作为总体国家安全观视域下安全悖论因素提出的关键所在。所谓的政策"线性思维"就是能够认识到物质本身的抽象性，而并非是认识事物实质上的抽象性。只是用片面思维、直观思维方式进行思考，经过思考而得出的结论必然会带有严重的片面性特征，并没有真正的在引发安全事故的后果上作出客观的事故评估结论。因此，政策悖论恰恰是构成安全悖论因素新命题的战略导向因素。

5. 监管悖论是构成安全悖论的组织管理因素

新时代安全悖论因素治理在监管环节需要得到同等甚至更高的重视，只有监管措施的不断完善、不断改进、不断更新，才能实现"安全第一"的发展理念。虽然新发展理念已经成为社会主义建设的核心理念，在安全悖论因素治理上也正在坚定不移地走可持续发展道路。可是，从当前安全监管体制机制上，以及总体国家安全的进程上来看，两者之间的发展速度并不能保持正相关的关系。也就是说安全监管体制机制的完善及调整速度，与安全悖论因素治理进程并不能保持一致。在这样的背景之下，采取最高的安全标准与当前现有的监管体制机制，就会逐渐生成技术监管悖论，而这一悖论恰恰是构成安全悖论因素新命题的组织管理因素。主要表现在：第一，当前安全法律法规并不十分完善，主要的法律法规还是以规范标准、指导性较强的红头文件的形式展现在面前，这显然不能为安全发展提供有力的法律保障。第二，在安全监管体制中，组织结构明显呈现出了"大分散、小集中"的现实状况，针对公众参与监管并没有纳入到监管体制之中，这显然不利于公众安全文化认知水平的提升。第三，当前安全监管队伍建设水平有待提高，由于发展规模已经呈现出跨越式发展之势,安全监管人员的专业素质与能力应与之相适应,特别是在可持续发展道路之上,当前安全监管队伍建设显然不能与之相适应。

6. 成本悖论是安全悖论因素新命题的关键因素所在

"安全发展"的出发点势必会做到精准合理的投入、极大程度上避免发展的风险。然而,发展的安全性与总体国家安全的成本之间就存在明显的相互关系,确保安全性就必须要加大保障相关方面的投入。如此,诸如安全生产成本由此会随之提高,降低安全成本就会提高资源开发与利用的安全风险。这种安全生产成本的提高和生产成本的降低两种因素的相互作用,进而也衍生出了总体国家安全的成本悖论,而这一悖论也并不是通过政治手段就能够加以解决的。所以,该悖论也是安全悖论因素新命题提出的关键因素所在。

(二) 总体国家安全观的人类共同交往行动文化价值

早在 2014 年 4 月 15 日,习近平总书记在主持召开国家安全委员会第一次会议时,提出了坚持总体国家安全观,走出一条特色国家安全道路的战略决议。并且明确阐述了总体国家安全观包括 11 种安全,涉及传统安全和非传统安全两个方面,具体包括:政治安全、国土安全、军事安全、经济安全、文化安全、社会安全、科技安全、信息安全、生态安全、资源安全、核安全。习近平总书记明确指出,正在处于对外维护国家主权、维护世界安全、促进多方共赢发展,对内保证社会长治久安、维护社会稳定发展的状态之下,可预见和不可预见的风险、危机情形明显增多。而分析这些风险和危机情形的因素,保证对内与对外的国家安全自然成为必须谨慎思考的问题,总体国家安全观由此也全面形成。[①] 总体国家安全观是维护安全的重要行动理念,大力落实总体国家安全观是确保国内安全、发展、构建人类命运共同

---

① 刘跃进:《论总体国家安全观的五个"总体"》,《人民论坛·学术前沿》2014 年第 11 期。

体，促进各方互惠互利的重要基本保证。

1. 有利于形成总体国家安全的底线思维

避免高安全风险的形成最有力的办法就是提前辨别、预防，形成最为有效的国家安全风险控制。"底线思维"可以有效针对潜在的风险、危机情形能够作出预先判断，进而扭转风险和危机情形，出现最低限度的安全局面。从现实角度来看，充分考虑事物发展中的不利一面，采取充分的措施加以避免，就是底线思维的根本体现。总体国家安全已经进入到全面建成小康社会、中国特色社会主义新时代，各种安全风险因素叠加、社会风险也随之提高。让国家安全能够控制在低风险范围之内，在最短的时间内发出风险警告，确保不利因素不影响国家安全，让即将形成的损失能够维持在可弥补的范围之内，这就是国家安全的底线所在。习近平总书记在底线思维上也作出了明确的指示，再次重申作为一个世界大国，肩负的职责和履行的责任重大，绝不允许出现颠覆性的错误，国家安全层面更是要坚持底线。如果踏破底线不仅是对经济发展、社会进步的不负责任，更是对社会和谐的不负责任，所造成的损失和灾难是不能承受的，也是世界不能承受的。总体国家安全观的提出，是共产党正确运用唯物主义辩证法的两点论所得出的战略观念，将可能与现实、质量互变两个层面运用底线思维进行深入地思考与研究。这显然在国家安全风险防控方面会产生理想的效果。具体来说，始终坚持两点论，将事物的发展一分为二，既要明确国际与国内形势中利益突出的一面，同时还要看到事物发展中存在的不利一面。将不利的一面作为重点，找到解决不利因素的方法，让不利一面所产生的风险能够得到有效的控制，并在风险出现之前发出预警，从而达到将损失降到最低点的目的。

2. 展现出了新时代治国理政的新智慧

中国拥有五千多年的人类文明发展史，优秀传统文化更是享誉世界，悠久而绵绵流长的治国理政的智慧是世界任何一个国家都无法比拟的。习近平总书记用优秀传统文化来丰富当代治国理政观，体现出治国理政进程中的人文精神、教化思想，并彰显出治国理政道路中的道德素质，将有特色的治国理政智慧用于国家治国理政、维护国家安全实践当中。这显然是总体国家安全观下的新安全观的集中体现。为此，当代发展，必须以维护生态平衡、促进经济增长的眼光看待发展，高污染、高消耗、高浪费的发展思路并不符合当今发展的基本要求。本着安全服务社会、服务人类、维护生态平衡发展的重要举措，技术的开发与利用，正是安全悖论因素治理与国家发展的生态哲学思想相统一，也是传统文化在当代得以传承、发扬光大的基本体现。"既要绿水青山，又要金山银山"的治国理政新智慧为建立人类生命共同体打下了坚实的安全文化思想基础。

3. 实现以人民为中心的总体国家安全文化价值追求

从国家总体安全观视角分析，国家安全与以人民为中心并不是相悖的。因为人民有义务考虑和维护国家安全，而国家安全则是人民创造自身利益最为基本的条件。从辩证的角度来看待二者之间的联系，不难发现人民安全往往是国家安全的基础所在，确保和实现人民利益是国家总体安全的价值体现。这种新安全观往往会在人们认知文化、国家安全等方面产生极为积极的推动作用。实际上，安全悖论因素治理深刻地贯彻国家总体安全观所提出的具体要求，将国土安全和人民安全放在至高无上的位置。因为国家一切安全措施的提出，都是为了确保人民的安全；国家一切安全措施的有效运行都必须依靠人民，人民是国家一切安全的基础和保障。这也正体现出国家总体安全观的新安全文化价值所在。

4. 彰显总体国家安全观的全球比较优势

总体国家安全观最为基本的思想就是要有和平的方式解决国际社会存在的争端，并不倡导以武力为主的解决国际争端问题，要将一味地追求我赢你输的思维彻底摒弃，倡导国家之间的合作、共赢为基础，形成和平发展新态势。由此来解决国际争端问题，用合作的手段来化干戈为玉帛，让分歧点转化成为各方利益的汇合点。这样的思维恰恰是非"零"思维，也是国家乃至世界走出安全困境最为有效的思路。总体国家安全观以维护世界安全为己任，强调国家之间在合作、共同发展上的相互信任、相互履行各自的责任。这显然远远超越了冷战时期的国家安全思维模式，与资本主义国家（特别是美国）之间形成了鲜明的对比。而冷战时期的意识形态阵地的对抗也由此消失，乃至其他国家也不会成为世界事务的独裁者、主宰者。

在国家总体安全观视域下，安全悖论因素治理必将对世界各国带来积极的影响，同时在构建人类命运共同体上也会发挥出重要的引领作用。① 自1991年冷战结束以来，美国安全观主要体现在两个方面，一是以新的现实主义国际关系理论作为支撑；二是将保守主义思想作为主体，也就是说利益是美国安全观的第一追求，以我为中心的思维为主要表现形式。这显然是冷战时期国家安全思维的又一种新表现。② 所谓新的现实主义，是指权利最大化的必然结果，正是这样的理论导致美国与其他国家在合作与交往中，形成相互不够信任、相互不能履行责任的情况出现，同时造成安全困境的出现，这种情况的长期存在必然会造成国际冲突的频繁发生。由此可见，总体国家安全观体现出了既关注国家自身的总体安全，同时还在维护和促进世界安全上承担更多的责任、履行更多的义务，进而建立一个人类生命共同体，这充分体现出构建和谐安全世界这一新的伟大目标。

（三）安全悖论应对的行动文化选择

1. 从生态文化层面出发积极应对技术与生态安全悖论因素

早在2005年，时任浙江省委书记习近平同志就提出了"两山论"，即"绿水青山就是金山银山"。而党的十九大报告中，将"既要绿水青山，又要金山银山"作为国家意志体现出来。这恰恰是共产党在生态文明建设道路中的态度与决心。技术的安全发展，正是保护绿水青山、开发金山银山的重要保证。

---

① 上海市中国特色社会主义理论体系研究中心：《推进"构建人类命运共同体"伟大进程》，《中国领导科学》2017年第7期。
② 钱文荣：《新世纪多极化趋势的主要特征》，《亚非纵横》2008年第5期。

安全悖论因素治理中，要在生态层面上不断作出努力必须"扔掉"用经济衡量总体国家安全这一标尺，打造出适合生态系统建设的技术系统，同时深刻认识到生态保护就是生产力的保护。要体现出生态环境的突出位置，针对技术体系的生态环保评估建立系统而完善的评估体系，要找到生态文明建设与经济利益之间的平衡点，进而技术能够保持持续创新的同时，能够达到安全发展的基本目标；进而生态底线能够真正的守住，让技术开发与利用保持在生态环境能够承受的范围之内。同时，要提供积极、有效的干预与控制，由此来推动安全悖论因素治理迈向生态化的进程。

2. 建立完整的国家安全文化

"安全文化"，是指存在于单位和个人中的种种特征和态度的总和。它建立在一种超出一切之上的观念，故指安全问题，由于它的重要性极为突出，国家必须予以高度重视。[1] 因此，要保证安全悖论因素治理，必须从又好又快方面出发，建立起一套完整的安全文化则势在必行。在此期间，可从三个方面入手：第一，涉及国家安全的企事业、技术研发机构，必须确立起以社会主义核心价值观为基本内容的价值观念。这是安全文化的重要组成部分，定期以核心价值观念的内容为主题，开展安全责任意识等方面的实践活动，确保总体国家安全文化软实力不断增强。第二，构建安全信息公开、公众参与、监管总体国家安全有效落实的社会舆论氛围。第三，政府有义务组织针对安全的认知培训，让人们能够深入了解安全文化知识，切实加强总体国家安全文化在社会中的广泛渗透与传播。面对安全悖论因素的治理进程，提升公众认知安全文化水平是关键中的关键。其原因非常简单，就是二者之间存在共进关系，如果总体国家安全与公众认知安全文化水平不能保持同步，那么必然会对总体国家安全造成严重的负面影响。

---

[1] 刘建昌：《安全意识与安全教育在生产中的体现及培养路径分析》，《中外企业家》2017 年第 27 期。

3. 在政策层面上提供强有力的保障与推动

在实现总体国家安全过程中，必须为之提供强有力的、科学性的政策作为保证，为安全悖论因素治理提供强大推动力。因此，必须明确决策权的归属，避免多方决策、决策意见存在明显的相克、矛盾等情况的产生，让党和政府的决策权能够得到合理的配置。要建立起一套完善的安全评估政策体系，定期针对技术开发、利用的整体效果进行全方位评估，尽最大努力减少总体国家安全进程中的决策风险出现，这也是减少乃至消除事故产生的重要保证条件。要制定出公众参与并监督总体国家安全相关政策，让公众针对总体国家安全的形势发表自身的想法；让自身的利益诉求能够得到充分表达，在寻找到公众利益与社会利益、国家利益、国际利益的平衡点基础上，谋求安全悖论因素治理思路。

4. 建立系统的总体国家安全监管文化

面对总体国家安全进程的不断加快，要应对总体国家安全之势，从安全、生态角度作出缜密的分析。建立一套适合新时代发展、总体国家安全的监管体制，确保安全悖论因素治理能够为人类造福。建立系统的总体国家安全监管体制要确保监管机构体现出国家在安全悖论因素治理方面监督与管理的权威性、独立性。这必须要扩大技术监管安全人员队伍，并不断提高监管人员整体职业素养，确保总体国家安全监管工作的作风、业务能力得到全面保障。要善于应用网络技术平台，将大数据、云计算、"互联网+"技术应用到总体国家安全监管领域之中，为公众参与、监督安全悖论因素治理提供广阔的平台。并且在总体国家安全监管文化创新方面能够积极献计献策，确保技术始终走在又好又快发展道路之上。

5. 达成总体国家安全真相共识

随着信息社会的高速发展，安全的公众认知已经成为决定总体国家安全治理的重要因素。国际关系行为体数目急剧增加，引发了全球化进程，增加了各国人民的相互依存。公众舆论的影响越来越大，引起了各国在大众意识中对消极政策施加影响的愿望。为此，在总体国家安全观下安全悖论因素应对的策略选择中，必须要达成安全真相共识，这是破解该悖论最为有效的方法之一。主要的操作应该包括三个方面：第一，要加强媒体报道安全真相的力度，让新闻、舆论媒体能够客观阐述安全事件的原委。第二，必须做到安全信息的公开与透明，消除公众对安全问题的不必要疑虑，让总体国家安全治理能力能够在广大公众心目中拥有极强的可信度。第三，要引导广大人民培养安全问题的评判能力，让广大人民能够针对安全悖论因素治理、事故的后果作出客观、冷静的评判，使各方针对安全悖论因素治理能够达成真相共识。这是总体国家安全观下安全悖论因素有效治理的主要条件。

三 "一带一路"交往文明的行动文化选择

"一带一路"是一种合作关系。不同国家对其他文化的消极态度，是当代文化融合过程中的一种矛盾，给国际合作的行动文化制造了障碍。基于文化的冲突有社会和心理上的先决条件。第一，它是人类对与未知和不寻常碰撞的自然反应，由于对未知的恐惧而被视为威胁。第二，在迅速变化的现代条件下，人类自然不愿改变传统的生活方式，这不仅带来了舒适，也带来了不便。这可能在全球发展和形成一个高度多元文化的社会背景下造成更多的复杂情况。在"一带一路"中，作为整体存在的文明与文化既有共同性与普遍性，又有独特性与个别性。只有给予足够包容，建立合理的行动文化基础上的共同交往关系，才能给沿线人民很大的精神鼓舞，以致产生更大的动力。如此，沿线人民的创新与发展精神才能获得整体性，"一带一路"的协同合作力量才能真正有效、完整地作用。

（一）共建共享与互信的行动文化
1. 共建的行动文化

从推动"一带一路"变革实践朝着更加公平合理方向发展的愿望

出发，习近平提出了以共商共建共享为核心的"一带一路"合作观。① 习近平强调，人民是决定党和国家前途命运的根本力量。在社会主义中国的治理实践中，人民群众是治理体系中重要的主体，在国家治理中发挥着当家作主的作用。② 因此，要让沿线人民感受到自己在这个"一带一路"中的价值，更愿意在"一带一路"中积极表现。实际上，共建不仅是全球治理交往的方式，也是"一带一路"合作情境。在"一带一路"共建中，沿线人民共同参与、合作、投入和创造相互交往的活动。因此，一切目标的完成都离不开沿线人民的认真参与过程，"一带一路"要充分与沿线人民坦诚相待，共建是最好的相处与治理之道。

"一带一路"共建是指双方的"敞开"和"接纳"，是对"双方"的倾听。把强交往文化效应动力构建理解为"共建"，则"一带一路"并不是与沿线人民无关的单向度建设。随着人的经验和利用世界的能力的持续增长，从"一带一路"方面来说，意味着"一带一路"没有贬值为仅是公共产品与服务的单向传递。从沿线人民方面来说，意味着他们是在创造公共产品与服务中的一环，而不是被动地承受恩赐。因此，不要把"一带一路"的着眼点放在单向公共产品与服务上，忽视强交往文化效应动力构建，从而造成了专制。出于共赢发展的情怀而建立相互之间的"共建"关系，把强交往文化效应动力构建理解为在"一带一路"共建中不断生成公共产品与服务，赢得沿线人民内心的认可，这种认可就会化作一种向心力、凝聚力，影响沿线人民内心的情感。从而，真正地、有效地使"一带一路"在相互交往过程中达到了理解，民心获得了沟通。在这样一个充满动力的交往关系中，散发出来的气息是激情的，沿线人民受到的感染也是激情的，整个"一带一路"的氛围就会是积极向上的，形成一种持

---

① 陈建中：《共商共建共享的全球治理理念具有深远意义》，《人民日报》2017年9月12日第7版。
② 丰子义：《国家治理现代化体现以人民为中心》，《人民日报》2017年9月28日第7版。

续的内在发展动力。

2. 共享的行动文化

在"一带一路"建设由平面化向网络化转变背景下,强调由多元主体构成的网络化的行动文化体系,不同主体具有平等的地位,通过协商和合作的方式共同实现"一带一路"的目标。因此,任何一个成功的强交往文化效应动力构建,同样也离不开沿线人民的成果共享,都需要沿线人民的协助,必须建立多中心的共享机制。

有错误的观点认为,中国是公共产品与服务的拥有者,是权威,而沿线人民则是被主宰、被动地接受和服从,这种"一带一路"成果分配机制因而是强制性和灌输性的。这导致"一带一路"被预设为权威和完美化身,规范的维护者,严格的执法者。沿线人民则成了被先验的认为是在德行、德性方面有问题,对"一带一路"提出的各项要求和规范无条件接受、服从和执行。更甚之,认为"一带一路"为实现行动而采取压服,结果导致交往关系充斥着疏离、对立,弥漫着猜忌和敌对情绪,呈现管与被管、命令与服从的单向支配和强制关系。因此,"一带一路"不能追求表面形式,总是戴着权威的面具,把沿线人民看作是控制的对象,在共享中,沿线人民获得智慧,"一带一路"不因掌握资源与权力而决定沿线人民的生活,或者控制、操纵。

在共享中要明确职责权利。所有治理领域的能力建设是大多数政府应该利用本地或国内资源进行的,但有些政府依赖外部机构支持。后者通常是贫穷国家,资源较少或很少,因此受到全球压力,这些国家需要与具有共同利益的区域国家结盟。亚洲国家具有巨大的多样性能力,它们可以通过采取集体合作行动来应对全球化的挑战,较贫困的国家可以从区域和大陆合作中受益。"一带一路"关系到沿线人民的责任、权力和利益,要把握好责权利三者之间结合的"度"。责权利三者之间的结合越合理,沿线人民的发展就越有积极性。如果"一带一路"不能公正地把握这个"度",就会引起激烈的矛盾。在"一带一路"成果共享中意味着"一带一路"从不作为公共产品与服务的占有者和恩赐者,而是使沿线人民在共同交往中寻求真理。这样与沿线人民双方交互作用，双方都具有完整性的个性，在"一带一路"共同交往中，双方互相承认，互相尊重。当用亲和的态度与沿线人民相处时，沿线人民也自然愿意尽全力协助发展。所以，"一带一路"要让沿线人民知道具体的责任内容、权利范围和利益大小，要让沿线人民明确自己在"一带一路"中的位置，并明确该位置应承担的责任、应具备的权力和将得到的利益。

3. 互信的行动文化

"一带一路"建设是以信任为导向的。"一带一路"要真正地实现沿线人民作为独特的发展的意向、创造、选择、个性以及自由，就要信任沿线人民，尊重沿线人民。信任不仅仅是双方精神世界的相互作用，而且还包含着公共产品与服务的传达。因此，沿线人民之间的信任既包含着人际间的信任，又包含着对公共产品与服务的信任。在信任的基础上，进行双向互动，通过公共产品与服务，真正实现"一带一路"成果共享。当沿线人民的内心受到极大的鼓舞和激励，就会自动自发地去发现、去发展、去实践、去创新，来完成"一带一路"的强交往文化效应动力构建目标，并进一步完善良好的社会行动、文化与文明关系，而不是强迫沿线人民服从自己的意志，接受自己的权威。实际上，共建共享也就是"一带一路"中沿线人民双方信任的过程，若没有成果共享，也就不可能形成互相信任与承认。工业时代，战争的灾难性后果日益增加，特别是在不断发展之后，大规模毁灭性武器的使用只会增加人们对政治家防止全球灾难的能力的不信任。没有信任，双方也很难形成共建。信任是一种尊重、鼓励与赞美，是一种给予沿线人民自信的有效方法，不仅形成了沿线人民交互性的关系，而且也使沿线人民的精神受到启迪和引导，是沿线人民自觉进入有序和谐交往关系情境之中的精神动力之一。

(二)"一带一路"交往合作中的安全文化构建

中国倡议的"共商、共建、共享"原则，为地区安全、区域贸易提供了一个范本,对于推动各国经济发展、维护世界和平稳定作出了巨大贡献。"一带一路"必然会让五项流通关系——人员、货品、劳务、资本及资讯——显著加强与成长;但正因为这五项流通关系,才有可能让非传统性安全挑战更加严峻。传统性安全威胁系由国家政治、外交与军事等硬实力,在国家有意所为政策主导下所产生;但是非传统安全威胁,通常被界定为非直接源自军事、政治与外交行动所产生的其他威胁。由于各国历史文化、传统习俗不尽相同,"一带一路"沿线国家的文明形态也有所不同。而在这个过程中,离不开与周边国家和地区广泛的合作,积极应对非传统安全问题是我们的主要责任。正如有学者指出的,"一定是共同应对"。应对非传统安全需要克服传统观念和认识局限,尤其是需要抛弃冷战思维,树立共赢观念。①

新时代中国的复杂性是全球范围内任何一个国家都不可比拟的。一些与"一带一路"息息相关的大型项目开工建设力度正在不断加大,同时伴随当今网络信息技术的快速发展,信息来源渠道已经实现了多元化发展态势。如果安全信息不能透明、公开,那么必然会导致"一带一路"沿线人民在安全上形成心理恐慌,影响社会稳定发展。

舆论层面是建立在软实力概念的基础上的。这一层的更大影响涉及公共外交举措产生吸引力的能力,而"较窄非宽泛(或重点突出)影响"是通过在对国家动机产生怀疑的目标受众中建立对国家的信任。实际上,一些最常见的治理或政府概念包括善治、企业政府、竞争性政府、市场治理、经济治理、元治理、社会和政治治理、扶持性治理、参与性治理、监管治理、干预主义治理或政府,以及指导政府。所有这些概念的核心是拒绝传统形式的独裁,官僚政府的单方面决策和执行。这些治理和政府的模式或概念呈现出"新"的思维、治理和管理方式,提出了新的哲学和新方法,扩大公民参与。这是实

---

① 李永全:《建设"一带一路"中国需积极应对非传统安全问题》(http://world.people.com.cn/n/2014/0424/c1002-24938284.html)。

施健全治理的基本要求，没有人民的同意，任何治理都不可能持续足够长的时间。因此，应对"一带一路"交往文明的安全问题，沿线人民的安全文化认知水平问题突出来了。

所谓的"认知安全文化水平"，就是指公众在认知安全问题的程度，是公众建立一种超出一切之上这一观念的总体水平。同时也是"一带一路"技术合作发展进程中，受到国家重点关注的对象之一。提升"一带一路"沿线人民认知安全文化水平，关键在于提高安全文化被"一带一路"沿线人民接受的程度，让"一带一路"沿线人民能够客观认知安全而又高效的发展思路，进而让人类命运共同体发展与"一带一路"沿线人民认知安全文化水平能够同步提高。其中，在项目投产前与投产后大力开展安全文化宣传则尤为重要，具体操作可以包括多个方面。例如：项目施工周边地区，可以投放安全文化相关书籍，相关部门定期组织"一带一路"沿线人民开展相关的了解、引导活动，为"一带一路"沿线人民切实建立起安全文化认知通道。再如：政府相关部门可以针对工程建设项目开通网站，以及微信、微博、"一带一路"沿线人民号；安全文化的信息定期推送，并在网站、微信、微博的"一带一路"沿线平台设有信息回馈；让"一带一路"沿线人民参与安全文化了解的同时，发动沿线人民参与安全监督工作，确保安全文化的接受程度不断提升。

确保"一带一路"交往文明的发展与沿线人民认知安全文化水平保持同步发展，还要在强调信息公开透明的同时打通网络沟通渠道。要通过网络信息技术，将当前安全监管体制的相关信息公之于众，向"一带一路"沿线人民开通信息公开网站，并且利用微信、微博、论坛等新媒体，定期公布"一带一路"技术合作所取得的成就；并将安全保障措施、配套设施、监管队伍建设情况等多方面信息进行网络公开，不断加强信息的透明化，让"一带一路"沿线人民能够通过多渠道了解安全文化，进而确保"一带一路"共同交往文明的有序发展。

"一带一路"技术合作正在和平发展、生态发展道路上大步前行，取得的成果也是有目共睹的。在这样的新时代背景之下有必要利用中国的历史成就数据提升"一带一路"沿线人民安全文化认知水平。在复杂的国际关系形势下,"一带一路"沿线人民受到舆情信息的负面影响,很难做到主动地了解、接受、认知中国的安全观,进而导致人类命运共同体发展与"一带一路"沿线人民安全文化认知失调的状况出现。然而,可以加大数据信息公开、透明的力度,通过史实材料中所反映出的具体数据,向"一带一路"沿线人民阐明安全问题产生的客观原因。只要有技术保证、严格的操作流程与标准就可以避免这些安全问题的出现;并让沿线人民能够充分认识到"一带一路"是维护生态环境、推动社会生产的重要动力,进而使一些安全悖论新命题构成因素不攻自破,沿线人民认知安全文化水平自然得到逐渐提升。

参考文献

一 著作

《马克思恩格斯文集》第1卷，人民出版社2009年版。
《马克思恩格斯选集》第1卷，人民出版社1995年版。
《马克思恩格斯选集》第3卷，人民出版社1995年版。
《马克思恩格斯文集》第2卷，人民出版社2009年版。
《马克思恩格斯文集》第3卷，人民出版社2009年版。
《马克思恩格斯文集》第9卷，人民出版社2009年版。
《马克思恩格斯全集》第42卷，人民出版社1979年版。
《马克思恩格斯全集》第30卷，人民出版社1995年版。
马克思：《资本论》第1卷，人民出版社2004年版。
马克思、恩格斯：《共产党宣言》，人民出版社1997年版。
马克思、恩格斯：《德意志意识形态》，人民出版社2003年版。
马克思：《1844年经济学哲学手稿》，人民出版社2000年版。
《列宁全集》第18卷，人民出版社2017年版。
《毛泽东文集》第8卷，人民出版社1999年版。
《毛泽东选集》第1卷，人民出版社1991年版。
《习近平谈治国理政》，外文出版社2014年版。
《习近平谈治国理政》第2卷，外文出版社2017年版。
习近平：《在庆祝中国共产党成立95周年大会上的讲话》，人民出版社2016年版。

习近平：《决胜全面建成小康社会 夺取新时代中国特色社会主义伟大胜利——在中国共产党第十九次全国代表大会上的报告》，人民出版社2017年版。

蔡东伟：《社会发展中的距离逻辑及关系动力》，社会科学文献出版社2014年版。

费孝通：《论文化与文化自觉》，群言出版社2005年版。

郭国祥：《论科学精神与人文精神的当代融通》，《学术论坛》2005年第1期。

魏长领：《道德信仰与自我超越》，河南人民出版社2004年版。

张劲松：《生活中的生态文明》，江苏人民出版社2014年版。

郑永年：《技术赋权 中国的互联网、国家与社会》，斯坦福大学出版社2007年版。

中共中央宣传部：《习近平总书记系列重要讲话读本》，学习出版社、人民出版社2014年版。

中共中央宣传部：《习近平总书记系列重要讲话读本（2016）》，学习出版社、人民出版社2016年版。

［德］康德：《康德著作全集》（第9卷），载李秋零主编《逻辑学、自然地理学、教育学》，中国人民大学出版社2010年版。

［美］汉斯·摩根索：《国际纵横策论》，卢明华等译，上海译文出版社1995年版。

［美］亨廷顿：《文明的冲突与世界秩序的重建》，周琪等译，新华出版社2009年版。

［美］乔治·萨顿：《科学的生命》，商务印书馆1987年版。

［美］约瑟夫·奈：《论权力》，王吉美译，中信出版集团2015年版。

二　中文期刊

安静：《网络主权原则是全球网络治理的必然选择》，《红旗文稿》2016年第4期。

包心鉴:《优化治国理政的大逻辑大主题大视野——习近平治国理政思想的鲜明特质和时代价值》,《中国浦东干部学院学报》2016年第3期。

陈步伟:《习近平治国理政思想的内在逻辑》,《宁夏党校学报》2015年第6期。

陈朝宗:《关系哲学:21世纪的哲学》,《理论学习月刊》1994年第2期。

陈向阳:《推动构建人类命运共同体》,《紫光阁》2017年第11期。

陈友新:《论坚持文化自信的理论缘由及实践路径》,《世纪桥》2016年第11期。

丁国旗:《我们的文化自信从何而来?》,《湖南社会科学》2012年第1期。

杜志朝、南玉霞:《网络主权与国家主权的关系探析》,《西南石油大学学报》(社会科学版)2014年第6期。

范祚军、万少文:《推进一带一路建设 构建人类命运共同体——深入学习习近平谈治国理政(第二卷)关于一带一路建设的重要论述》,《今传媒》2018年第2期。

方玮峰:《万里征程风正劲 丝路起点再扬帆》,《中国经贸导刊》2017年第21期。

冯光耀:《生态文明建设中的生态非理性向度》,《甘肃理论学刊》2011年第4期。

付海莲:《以人民为中心的发展思想视域下我国社会主要矛盾的转化》,《大连干部学刊》2019年第5期。

傅红专、王川生:《中国共产党生态文明理念及对党的建设的意义》,《四川理工学院学报》(社会科学版)2013年第5期。

高菊:《论和谐社会的网络文明》,《社会主义研究》2007年第1期。

高奇琦、陈建林:《中美网络主权观念的认知差异及竞合关系》,《国际论坛》2016年第5期。

郭国祥：《论科学精神与人文精神的当代融通》，《学术论坛》2005 年第 1 期。

韩庆祥：《论习近平治国理政思想》，《中共福建省委党校学报》2016 年第 1 期。

韩庆祥：《用哲学思维把握"四个全面"战略布局》，《思想政治工作研究》2016 年第 2 期。

韩文辉、曹利军、李晓明：《可持续发展的生态伦理与生态理性》，《科学技术与辩证法》2002 年第 3 期。

洪光东、王永贵：《当前习近平意识形态建设新思想研究的进展与思考》，《广西社会科学》2014 年。

胡守勇：《习近平新时代文明交流互鉴思想的三维解读》，《中共福建省委党校学报》2018 年第 6 期。

怀特海：《过程与实在》第 121 页，转引自周邦宪《初议〈过程—关系哲学〉》，《华中科技大学学报》（社会科学版）2009 年第 1 期。

黄一兵：《坚持党对一切工作的领导》，《求是》2018 年第 2 期。

江晓原：《选择绿色生活方式的两难》，《绿叶》2009 年第 2 期。

李希光：《习近平的互联网治理思维》，《人民论坛》2016 年第 4 期。

林剑：《文化与文明之辨》，《学术研究》2012 年第 3 期。

刘爱武：《国外学术界对中国梦的研究：主要观点、偏见及启示》，《社会主义研究》2014 年第 4 期。

刘建昌：《安全意识与安全教育在生产中的体现及培养路径分析》，《中外企业家》2017 年第 27 期。

刘林涛：《文化自信的概念、本质特征及其当代价值》，《思想教育研究》2016 年第 4 期。

刘淑兰：《坚持中国共产党对一切工作的领导》，《天津职业院校联合学报》2018 年第 5 期。

刘杨钺、杨一心：《网络空间"再主权化"与国际网络治理的未来》，《国际论坛》2013 年第 11 期。

刘跃进：《论总体国家安全观的五个"总体"》，《人民论坛·学术前沿》2014年第11期。

马凯:《习近平治国理政新思想的现实依据、品格特色和实践逻辑》,《河南社会科学》2016年第11期。

茅晓嵩:《和平发展视域下的国家意识形态安全》,《学海》2013年第2期。

苗兴成:《试论习近平文化自信的现实意义及其路径选择》,《中共乐山市委党校学报》2017年第1期。

彭艺格:《习近平"新"文明观的时代意义与启示》,《产业与科技论坛》2017年第13期。

钱文荣:《新世纪多极化趋势的主要特征》,《亚非纵横》2008年第5期。

乔清举:《关于文明的本质的思考》,《中原文化研究》2017年第5期。

秦龙、肖唤元:《坚持"两个巩固"的历史必然与现实考量》,《理论月刊》2015年第7期。

秦亚青:《关系本位与过程建构:将中国理念植入国际关系理论》,《中国社会科学》2009年第3期。

上海市中国特色社会主义理论体系研究中心:《推进"构建人类命运共同体"伟大进程》,《中国领导科学》2017年第7期。

唐皇凤:《大国治理与政治建设——当代中国国家治理的战略选择》,《天津社会科学》2005年第3期。

王金南:《科学把握生态文明建设的新形势》,《求是》2018年第3期。

王军:《把握新时代的四个"变"与"不变"》,《求是》2017年第11期。

王顺洪:《〈共产党宣言〉与新一代中国共产党人的政治传承》,《理论视野》2017年第4期。

王文慧、秦书生:《习近平的意识形态战略思想探析》,《理论与改革》2016年第1期。

王中军、曾长秋：《网络文明建设的三个路径》，《求索》2008 年第 10 期。

吴吉韵：《人类命运共同体的建构——基于文明冲突论的反思》，《南方论刊》2019 年第 2 期。

吴琼：《习近平生态文明建设思想初探》，《吉林省教育学院学报》2018 年第 6 期。

习近平：《在党的十九届一中全会上的讲话》，《求是》2018 年第 1 期。

《习近平主席在巴西谈互联网治理》，《中国信息安全》2014 年第 8 期。

夏波、刘俊恒：《论新时期中国共产党的政治建设》，《陕西行政学院学报》2018 年第 2 期。

夏一璞：《习近平治国理政思想与马克思主义的新发展——习近平治国理政新思想论坛（2017）综述》，《马克思主义研究》2017 年第 5 期。

许志华：《网络空间的全球治理：信息主权的模式建构》，《学术交流》2017 年第 12 期。

杨根乔：《全面准确把握党对一切工作的领导》，《社会治理》2018 年第 25 卷第 5 期。

杨嵘均：《论网络空间治理国际合作面临的难题及其应对策略》，《南京工业大学学报》（社会科学版）2014 年第 4 期。

杨卫军：《习近平治国理政的哲学底蕴》，《学习与实践》2016 年第 8 期。

杨友发：《执政为民　保持党同人民群众的血肉联系》，《黑龙江金融》2002 年第 12 期。

易海云：《指导新时代党的建设的强大思想武器——学习习近平新时代党建思想的几点体会》，《党建》2018 年第 6 期。

俞思念：《习近平国家治理现代化思想及意义》，《长白学刊》2017 年第 5 期。

云杉：《文化自觉　文化自信　文化自强——对繁荣发展中国特色社会主义文化的思考（中）》，《红旗文稿》2010年第16期。

张从海：《以政务诚信引领全社会诚信建设的对策与思考》，《淮海工学院学报》（人文社会科学版）2015年第3期。

张国宏：《习近平治国理政新理念新思想新战略形成的逻辑机制》，《观察与思考》2016年第12期。

张三元：《绿色发展与绿色生活方式的构建》，《山东社会科学》2018年第3期。

张颐武：《全球化时代如何捍卫网络主权》，《人民论坛》2016年第4期。

张永红、殷文贵：《"人类命运共同体"理念的生成、价值与实现》，《思想理论教育》2017年第8期。

张玉象、胡军华：《习近平党管人才原则新探》，《新疆社科论坛》2017年第3期。

赵付科、孙道壮：《习近平文化自信观论析》，《社会主义研究》2016年第5期。

赵宪军：《丝路文明与丝路精神》，《内蒙古统战理论研究》2017年第2期。

周邦宪：《初议〈过程—关系哲学〉》，《华中科技大学学报》（社会科学版）2009年第1期。

周群：《基于信息主权的网络空间治理模式研究》，《图书馆》2018年第9期。

周溯源：《习近平同志的执政思想初探》，《湖南社会科学》2014年第4期。

三　中文报纸

《习近平在学习胡锦涛文选报告会上的讲话》，《人民日报》2016年9月30日第2版。

《习近平接受俄罗斯电视台专访》，《人民日报》2014年2月9日第

1 版。

习近平：《在中国共产党与世界政党高层对话会上的主旨讲话》，《人民日报》2017 年 12 月 2 日第 2 版。

习近平：《在省部级主要领导干部学习贯彻党的十八届五中全会精神专题研讨班上的讲话》，《人民日报》2016 年 5 月 10 日第 2 版。

习近平：《在纪念朱德同志诞辰 130 周年座谈会上的讲话》，《人民日报》2016 年 11 月 30 日第 2 版。

习近平：《在纪念孔子诞辰 2565 周年国际学术研讨会暨国际儒学联合会第五届会员大会开幕会上的讲话》，《人民日报》2014 年 9 月 25 日第 2 版。

习近平：《在第二届世界互联网大会开幕式上的讲话》，《人民日报》2015 年 12 月 17 日第 2 版。

习近平：《携手推进亚洲绿色发展和可持续发展——在博鳌亚洲论坛 2010 年年会开幕式上的演讲》，《人民日报》2010 年 4 月 11 日第 1 版。

习近平：《决胜全面建成小康社会 夺取新时代中国特色社会主义伟大胜利——在中国共产党第十九次全国代表大会上的报告》，《人民日报》2017 年 10 月 19 日第 5 版。

习近平：《坚决打好污染防治攻坚战推动生态文明建设迈上新台阶》，《人民日报》2018 年 5 月 20 日第 1 版。

习近平：《弘扬和平共处五项原则建设合作共赢美好世界》，《人民日报》2014 年 6 月 29 日第 2 版。

陈建中：《共商共建共享的全球治理理念具有深远意义》，《人民日报》2017 年 9 月 12 日第 7 版。

丰子义：《国家治理现代化体现以人民为中心》，《人民日报》2017 年 9 月 28 日第 7 版。

顾仲阳：《坚决打好污染防治攻坚战推动生态文明建设迈上新台阶》，《人民日报》2018 年 5 月 20 日第 1 版。

《关于新形势下党内政治生活的若干准则》，《人民日报》2016 年 11

月3日第5版。

《坚持运用辩证唯物主义世界观方法论提高解决我国改革发展基本问题本领》,《人民日报》2015年1月25日第1版。

李向阳:《人类命运共同体理念为全球治理改革指明方向》,《经济参考报》2017年9月21日第8版。

阮博:《习近平治国理政新思想的鲜明品格》,《中国社会科学报》2016年8月16日第8版。

桑林峰:《网络主权彰显国家主权》,《解放军报》2015年5月20日第6版。

《推动全党学习和掌握历史唯物主义更好认识规律更加能动地推进工作》,《人民日报》2013年12月5日第1版。

郑冬芳、王静宜:《习近平新时代中国特色社会主义思想的世界历史意义》,《中国社会科学报》2018年3月8日第1版。

四 学位论文

雷骐瑜:《十八大以来习近平关于党的意识形态建设思想研究》,硕士学位论文,中共广东省委党校,2017年。

王丰:《习近平新时代中国特色社会主义思想的哲学研究》,博士学位论文,中共中央党校,2018年。

吴承泽:《美国网络安全与网络战政策探析》,硕士学位论文,吉林大学,2013年。

赵丹:《网络话语权视角下社会主义核心价值观传播》,硕士学位论文,江苏师范大学,2017年。

周其江:《习近平意识形态建设思想研究》,硕士学位论文,云南师范大学,2017年。

左路平:《习近平意识形态建设思想研究》,硕士学位论文,江苏师范大学,2017年。

五　外文文献

Ahlers, Anna, and Yongdong Shen, "Breathe easy? Local Nuances of Authoritarian Environmentalism in China's Battle Against Air Pollution", *The China Quarterly*, special section *"Human Dimensions of air Pollution in China"*, 2017.

Ann Swidler, "Culture in Action: Symbols and Strategies", *American Sociological Review*, Vol. 51, No. 2.

Erez, M., & Earley, P. C., *Culture, Self-identity, and Work*. Oxford, UK: Oxford Scholarship Online, 2011.

Eric Schmidt, Jared Cohen, "The Dark Sideof the Digital Revolution", *The Wall Street Journal*. 2013.

Erich Fromm, *The Revolution of Hope: Towards a Humanized Technology*, New York: Harper & Row, 1968.

Eriksen, Thomas Hylland, *Overheating: An Anthropology of Accelerated Change*. London: Pluto Press, 2016.

Fan, Bainai, Duan Zhongxian and Jiang Lei, Zhongguo Zizhu Chuangxin Zhengce: Yanjin, Xiaoying yu Youhua, China's Policy of Self-determined Innovation: The Developments, Effects, and Improvements. *Zhongguo Keji Luntan*.

Giovanni·Aliji, *Adam Smith in Beijing: Lineages of 21st Century*, Verso, 2007.

Hathaway, Michael J., *Environmental Winds Making the Global in Southwest China*, Los Angeles: University of California Press, 2013.

Huntington, S., "The Clash of Civilizations", *Foreign Affairs*, 72 (3), 22e49, 1993.

Jaspers, K., *Die Geistige Situation Der Zeit*. Berlin, Germany: De Gruyter, 1932.

Jaspers, K., *Vom Ursprung und Ziel der Geschichte*. Zürich, Switzerland:

Artemis, 1949.

Krauthammer, C., "The Unipolar Moment Revisited", *The National Interest*, Vol. 70, 2002.

Leverett, F. and B. Wu, "The New Silk Road and China's Evolving Grand Strategy", *The China Journal*, Vol. 77, 2016.

Li, Hongtao, and Rune Svarverud, "When London Hit the Headlines: Historical Analogy and the Chinese Media Discourse on Air Pollution", *The China Quarterly*, Special Section *"Human Dimensions of Air Pollution in China"*, 2017.

Liu, M., "Same Path, Different Experience: Culture's Influence on Attribution, Emotion, and Interaction Goals in Negotiation", *Journal of Asian Pacific Communication*, 22 (1), 2012, 97e119.

Location: International Affairs, Vol. 92, No. 4, 2016.

Lora-Wainwright, Anna, Yiyun Zhang, Yunmei Wu and Benjamin Van Rooij, "Learning to live With Pollution: The Making of Environmental Subjects in a Chinese Industrialized Village", *The China Journal* 68 (July), 2012.

Ministry of Environmental Protection, "Guowuyuan Bangongting Guanyu Jiakuai Zhuanbian Nongye Fazhan Fangshi de Yijian" (Opinion of the State Council's General Office on How to Accelerate the Transformation of Agricultural Development), http://www.mep.gov.cn/ztbd/rdzl/gwy/wj/201508/t20150807_307890.html.

Ministry of Environmental Protection, "Shengtai Wenming Tizhi Gaige Zongti Fang'an" (The General Scheme for the Structural Reform of Ecological Civilization), http://www.mep.gov.cn/zhxx/hjyw/201509/t20150922_310133.html.

Note that Some Academics and Activists are now Also Discussing How to Make Use of Ecological Civilization to Change the Course of Research, Journalism and Education in China. Duara, Prasenjit, *The Crisis of Glob-*

al Modernity: Asian Traditions and a Sustainable Future. Cambridge, MA: Cambridge University Press, 2014.

Nye, J., "Will the Liberal Order Survive: The History of an Idea", *Foreign Affairs*, Vol. 96, No. 1, 2016.

Pang Qinghua, Pan Linlin and Zhao Yijing, "Shengtai Wenmin linian Ruhe Zou Xiang Shijie-zhuanfang IUCN Zhang Xinsheng" (How the idea of Ecological Civilization Becomes Global-an Interview With Zhang Xinsheng from IUCN), *Zhongguo Wangshi*, http://xhpfm.mobile.zhongguowangshi.com:8091/v210/newshare/1177400? channel=.

Paul Romer, "The Trouble With Macroeconomics", *American Economist*, 2016 (04).

Pu, X., "Controversial Identity of a Rising China", *The Chinese Journal of International Politics*, Vol. 10, No. 2, 2017.

See Schmitt 2016, Chapter 3 for an Overview of the History of Ecological Civilization and How it Became Part of CCP Ideology. Schmitt, Edwin, "*The Atmosphere of an Ecological Civilization: A Study of Ideology, Perception and Action in Chengdu, China*", PhD diss., Chinese University of Hong Kong, 2016.

See, for Instance, "the Government's Popular Science Net", http://www.kepu.gov.cn/

Tilt, Bryan, "Perceptions of Risk from Industrial Pollution in China: A Comparison of Occupational Groups", *Human Organization* 65 (2), 2006.

Toynbee, A. J., *A Study of History*, Vol. XII. Reconsiderations, New York, NY: Oxford University Press, 1961.

Tsvetkova, N., & Antonova, I., "American Cinema in France and the USSR: Constructing two Models of Cultural Inflfluence in Open and Closed Societies", *Journal of Cold War Studies*, 17 (4), 2015.

UN, United Nations, "Indicators of Sustainable Development: Guidelines and Methodologies", https://www.unece.org/fileadmin/DAM/stats/

documents/2001/10/env/wp. 27. e. pdf.

UN, United Nations General Assembly, "Resolution 55/2 United Nations MillenniumDeclaration", http：//www. un. org/millennium/declaration/ares552e. htm.

UNESCO, "Declaration of the Principles of International Cultural Cooperation", *In Records of the General Conference: Fourteenth Session*, *Paris*, 1967.

UNESCO, *UNESCO Universal Declaration on Cultural Diversity*, Paris, France：Author, 2002.

Vasak, K. , "A 30-year Struggle：The Sustained Efforts to Give Force of law to the UniversalDeclaration of Human Rights", *UNESCO Courier*, November, 1977.

Wang, Alex, "The Search for Sustainable Legitimacy：Environmental Law and Bureaucracy in China", *Harvard Environmental Law Review* 37 (2), 2013.

WCED, World Commission on Environment and Development, *Our Common Future, the Report of the Brundtland Commission*, Oxford University Press, 1987.

Weber, A. , *Kulturgeschichte als Kultursoziologie.* Leiden, Germany：Sijthoff, 1935.

Xi, J. P. , "Towards a Community of Common Destiny and Anew Future for Asia", http：//english. boaoforum. org/hynew/19353. jhtml.

Yang, J. , "Study and Implement General Secretary Xi Jinping's Thought on Diplomacy in a Deep-going way and Keep Writing New Chapters of Major-country Diplomacy with Distinctive Chinese Features", http：//news. xinhuanet. com/english/2017 −07/19/c_ 136456009. htm.

Zeng, J. H. and S. Breslin, "China's 'New Type of Great Power Relations'：A G2 With Chinese Characteristics?" *International Affairs*, Vol. 92, No. 4, 2016.

Zhou, Enlai, [1956]: "Guanyu Zhishifenzi Wenti de Baogao" (A Report on Issues Regarding Intellectuals), *Renmin Ribao*, 30 January, 2013, http://cul.qq.com/a/20130608/000499.htm.

六　网络在线中文文献

《"中国声音"开启互联网发展新篇章》（http://news.cntv.cn/2015/12/17/ARTI1450316711655192.shtml）

包彦征：《习近平新发展理念的马克思主义思维逻辑》［J/OL］内蒙古社会科学（汉文版），2019（03）：1-8 [2019-06-07]. https://doi.org/10.14137/j.cnki.issn1003-5281.2019.03.002.

《倡导交流互鉴，反对"文明冲突"——亚洲文明对话大会外方领导人致辞金句》（http://www.2019cdac.com/2019-05/15/c_1210135179.htm）

陈先达：《论中国共产党人的文化自信》（http://theory.people.com.cn/n1/2017/0505/c83848-29257025.html）

《第五届世界互联网大会 创造互信共治的数字世界》（http://www.sohu.com/a/256969845_470054）

李永全：《建设"一带一路"中国需积极应对非传统安全问题》（http://world.people.com.cn/n/2014/0424/c1002-24938284.html）

任仲平：《使命，复兴的道路开启新征程》（http://theory.people.com.cn/n1/2017/1206/c40531-29688292.html）

《社会各界持续热议习近平主席互联网大会重要讲话》（http://www.gov.cn/xinwen/2015-12/18/content_5025692.htm）

沈逸：《新媒体环境中的主流价值观塑造》（http://finance.ifeng.com/a/20130902/10580102_0.shtml）

《思想比利剑更重要》（http://cpc.people.com.cn/pinglun/n/2014/0402/c78779-24804517.html）

《网络空间治理求同存异 "中国声音"渐获国际认同》（http://snapshot.sogoucdn.com/webs）

《文明交流互鉴是推动人类文明进步和世界和平发展的重要动力》（http：//www.qstheory.cn/dukan/qs/2019-05/01/c_1124440781.htm）

《习近平的"中国方案"引国内外热议》（http：//www.ce.cn/cysc/tech/gd2012/201512/19/t20151219_7669784.shtml）

《习近平在首届世界互联网大会的贺词》（http：//www.scio.gov.cn/zxbd/tt/Document/1459297/1459297.htm）

《习近平总书记14次阐释互联网建设 发展成果要惠及13亿人》，新闻中心（http：//www.china.com.cn/news/txt/2016-04/20/conten）

《亚洲文明对话大会2019北京共识（全文）》（http：//www.2019cdac.com/2019-05/24/c_1210143249.htm）

《展现了中国在互联网治理方面的勇气和担当》（http：//www.wenming.cn/specials/zxdj/xjp/gdfx/201512/t20151228_3048736.shtml）

张茂荣：《以交流互鉴推动人类文明发展进步》（http：//www.chinanews.com/gn/2019/05-17/8839459.shtml）

《中俄协作推进信息网络空间发展联合声明有哪些重大意义》，凤凰资讯（http：//news.ifeng.com/a/20160628/49252440_0.shtml）

后　　记

　　一切现实的存在都是一个"关系总体"。新时代最基本的是行动关系。本书研究的思路是把行动、文化与文明的概念引入哲学、人文社会科学领域，探究由文明范畴所关联的行动理性、文化效应动力因素，习近平治国理政中关联的深层行动、文化与文明的关系动力因素。在新时代中行动理性、文化效应与文明的动力逻辑的有效应用，可以促使各相关动力因素全面协调、合理互动，实现多元动力有机组合，形成良好的文明发展动力学过程。

　　新时代文明的行动理性具体表现为消除人与自然、人与社会、人与人之间的对立。其中一个重要的方面就是研究行动、文明与文化效应的产生、发展和相互作用的"三元一致"动力逻辑。也就是说，新时代中的行动理性、文化效应与文明的动力因素，以及三者的关系动力因素逻辑，是建立和处理人与自然、人与社会、人与人之间整体关系的一致活动。当把"三元一致"的关系上升到世界观范畴，行动的自然科学理性与人文价值理性是可以统一的，从而导致工具理性和价值理性的真正统一。用这种理性精神作为人类历史和新时代的实践基础和根据，以及历史进步的动因和尺度，在行动文化中建立"三元一致"的关系的辩证转化及相互规定、说明与生成，人类共同交往沟通才具有完整的共同的文明普遍性。我们看到，新时代所表现出的一切问题，与没有处理好行动、文化与文明的动力因素关系问题相关联。处理好行动、文化与文明的动力逻辑，是解决当前生态、生态与生活问题、构建有序发展关系之肯綮。

因此，行动理性、文化效应与文明及其关系动力生成是人类共同生活的基本条件之一。全球化条件下的新时代的影响动力因素环境更加开放，价值模式选择更趋多样化。新时代治国理政赋予发展的一系列新的特征，也暗含了对文明发展的创新选择。同时，新时代面临问题的基础和水平在规模结构、空间布局、推进方式上是多样化的，这也决定了新时代治国理政必须以合理的行动文化为导向。所以，行动理性的动力价值是促进社会全面发展的重要手段，应自觉找到行动的价值理性构建与文明、文化效应的内在关系动力，建立与人类共同体生活世界的关系动力机制。

中国人民的梦想同各国人民的梦想息息相通，实现中国梦离不开和平、文明的国际环境和稳定有序的国际秩序。新时代要尊重世界文明多样性，以文明交流超越文明隔阂、文明互鉴超越文明冲突、文明共存超越文明优越。弘扬平等互信、包容互鉴、合作共赢的精神，共同维护国际公平正义。必须统筹国内国际两个大局，坚持正确义利观；树立可持续的发展观，谋求开放创新、包容互惠的网络空间文明发展前景，促进和而不同、兼收并蓄的文明交流，构筑尊崇自然、绿色发展的生态文明体系，始终做世界绿色的建设者、全球发展的贡献者、有序和谐人类交往文明秩序的维护者。中国有五千多年文明史，实现21世纪中国文明主导和引领世界发展的大战略要把优秀传统文化效应的精神标识提炼出来、展示出来，把优秀传统文化中具有当代价值、世界意义的文化精髓提炼出来、展示出来，我们就能启人入"道"、引人悟"道"，更加有效地促进文明交流互鉴。可以说，新时代将中国文明与全球文明结合起来，将中华民族共同体与全球人类命运共同体结合起来，彰显了中国这个东方大国文明发展的气度和雄姿。

本书得益于领导与同事的指点迷津才得以完成，在谋篇布局、确定研究框架大纲等方面他们不吝赐教，并多次一起讨论本书的相关主题。本人所带的硕士生以及所在马克思主义学院的研究生在相关资料收集方面也给与了帮助，而几年来在与所教的本科生与研究生互动讨论中，也获得了很多启发，从学生们这里获益匪浅！感谢中国社会科学出版社田文编辑，田老师耐心细致的帮助支持是鞭策完成本书的动力。还要感谢家人的激励，让我衣食无忧，尤其是遇到突如其来的新冠病毒疫情，全家老少一起宅在家里，体验了从来没有过的多味人生。

本书是作者初次思考"文明发展"以及当代中国的相关实践主题，很多想法与论述只是初步，还有待进一步思考，望相关方家批评指正！

本书受江西省社会科学研究规划项目"意识形态安全对国家安全治理的影响与作用研究"（18KS11）的资助。同时，得到东华理工大学江西省生态文明制度研究中心开放基金项目"区域生态禀赋下绿色文化发展公众参与实践研究"（18KS02）、东华理工大学科技创新团队建设项目"马克思主义生态理论与生态文明建设制度研究"等的支持资助。在此，对项目资助方深表敬意！

蔡东伟于南昌翰林世家

2020 年 5 月 1 日